정치가 왜 이래?

이 책은 2020년 11월부터 2022년 12월까지
페이스북에 썼던 글을 묶은 것이다.
독자들이 이 글들을 읽고
최근에 대한민국에서 일어나고 있는
정치 상황을 바르게 이해하는 데
조금이나마 도움이 되었으면 한다.

2025년 1월 20일

정치가 왜 이래?

초판 1쇄 인쇄 2025년 01월 17일
초판 1쇄 발행 2025년 01월 24일

지은이 홍준표
발행인 황정필
발행처 실크로드

출판등록 제406-251002010000035호

주　　소 경기도 파주시 문발로 214-12
전　　화 031-955-6333~4 | 팩스 031-955-6335
이메일 silkroad6333@hanmail.net

ISBN 978-89-94893-50-1(03340)

책값은 책표지 뒤에 있습니다.
이 책은 실크로드가 저작권자와의 계약에 따라 발행한 것이므로 저작권법에 따라 무단 전재와 복제를 금합니다.

정치가 왜 이래?

홍준표 저

차례

정치가 왜 이래?

1. 공직자는 유리알처럼 투명하게 살아야 합니다　9

2. 정치에도 금도라는 게 있습니다　69

3. 선출직 지도자는 국민에게 거짓말해서는 안 됩니다　107

4. 민심을 거역하는 당심은 없습니다　159

5. 청년들의 꿈이 되고 싶었습니다　229

6. 모두가 승자가 되는 좋은 정치는 없나요?　249

7. 검사는 정의를 향한 열정으로 살 때 빛납니다　293

1

공직자는
유리알처럼
투명하게
살아야 합니다

┌
　공직자는 유리알처럼 투명하게 살아야 합니다.
　사찰을 겁낼 정도로 잘못이 크다면 공직자를 해서는 안 되지요.
　사찰을 두둔하는 것이 아니라 투명하게 공직 생활하면
　사찰해 본들 뭐가 문제가 되나요?

2020. 11. 19.

✏ **54년**이라는 장구한 세월이 지난 그날도 오늘처럼 겨울비가 추적추적 내리던 2월 말이었습니다.

비가 많이 와서 집 앞 낙동강 건너편까지 오던 대구행 버스가 10km 밖 제방 앞까지만 온다는 말을 듣고 그의 아버지는 지게에 자취용 가재도구를 지고 터벅터벅 앞서서 빗속을 걸었습니다.

그의 엄마는 봇짐을 이고 뒤따라갔고 그는 나이도 어리고 약한 체질에 체구도 124cm밖에 되지 않아 책가방 하나만 달랑 들고 죄스러운 심정으로 부모님 뒤를 따라 빗속을 터벅터벅 걸었습니다.

시골 중학교 진학하라는 학교 측 권유를 뿌리치고 대구로 유학 가겠다고 고집부린 탓에 부모님을 이렇게 고생시킨다는 죄스러운 마음에 빗속을 걷던 그

10km 신작로가 마치 100km나 되는 것같이 느껴졌던 고통스러운 학교 가는 길이었습니다.
마치 얼마 전 카슈미르 지역의 다큐멘터리 '학교 가는 길'을 연상시키는 그날의 기억은 비 오는 날이면 새록새록 되살아나 부모님에게 한없이 미안했던 아픈 기억이었습니다.
자식을 버스에 태워주고 빗속을 빈 지게 지고 터벅터벅 되돌아가시던 아버지의 뒷모습은 지금도 잊히지 않는 서러운 기억으로 남아있습니다. 12살 소년 시절 부모님 슬하를 떠난 그의 고난에 찬 꿈꾸는 대한민국을 향한 유랑 인생은 그렇게 시작되었습니다.

2020. 11. 20.

✏️ **온갖 악정**과 실정에도 야당이 국민의 짐이라고 조롱받는 이유는 2중대 정당임을 자처하는 야당 지도부의 정책과 무투쟁 노선 때문입니다.
라임 옵티머스 특검은 쇼로 끝나고
추미애 광란의 칼춤은 강 건너 불 보기고
경제 억압 3법은 민주당과 공조하고
산업재해 보상보호법은 정의당과 공조하고
터무니없는 소위 한국판 뉴딜 예산은 통째로 넘겨줄 것이고
공수처는 막는 시늉으로 끝나고
그리고 종국에 가서는 머리 숫자 타령을 할 겁니다.
도대체 야당이 내세우는 정책이 없습니다. 야당은 선명해야 하는데 이도 저

도 아닌 어중간한 입장으로는 웰빙 야당, 2중대 야당이라는 비난을 면키 어렵습니다. 감나무에 열린 감을 딸 생각은 하지 않고 감나무 밑에 편하게 누워 감이 입으로 떨어져 주기만 바라는 야당 지도부의 무사안일을 국민과 함께 걱정하는 금요일 아침입니다.

2020. 11. 22.

✏️ **비록** 정치적 동기에서 비롯되었지만 부산 가덕도 신공항은 추진해 볼 만합니다.

부·울·경 840만은 가덕도 신공항으로 가고, 호남 500만은 무안 신공항으로 가고, TK 충청 일부 800만은 대구 신공항으로 가고, 서울, 수도권, 충청, 강원의 2,800만은 인천 공항을 이용하는 여객·물류 중심 4대 관문 공항 정책을 채택한다면 지역 균형 발전의 획기적 계기가 될 것입니다.

4대 관문 공항 주변으로 첨단 산업이 들어서고, 문화, 교육, 의료 인프라가 깔리면 수도권 중심 일극 대한민국에서 4대 다극화된 균형 발전의 대한민국이 될 것입니다. 혹자는 태풍의 길목이라고 가덕도를 깎아내리나 일본 간사이 공항, 제주 공항은 태풍의 길목이 아니던가요? 태풍이 일 년 내내 부나요? 샌프란시스코 공항도 바다를 접한 해안 공항입니다. 간사이, 인천 공항도 매립지 공항이고, 세계 제1의 토목 기술을 가진 우리나라가 이를 극복하지 못한다는 것은 말이 안 되지요.

앞으로 국내선 공항은 제주를 제외하고는 KTX, SRT, 플라잉카, 드론 택시 등의 발달로 그 의미가 없어지고 해외 항공노선만 중심이 되는 시대가 바로 눈

앞에 왔습니다.

차제에 문 정권에 다시 촉구합니다. 공항 정책을 4대 관문 공항 정책으로 대전환하십시오. 고속도로, KTX에 이은 하늘길의 다극화가 대한민국 100년 미래를 내다보는 미래 지향적 정책입니다.

2020. 11. 24.

📝 **코로나 3차** 재난지원금을 또 뿌리자고 합니다.

어이없게도 야당이 한술 더 떠서 본예산에 넣자고 하고 여당은 추경으로 하겠다고 합니다. 좌파 경제정책을 포기하고 기업 옥죄기를 포기하고 자유시장 경제로 정책을 대전환하면 문제가 풀리는 것을, 나라 곳간은 다 퍼내어 배급으로 탕진해 버리고 성장 잠재력까지 소진하는 빚잔치 경제정책에 여야가 중독되어 오로지 퍼주기에만 골몰하고 있습니다.

또 종일 코로나 뉴스로 연명하는 보도 채널들을 보노라면 코로나 공포 정치에 앞장서서 국민 겁주는 뉴스만을 보도하는 이들 매체가 무슨 필요가 있는 언론인지 의심스러운 요즘입니다. 벌써 그런 코로나 공포 뉴스만으로 보도 채널을 진행한 지 1년이 다 되어 갑니다.

이젠 지겹습니다.

그런 보도 채널을 돌립시다. 코로나 독재에 이용당하는 그런 어용 보도 채널은 더 이상 보지 맙시다. 재난지원금보다 제대로 된 자유 시장 경제 정책으로 돌아가고, 코로나 방역을 핑계로 과도하게 국민 경제 활동을 제한하는 것을 완화하면 될 것을 오로지 코로나 공포 정치로 집회·시위도 못 하게 비판을 봉쇄하고 국민 겁주는 행태만 계속하는 코로나 독재 정치는 이제 그만하십시오. 국민은 이젠 수인(受忍)의 한계치에 와 있습니다.

2020. 11. 26.

✏️ **삼국지** '적벽대전' 편을 보면 100만 조조의 군사를 물리치기 위해 주유는 황개를 제물로 삼는 반간계(反間計)를 사용합니다. 반간계의 핵심은 상대방을 진짜로 믿게 하려는 고육지책을 감수해야 한다는 것입니다.

추·윤의 갈등 정점은 추의 과도한 행동이라는 비난을 감수하고서라도 윤을 직무 배제하는 것이 반간계의 핵심으로 읽힐 수 있는 대목입니다. 문재인 정권 탄생의 제1·2 공신끼리 사투를 벌이는 장면을 연출하여 모든 국민의 관심을 추·윤의 갈등으로 돌려 버리고 그걸 이용해 폭정과 실정을 덮고 야당도 그 속에 함몰시켜 버립니다. 참으로 영악하고 사악한 집단입니다. 트럼프를 이용한 위장평화 쇼로 국민을 속이고 지방선거를 탈취하더니 이젠 반간계로 국민의 눈을 가리고 야권을 분열시켜 대선까지 국민을 속이려 듭니까?

✏️ **20여 년** 전에 러셀 크로가 열연한 '글래디에이터'란 영화가 있었습니다. 요즘 추·윤의 활극을 보면 마치 로마 시대 원형 경기장의 검투사들을 보는 듯한 묘한 느낌이 들었습니다. 당시 로마 황제 코모두스는 자신의 폭정과 실정을 숨기기 위해 100일 동안 검투사 대회를 펼쳤고, 로마 시민은 죽고 죽이는 난투극에 열광하면서 코모두스의 폭정과 실정을 잠시 망각하게 됩니다. 문재인 대통령의 추·윤 난투극에 대한 침묵과 묵인은 마치 로마 황제 코모두스를

연상케 합니다. 자신의 폭정과 실정을 덮고 야당조차도 함몰시키는 일석이조 효과를 지금 보고 있으니까요. 그런 의미에서 문재인 대통령은 추미애 장관이 참 고마울 겁니다.

2020. 11. 28.

✏️ **초겨울** 날씨입니다.

따뜻하게 입으시고 감기·코로나 조심하십시오. 70년 동안 이룬 대한민국의 기적을 단 4년 만에 허물어 버리는 저들의 책략에 아직도 허우적거리며 우리끼리 손가락질만 하는 보수 우파들의 행태가 한없이 가엾게 보이는 초겨울 아침입니다. 집이 싫어 가출(家出)했다가 돌아온 사람들이 지나가는 과객(過客)을 데려와 안방 차지를 하면서 25년 동안 집 밖에 나가지도 않고 부득이하게 잠시 외출(外出)했던 나를 심사하고 허가 여부를 결정하겠다고 핍박하는 것이 정치적 정의에 맞는 것인지 참 의아스러운 요즘입니다.

모두가 힘을 합치자고 해도 들은 척도 하지 않는 사람들이 추미애 탄핵 발의, 라임 옵티머스 특검 발의, 최근 윤석열 사태의 국정조사 요구 발의할 때는 동참해서 사인해 달라고 요구하고 있습니다. 어차피 같은 집에 살 사람들이기에 적극적 동참하기는 합니다만 좌파 정권의 입법 독재 전선에 이제 모두 하나 되어 힘을 모을 때입니다.

밖에 있는 안철수 대표 세력도 함께하고 이재오 전 장관을 비롯한 보수 우파 시민단체도 함께하고 김문수를 비롯한 강성 우파도 함께해야 문 정권의 폭정과 실정을 막을 수 있습니다.

소아(小我)를 버리고 대도(大道)로 나가십시오. 문 정권 입법 폭주를 막자고 외치는 야당 초선들의 의기는 존경스럽고 지지합니다만 그분들의 패기만으로 문 정권의 폭정(暴政)을 막을 수 있겠습니까?

2020. 12. 01.

✏️ 문 정권이 세계에 유례없는 검찰 개혁을 명분으로 공수처 설립을 추진해 온 것은 애초에는 검찰의 파행적인 정치 수사를 막고자 함이라고 주장했으나, 문 정권 출범 당시부터 윤석열 검사를 앞세운 이른바 적폐 수사는 그 자체가 범죄 수사가 아니고 정치 수사였습니다. 검찰 역사상 최악의 정치 수사 검찰이었습니다.

그렇지만 그들이 추진하는 공수처 설립은 오히려 최고 정치 수사기관을 하나 더 설립하는 옥상옥(屋上屋)에 불과하지요. 윤석열 검찰이 이렇게 견마지로(犬馬之勞)를 다해 문 정권에 충성했는데 공수처 설립을 강행해 검찰을 이류 수사기관으로 전락시키려고 하자 윤석열 검찰은 정권의 아킬레스건을 건드리면서 저항하고, 추미애 장관은 경위에도 없는 총장 직무배제라는 칼을 꺼낸 것이 최근 검란(檢亂)의 본질입니다.

문 정권도 윤석열 검찰도 자업자득인 셈이지요.

검찰이 정의로운 범죄 수사기관이란 자부심도 이미 상실한 지 오래고 정치 수사의 첨병으로 전락한 지금 그들에게 무슨 정의감이 있고 자부심이 있을까요? 검찰이 참 딱합니다. 이런 게 바로 토사구팽(兎死狗烹)이라는 겁니다.

2020. 12. 06.

✏️ **나는** 지난 총선을 대선 예비고사로 봤습니다. 총선을 통과하지 않으면 대선에 나가볼 기회가 영영 없다고 봤습니다. 그래서 황교안·김형오의 경쟁자 쳐내기 막천에도 일시 외출(外出)이라도 해서 내가 무소속으로 나가더라도 민주당에 어부지리를 주지 않을 지역이고 내가 함께하던 국회의원이 출마하지 않는 지역인 수성 乙을 선택한 겁니다. 막판 묻지 마 2번 바람이 그렇게 거세게 불었어도 대구 수성 乙 지역 시민들은 홍준표에게 터무니없는 당내 핍박을 이겨나갈 수 있도록 기회를 주셨습니다.

'수성의 꿈! 대구의 희망! 대한민국의 미래!'라는 강령으로 다시 국회에 복귀한 지금, 처음으로 수성 乙 시민에게 약속을 지킵니다. 다음 주 국회 본회의에서 제가 발의한 투기과열지구 핀셋 규제법인 주택법 개정안이 통과되면 수성 乙 지역은 대부분 부동산 규제가 풀릴 것으로 봅니다. 그동안 부당한 규제에 묶여 재개발, 재건축이 제한되고 재산권 행사에 애로가 많았던 투기 과열 지역 지정이 상당 부분 해소될 것으로 봅니다. 앞으로도 총선 때 했던 시민과의 약속은 차분하게 지켜나가도록 하겠습니다.

2020. 12. 08.

✏️ **이·박** 전 대통령에 대한 사과는 굴종(屈從)의 길이라고 이미 말한 바 있습니다. 이는 문재인 정권 출범의 정당성 인정과 지난 4년간 폭정을 받아들이자는 굴종과 다름없다고 나는 보기 때문입니다. 더구나 김종인 비상대책위원장

은 탄핵 당시 민주당 의석에 앉아 있었고 주호영 원내대표는 탄핵에 찬성하고 탈당하여 바른정당에 가 있었기 때문에 두 사람이 우리 당으로 들어와 탄핵의 공동 가해자가 피해자를 대리하여 사과한다는 것은 상식에도 맞지 않고 정치 도리에도 맞지 않습니다.

이명박·박근혜 전 대통령에 대한 수사는 정치 보복 수사에 불과합니다. 그건 사과의 대상이 아니라 해원(解冤)의 대상일 뿐입니다.

80년 국보위 시절 DJ는 사형 판결을 받고 한신의 굴욕을 참으면서 재기했고, YS는 23일 목숨을 건 단식으로 신군부의 압제를 벗어난 일이 있었습니다.

두 전직 대통령 문제는 우리가 YS식으로 돌파해야지, DJ 식도 아닌 굴종의 길을 선택한다는 것은 또 다른 2중대 논란만 일으키고 향후 대선에서의 공격자료도 소실할 뿐만 아니라 오히려 민주당 재집권의 정당성만 부여해 주는 이적행위(利敵行爲)에 불과하기 때문입니다.

직을 건다는 말도 너무 가볍습니다. 박근혜 비대위 때도 걸핏하면 사퇴 논란을 일으킨 게 어디 한두 번이었습니까?

2020. 12. 13.

✏️ 5.18 사실 왜곡법은 통과시키고 같은 패턴인 천안함 폭침 사실 왜곡법은 표현의 자유 침해라고 거부하고 대북 전단법은 김여정의 지시대로 통과시키고 공수처법은 두 번의 날치기로 통과시키고 이게 대한민국인가요? 이게 대한민국 법인가요? 이게 자유 대한민국인가요?

2020. 12. 20.

✏️ **지방자치 시대**가 개막된 1995. 7.부터 서울시장은 조순 시장을 비롯해 이른바 서울시장 감이 되고 차세대 주자가 될 수 있는 사람을 서울 시민들은 서울시장으로 선출해 왔습니다. 조순, 고건, 이명박, 오세훈, 박원순 등이 그런 인물들이었습니다. 그중 박원순 시장은 안철수 후보의 협찬으로 야권 대표로 서울시장이 되었지만 말로가 좋지 않았지요.

그런 경향으로 보면 이번 안철수 후보의 서울시장 출마는 참으로 시의적절한 조치라고 보입니다. 안 후보의 서울시장 출마는 야권을 더 큰 판으로 만들어 정권 교체를 앞당기는 결정적 계기가 될 것으로 봅니다. 탄핵 이후 쪼그라들 대로 쪼그라든 야권을 반문 연대로 크게 뭉칠 계기를 마련하고 야권이 뭉쳐 서울 시정을 탈환하고 정권 교체의 시발점으로 만들 절호의 기회를 안철수 대표가 마련했다고 판단합니다.

안 대표로서도 서울시장이 된다면 그것을 디딤돌 삼아 차기 대선으로 바로 도약할 기반을 마련할 절호의 기회라고 보입니다. 승부사 기질 없이 착하고 순하게만 보이던 안 대표에게 그런 강단이 있다는 것은 참으로 대단한 변신입니다. 축하드립니다.

2020. 12. 28.

✏️ **TV홍카콜라** 구독자가 40만 명이 되었습니다.

그동안 TV홍카콜라는 기울어진 언론 상황을 바로잡기 위해 각고의 노력을 하였고, 언론 독점 시대에서 1인 방송 시대, 정치 유튜브의 새 시대를 열었다고 자부합니다. 처음 방송을 시작한 2년 전에는 정치 유튜브가 몇 개가 되지 않았지만, 지금은 수많은 정치 유튜브 채널이 개설되어 있고 왕성하게 활동도 하고 있습니다. 누구나 자기 소신과 의견을 유튜브를 통해 당당하게 전개할 수 있고 그것이 국민을 통해 세상에 전파되도록 한 역할을 그동안 TV홍카콜라에서 충실하게 수행해 왔다고 자부합니다.

국민의 열독률이 오히려 기성 언론, 방송을 압도하는 유튜브 시대가 되다 보니 기성 언론, 방송도 유튜브를 겸용하게 되었고, 비록 유튜브 괴담이 널리 퍼지는 부작용도 속출하고 있습니다만, 국민 여론 수렴 기능으로서의 유튜브는 이제 부정할 수 없는 대세가 되었습니다.

앞으로도 TV홍카콜라는 국민 여론 수렴 기능과 문 정권의 폭정에 신음하는 국민에게 희망의 등불이 될 것을 굳게 다짐합니다.

한 해를 보내며 국민 여러분께 감사와 희망을 함께 보냅니다. 새해부터는 마음 좋은 아저씨가 되도록 노력하겠습니다.

2020. 12. 29.

✏️ **서울시장**, 부산시장은 성 추문과 여성 문제로 역대급 추문을 일으키고 자진(自盡)하거나 사퇴했습니다. 그 보궐선거가 문 정권과 야당이 명운을 걸고 내년 4월에 치러집니다. 야당으로서는 최소한의 출마 자격으로 여성 문제나 성 추문이 없는 반듯한 가정생활을 한 사람이 나가야 함은 불문가지입니다. 없는 사실도 만들어내는 정치판인데 있는 사실을 은폐하여 저들의 먹잇감이

되는 바보 같은 선거는 하지 말아야 합니다.

이 한해 가기 전에 이런 글로 마무리하기에는 참으로 안타깝습니다만 요즘 난립한 후보들을 보니 걱정스러워 한마디 합니다. 이미지 선거는 문재인 대통령이 마지막이 되었으면 합니다.

2020. 12. 30.

🖉 오늘 한 해를 보내면서 어느 월간지에서 지금의 홍준표가 10년 전 홍준표에게 보내는 말과 10년 후 홍준표에게 보내는 말을 해 보라기에 10년 전 홍준표에게는 2011. 12. 한나라당 대표를 사퇴할 때 그때 정계를 은퇴했었으면 참 좋았을 것이라 했고 10년 후인 2031년 홍준표에게는 정계 은퇴하고 남은 인생을 고향 화왕산 기슭에서 안빈낙도(安貧樂道)하는 삶을 살라고 했습니다. 1985. 1. 검사로서 사회에 첫발을 내디딘 이래 11년 동안은 검사와 피의자의 대립과 갈등 속에서 살았고 1996. 2. 정치판에 들어와서 지금까지 25년간은 여야의 대립과 갈등 속에서 살았습니다. 평생을 대립과 갈등 속에서 살아온 생활이라 그런지 늘 긴장하고 늘 가슴 졸이고 늘 칭찬과 비난 속에 살아왔습니다.

내가 대한민국에서 해야 할 일이 끝나는 그날 나는 비로소 그 업보(業報)에서 벗어나 자유인으로 돌아갈 수 있을 겁니다. 새해에는 칼날 위에 선 홍준표보다는 이젠 맘씨 좋은 푸근한 아저씨가 되기를 원합니다. 정말 그렇게 되었으면 좋겠습니다.

2021.01.04.

✏️ 코로나19가 새해에도 진정되지 않고 확산 일로에 있습니다. 그러나 문 정권은 방역에도 실패하고 백신 확보도 고의인지 과실인지 가늠하기 어려우나 등한시하고 있습니다. 그래서 코로나 퇴치 특별법을 발의하고자 합니다. 검사, 백신, 치료 모두 무상으로 하고 병실은 강제 수용하되 보상하고, 의료단체와는 협의제도를 상례화하고 방역과 검사, 백신 확보 등 직무를 유기할 때는 특수직무유기죄로 강력히 처벌조항을 두어 국가가 국민의 생명을 책임지고 코로나 퇴치에 적극적으로 나서도록 제도화할 계획입니다. 1년을 참고 기다려도 방역 쇼만 하는 문 정권을 이젠 더 이상 믿기 어렵습니다. 그래서 코로나19 퇴치 특별법을 발의하기로 했습니다.

2021. 01. 11.

✏️ 평생 낭중지추(囊中之錐)의 삶을 살고자 했는데 올해부터 난득호도(難得糊塗)의 삶을 살아야 한다고 요구하니 연초부터 참 난감합니다. 그러나 안철수 대표를 보니 그 말도 일리가 있다고 보입니다. 빈구석이 있어야 사람이 몰려든다는 것은 YS를 봐도 정치적으로 증명이 되었으니까요. 아무튼 새해 복 많이 받으십시오.

2021. 01. 12.

✎ 대한민국 정치사에서 가장 화려했던 정치 시대는 소위 3金 시대였습니다.

그 3金 시대의 절정기에 정치에 입문했던 나는 YS에게는 정직을, DJ에게는 관용을, JP에게는 혜안을 보았습니다. 세 분 중 두 분은 대통령을 지내셨지만, JP만 영원한 이인자로 정치는 허업(虛業)이라는 말씀을 남기고 떠났습니다. 여유와 낭만 그리고 혜안의 정치인 JP도 말년에는 노인의 몽니에 사로잡혀 결국에는 아름답지 못한 은퇴를 한 일이 있었습니다.

안타까운 일이었지만 그래도 나는 JP를 존경합니다. 말년의 몽니 정치는 본인의 평생 업적을 훼손할 뿐만 아니라 당도 나라도 어렵게 만듭니다. 나이가 들어 가면서 가장 경계해야 할 것은 바로 몽니 정치입니다.

2021. 01. 13.

✎ 새해부터는 몽니 정치에 휩쓸리지 않고 야당이 외면하고 있는 문 정권 폭정 종식 장외투쟁 국민대회에 주력하고 서울, 부산시장 선거의 야권승리와 문 정권 이후 대한민국의 정상화 담론 찾기에만 전념하겠습니다. 꿈꾸는 대한민국을 만드는 데 역점을 두겠습니다.

2021. 01. 14.

✏️ 사면(赦免)은 군주의 은사권(恩赦權)에서 유래합니다.
죄진 자를 군주의 은혜로 풀어주는 것을 사면이라고 합니다. 두 분 다 죄가 없는 정치재판의 희생양인데 죄가 있다는 것을 전제로 사면을 요구하는 것은 자가당착이 아닌가요?
두 전직 대통령을 사면 요구할 것이 아니라 비상시국연대의 선언대로 석방 요구를 하는 것이 도리에 맞고 이치에 맞는 주장입니다. 박근혜 전 대통령은 정치재판의 희생양이고 이명박 전 대통령은 사감에 찬 정치 보복의 희생양이지요.
그러나 이 시점에 우리가 해야 할 일은 과거에 얽매여 또다시 분열할 때가 아니라는 것을 명심해야 합니다. 모두 하나 되어야 패악 정권을 이길 수 있고 두 분의 석방도 가능할 겁니다.

2021. 01. 17.

✏️ 오늘 오세훈 전 서울시장이 출마 선언을 함으로써 빅3의 서울시장 출마가 완성되었습니다.
야권의 중심인 국민의힘에서 오세훈, 나경원 후보가 나오고 또 다른 야권의 한 축인 국민의 당에서 안철수 후보가 나온 이번 서울시장 보궐선거는 정권 교체의 시금석이 되는 중요한 선거입니다.
부디 아름다운 경쟁을 하여 한 사람의 야권 단일후보로 정권 교체의 첫걸음을 딛게 하기를 기대합니다. 김종인 위원장께서도 야권의 큰 어른으로서 빅3를 모두 포용하여 서울시장 탈환에 집중해 주시기를 부탁드립니다.

이젠 사감(私感)을 접을 때입니다. 폭정 종식의 대의를 중심으로 뭉칠 때입니다.

✎ 몇 가지 단상

1. 오세훈 전 서울시장이 지난번 조건부 출마를 한 것은 본인이 차 버린 서울시장 자리에 다시 출마하는 명분을, 안철수 후보에게서 찾은 묘수 중 묘수라고 할 수 있습니다. 그런데 오늘 정식 출마를 하니 국민의힘 후보들이 다투어 오세훈 후보를 비난했습니다. 오세훈 후보가 국민의힘 후보 중에서는 세긴 제일 센 모양입니다.

2. 김종인 위원장의 3자 필승론은 87년 DJ의 4자 필승론을 연상시키는 시대에 동떨어진 아전인수격 주장이라고 보입니다. 3자 필승론이 아니라 3자 필패론에 불과하지요. 4자 필승론을 내세운 DJ는 그때 3등을 했습니다.

3. 안철수 후보가 이번에도 맥없이 철수한다면 이젠 영원히 정계에서 철수할 수밖에 없을 겁니다.

4. 야권 후보 빅3가 아름다운 단일화를 한다면 누가 후보가 되더라도 서울시장은 야권 후보가 될 것이고 나머지 두 분은 승자와 똑같이 정권 교체의 도약대를 만들어 준 아름다운 희생이 될 겁니다.

2021. 01. 19.

✎ 2004. 4. 노무현 전 대통령 탄핵 때 총선을 기점으로 3선이 된 나는 그

때부터 비로소 검사 정치를 청산하고 정치인 정치를 새로 시작했습니다. 노무현 전 대통령 시절부터 촉발된 좌파·우파 진영 정치는 해방 직후 좌익·우익 대립에 버금갈 정도로 극심한 대립 양상을 보였고 그 여파는 문재인 정권에 와서 절정을 이루고 있습니다. 오로지 진영 논리만 판치는 한국 정치판이 되어 버렸지요.

그래서 2004. 6.부터 숙고 끝에 진영 논리에 매몰되지 않고 헌법 제46조 제2항에 따라 좌우를 떠나 국익(國益) 우선 정치를 해 보기로 했습니다. 모든 정책이나 정치적 판단은 國益(national profit) 또는 국민의 이익(people profit)에 두는 國益 우선 정치를 해 보기로 한 것입니다.

2006년 전형적인 좌파 법안인 국적법(國籍法)도 통과시키고 경제계의 비난 속에서도 2009년 반값 아파트 법안을 통과시킨 겁니다. 아울러 2010년에는 대기업이 중소기업의 기술을 침탈할 때는 징벌적 손해배상 제도를 처음 도입해 보기도 했습니다.

오로지 진영 논리만이 판치는 한국 정치판에서 좌우를 뛰어넘는 국익 우선 정치는 트럼프의 아메리카 퍼스트와 유사하긴 하지만 오히려 좌우를 통합하고 명분이 아닌 실리 정치를 할 좋은 계기가 될 수 있어서 나는 계속 그 노선으로 가기로 했습니다.

여의도 정치판도 이제 진영 논리를 벗어나 헌법 정신에 따라 나라와 국민을 위한 국익(國益) 우선 정치로 갔으면 참 좋겠습니다.

2021. 01. 22.

✏️ **야권 서울시장 후보**는 결국 될 사람 밀어주는 형국이 될 겁니다. 제1 야당 후보가 되면 좋겠지만 그렇지 못하다면 제2 야당 후보가 되어도 문 정권 심판론은 그대로 작동한 것이 되고 야권이 힘을 합쳐 폭정 종식에 본격적으로 나설 중요한 출발점이 될 테니까요.

야권은 후보들끼리 서로 비방할 것이 아니라 서울시장 선거판을 야당판으로 만들기 위해 건강한 정책 경쟁을 해 주시기 바랍니다. 제1 야당이 지도부까지 나서서 제2 야당을 핍박하는 모습은 바람직스럽지 않습니다.

✏️ **국제공항**이 들어오면 공항 주변에 첨단 산업이 몰리고 지역 경제가 폭발적으로 성장하게 됩니다. 제가 내세운 4대 관문 공항론도 바로 그 점에 있고 그래야만 첨단 산업 시대에 국토 균형 발전도 이룰 수가 있습니다.

부산의 경우 1·2차 산업의 제품들은 대부분 부산항을 통해서 수출하고 있고 인천 공항을 통해 나가던 4차 산업 제품과 첨단 산업 제품들은 가덕도 국제공항을 통해 수출을 할 수 있기에 부산이 명실상부한 동북아시아의 물류 거점이 될 수 있습니다.

일부에서 말하는 '공항 하나가 부산 경제를 살릴 수 있나'라는 공항 폄하론은 부산 시민들의 열망을 무시하는 단견에 불과하고 지역 균형 발전이라는 국가적 명제에도 맞지 않는 몽니입니다. 화두라도 선점하는 것이 야당의 최상의 전략입니다.

✏️ **제가 발의한** 코로나 특별법에 전 국민이 접종 의무를 지기는 하지만 접

종을 거부한다고 해서 처벌되지는 않습니다. 이는 헌법상 전 국민은 근로의 의무를 지지만 근로하지 않는다고 불이익을 줄 수 없는 법리와 똑같습니다. 코로나 퇴치 의지를 강조하기 위한 조항에 불과하고 접종 여부는 개인의 자유에 속합니다. 마치 접종을 강요하고 안 하면 처벌되는 것처럼 알려지는 것은 사실이 아닙니다.

그 법안 중 무엇보다 중요한 조항은 자영업자 등의 손실보상 조항입니다. 이미 영국에서는 손실의 80%를 보상해 주는데 우리나라에서는 전 국민에 대해 재난지원금으로 10만 원씩 준다든지 하는 매표 행위나 하고 있어서 큰 사회적 문제입니다.

더구나 이재명식 코로나 대처 방식은 매표 행위나 다름없는 잘못된 정책입니다. 가장 큰 피해 계층에 집중적으로 손실보상을 하는 것이 사회적 정의에 맞는 올바른 방향입니다.

2021. 01. 24.

✏️ **며칠 전** 윤여준 전 장관님과 만나 저녁을 하면서 대한민국의 현재와 미래를 걱정하는 시간이 있었습니다. 윤 전 장관님과는 94년 안기부 파견 검사 시절에 만나 지금까지 비교적 스스럼없이 의견을 주고받는 사이인데 윤 전 장관님은 문 정권 4년간 저질러 놓은 일들이 대한민국의 기본을 흔든 일들이 많아 과연 이번에도 복원력(復原力)이 작동할지 걱정스럽다고 하셨습니다.

IMF 위기에도 탄핵 광풍의 위기에도 복원력은 여지없이 작동한 대한민국이지만 문 정권 4년은 그보다 더 큰 위기로 보이기 때문에 과연 이번에도 복원력이 작동할지 의문이라는 겁니다. 더 답답한 것은 야당이 이를 제어하지 못하고 5공하의 관제 야당인 민한당 노릇을 하고 있다고 개탄했습니다.
지난번 불교계 종정 큰스님을 만나 뵌 것을 시작으로 구정 전까지 대한민국의 어르신들을 찾아뵙고 자문을 얻을 생각입니다. 내일은 부악문원으로 가서 이문열 선생님을 만나 대한민국의 현재와 미래에 대한 자문을 구해 보겠습니다.

✎ **헌법상** 국민 모두에게 근로의 의무가 부과되어 있어도 근로를 안 한다고 불이익을 주지 않습니다. 백신 접종 의무를 국민에게 부과한다고 해서 이를 거부하더라도 처벌할 수는 없습니다. 이런 규정을 법률에서는 선언적 규정이라고 하지요. 제가 발의한 코로나 특별법 중 백신 접종 의무에 관한 조항을 일부 법체계를 모르는 분들이 비난을 위한 비난을 하는 것은 참으로 유감입니다.

2021. 01. 28.

✎ **담뱃값**을 인상한다고 합니다. 소줏값도 인상한다고 합니다. 코로나 사태로 속이 타는 서민들이 담배로 위안받고 소주 한잔으로 위안받는 시대에 그 사람들의 주머니를 털어 세수를 확보하려는 반서민 정책이 바로 이런 서민 착취 증세 제도입니다.
국민 건강이라는 허울 좋은 명분입니다만 마치 고양이가 쥐 생각하는 어처구니없는 발상입니다. 이런 것을 바로 가렴주구(苛斂誅求)라고 합니다.

2021. 01. 29.

✏️ **남부권 신공항**을 두고 TK와 PK가 분열한 지도 20여 년이 되었습니다. 이젠 더 이상 분열을 멈추고 나라의 장래를 위해 서로를 존중하고 배려하는 공생으로 돌아가야 할 때입니다. 원래 남부권 신공항은 TK·PK가 합의하여 하나로 추진했어야 했는데, 이젠 TK에 하나 PK에 하나씩 건설하여 두 개의 남부권 관문 공항으로 갈 수밖에 없게 되었습니다.

지난해 9월 저들이 가덕도 신공항을 들고나올 것을 예상하고 지금 추진 중인 TK 신공항을 국비 공항으로 하자고 TK 신공항특별법을 선제적으로 발의한 일이 있었습니다. 그 법을 모태로 지금 가덕도 신공항법이 여야에서 발의되었고 두 법은 목적은 똑같고 지역만 다를 뿐입니다.

대한민국 100년 미래를 보면 제가 제기한 4대 관문 공항론이 지역 균형 발전의 획기적인 계기가 될 것이고 수도권과 지방이 공생할 좋은 기회가 될 것입니다. 대구 지역 언론에서는 제가 이런 주장을 하니 못마땅하게 바라보고 있습니다만 눈을 돌려 보면 더 큰 세상이 보일 겁니다.

가덕도를 TK에서 반대한다고 해서 저지되는 것도 아니고 TK 신공항이 국비 공항이 되는 것도 아닙니다. 이참에 TK 신공항을 가덕도 공항과 똑같은 조건으로 요구하는 것이 맞는 방향입니다.

저는 대구 지역에서 선출되기는 했지만, 대한민국 국회의원입니다.

✏️ **참** 몽니도 가지가지로 하고 있네요.

원샷 경선으로 단일화 경선을 하는 것이 바람직하지만 그게 현실적으로 어렵다면 당내 당 밖 1대 1 경선이 바람직합니다. 국민의힘에서는 한 사람이 나오고 당 밖에서는 안철수·금태섭으로 3자 경선하자는 김종인 위원장의 제의는 참으로 정치 도의에 어긋나는 몽니 경선입니다.

단일화 경선을 하려면 당 밖에서도 안철수·금태섭이 먼저 경선하여 단일화하고 국민의힘 후보와 1대1 경선을 추진하는 것이 맞지, 당 밖의 두 사람을 내세워 갈라지게 하고 금태섭 전 의원을 팻감으로 사용하여 국민의힘 후보를 억지로 만들려고 하는 것은 누가 봐도 꼼수인데 국민의힘 후보들이 그렇게 허약한가요?

그렇게 자신이 없습니까? 금태섭 전 의원이 팻감이 되는 것을 수용할까요? 발상 자체가 몽니입니다.

✎ 김종인 위원장의 원전 관련 문 정권 이적 행위 발언은 토씨 하나 틀린 말이 없는데 청와대가 법적 조치 운운하는 것은 참으로 경악할 만합니다. 더구나 북풍으로 4년간 국민을 속인 정권이 거꾸로 북풍 운운하는 것은 그야말로 적반하장입니다. 오늘은 어이없는 일들이 참 많이 일어나네요. 정권 말기가 되다 보니 이젠 악만 남았나 봅니다. 석양은 아름다워야 하는데 비바람 불고 천둥 치는 석양이 되려나 봅니다.

2021. 01. 30.

✎ 나라를 통째로 넘기시겠습니까?

경제를 통째로 망치시겠습니까?

2년 8개월 전 제가 내세웠던 지방선거 구호였습니다. 위장 평화 회담에 경제 망치는 문재인 정권의 앞날을 예견하고 내세웠던 선거 구호였지만 당시에는 당내에서조차 외면받고 국민으로부터는 막말로 매도당해 저는 선거 유세장에도 못 가보고 우린 지방선거에서 참패했고 당 대표직을 물러났습니다.

그러나 최근 원전을 북에 건설해 주겠다는 문재인 정권의 음모가 백일하에 드러남으로써 지금껏 가려져 있던 남북 평화 프로세스의 실체가 보이기 시작했고 비로소 지난 지방선거 때 제가 한 말이 무슨 뜻이었는지 아는 국민이 늘어나고 있습니다.

경제 망친다는 말을 악담이라고 저를 매도하던 사람들도 이제야 그 말이 무슨 뜻인지 아시는 분들이 늘어나고 있습니다. 위장 평화 회담, 경제 망친다는 구호가 막말과 악담으로 매도당할 때는 억울하기도 했고 분하기도 했지만, 차라리 제가 한 예측이 틀리기를 간절히 바랐습니다.

그러나 그 예측은 이제 현실이 되고 있습니다. 문 정권은 괴벨스 정권이라는 그 말도 이제 사실로 드러나고 있습니다. 그래도 문재인 보유국이라는 철부지 정치인들의 말에 현혹되고 아직도 지지율 40%라는 엉터리 관제 여론 조사를 믿으시겠습니까? 다음 선거에서도 나라 망치는 저들에게 또다시 묻지 마 투표하시겠습니까?

2021. 01. 31.

✏️ 2019. 10. 3. 100만 인파가 모인 광화문 집회에서 문 대통령의 대북 정책을 여적죄로 단죄해야 한다고 역설한 바 있었습니다. 그날 대국민 연설은 유튜브를 통해서만 방송되었고 언론은 관심 밖이었습니다. 그만큼 문 정권

의 지지율은 고공행진이었고 여적죄는 때 이른 생경한 주장에 불과했기 때문에 언론의 취재 대상도 아니었습니다. 그러나 최근 김종인 위원장의 이적행위 발언으로 촉발된 문재인 대통령의 여적죄 문제는 임기 말뿐만 아니라 퇴임 후에도 DJ의 대북 송금 사건 못지않게 큰 문제가 될 겁니다. 이것은 단순히 북풍을 넘어서는 반역죄이기 때문입니다. 이것도 위장 평화 쇼 예측처럼 막말이었는지 앞으로 한번 두고 봅시다.

✏️ **요즘은** 시간 나면 넷플릭스에서 '응답하라 1988'만 봅니다. 그런 좋은 드라마를 왜 이제야 알게 되었는지 유감스럽지만, 서울 도봉구 쌍문동 골목길에서 일어나는 한국 사회 서민들의 애환을 어찌 그리 사실적으로 그려 놓았는지 한 편 한 편 볼 때마다 감탄을 금하지 못합니다. 한국 사회가 이 드라마처럼 서로 같이 돕고 서로 같이 슬퍼하고 서로 같이 기뻐하는 그런 사회가 되었으면 얼마나 좋겠습니까?
특공대(특별히 공부 못하는 대가리)라는 별명을 가지고도 발랄하고 착하고 배려심 많은 성덕 선 역의 걸스데이 이혜리 양처럼 세상을 푸근하고 낙관적으로 살 수 있으면 얼마나 좋을까요?

2021. 02. 02.

✏️ **한·일 해저 터널 공약**은 어제오늘 갑자기 나온 공약도 아닌데 민주당이 이걸 두고 일본에 더 이익이 많다느니 토착 왜구니 하고 또 반일 프레임을 짜는 것을 보니 참 못된 사람들이라는 생각이 문득 듭니다.

영국과 프랑스가 이웃에 살면서도 경쟁심으로 그렇게 사이가 좋지 않아도 도버 해협을 해저터널로 연결해 양국이 공존공영하지 않습니까?

바야흐로 세계는 하나로 가고 있는데 언제까지 철 지난 민족 감정에 사로잡혀 좁은 우리 속을 벗어나지 말아야 합니까?

저는 일제하에 강제 징용당했던 아버님을 둔 사람이지만 반일 감정으로 정치하거나 반일 감정으로 살지는 않습니다.

과거 감정이 있다는 것은 부정할 수 없지만 그래도 6. 25전쟁 후 지난 70년간 한반도에 평화를 가져다준 것은 한·미·일 자유주의 동맹이니까요. 북·중·러 사회주의 동맹과 세력균형을 이룬 한·미·일 자유주의 동맹의 덕으로 우리는 지난 70년간 전쟁 없이 평화롭게 살았다는 것을 잊어서는 안 됩니다.

2021. 02. 03.

✎ 장애물은 피해 가는 것이 아니라 돌파하는 것입니다. 장애물이 있기에 스스로 강해질 수 있고 돌파하면서 단련될 수 있습니다. 북한이라는 존재가 있기에 대한민국은 더 강해질 수 있고 더 번성할 수 있다고 역설적으로 생각할 수는 없을까요?

정치적 반대자가 있기에 단련되고 더 강해질 수 있다고 생각할 수는 없을까요? 당 내외에 피할 수 없는 싸움이라면 나는 언제나 그 싸움을 즐깁니다. 내일 2006. 2. 임시 국회에서 이해찬 총리를 상대로 대정부 질문 후 15년 만에 정세균 총리를 상대로 대정부 질문합니다. 4년간 실정과 폭정이 너무 많아 무엇부터 짚어 나가야 할지 혼란스럽네요.

2021. 02. 05.

✏️ **총리**와 싸우려고 나간 대정부 질문이 아니었기 때문에 꼬치꼬치 따질 시간도 없었고 팩트를 확인할 여유도 없었지만, 지난해 수해는 4대강 유역에서 생긴 것이 아니라 섬진강 유역에서 생긴 겁니다. 총리께서 알고도 그런 답변을 했다면 국민을 속인 것이고 몰랐거나 착각이었다면 그건 유감입니다. 섬진강 유역은 홍수기 수량과 갈수기 수량을 비교하는 하상계수가 우리나라 하천 중 가장 높은 750에 이릅니다. 갈수기 수량보다 홍수기 수량이 750배나 많은 곳이지요.

그래서 수량 조절용 보 설치가 가장 시급한 하천이지만 당시 반대가 하도 심해 4대강 유역만 보 설치를 하는 바람에 지난해 홍수 피해가 가장 극심했던 지역이 섬진강 지역일 수밖에 없었습니다.

강에 수량 조절용 보를 설치한 곳은 영국 템스강, 독일 라인강, 프랑스 센강, 미국 미시시피강 등이 있고 그 지역의 보들은 우리나라 4대강 보 모두 합친 16개보다 훨씬 많습니다. 어설픈 영화 한 편 보고 원전 중단과 폐기를 조작된 자료로 강행한 저들이 또다시 자료를 조작해 4대강 보를 해체한다면 문 정권은 퇴임 후 대통령을 포함해 관련자 모두 엄중한 형사처벌을 면하기 어려울 겁니다.

2021. 02. 09.

✏️ 아무래도 설 밥상 민심 막으려고 가족이라도 5인 이상 모이지 못하게

하는 것 같습니다. 지난 추석 때까지만 해도 그러려니 했는데 설 지나고 완화한다고 발표하는 것을 보니 코로나 정치 방역이 마지막까지 온 듯합니다. 지금 광화문 집회를 하면 아마 300만 이상 국민이 문 정권에 분노를 표출할 겁니다.

하기야 한·미 군사 훈련을 북한 김정은에게 물어보고 한다는 대통령을 둔 나라가 정상 국가일 리가 있나요? 나라를 어디까지 끌고 가려고 저러는지 즐거워야 할 설날을 앞둔 국민만 답답합니다.

✏️ **토지 임대부 주택공급 방식**은 2009년 4월에 제가 발의하여 통과시킨 개혁 법안인데 그걸 2015년 10월에 제가 경남지사로 가 있을 때 여야 합의로 국회에서 폐기를 했습니다. 싱가포르식의 혁신적인 두 종류의 주택공급 방식을 건설사들의 로비로 했는지는 모르나 자기들끼리 서로 짜고 폐기해 놓고 이제 와 서울시장 경선에 나온 민주당 후보가 경부선을 지하화하고 그 자리에 토지 임대부 주택을 추진한다고 헛된 공약을 하고 있습니다.

참 뻔뻔하고 어이가 없네요. 이제 와 그 법을 폐기한 사람들이 무엇을 근거로 그런 공약을 합니까?

2021. 02. 11.

✏️ **지금의 차기 대선판**은 민주당 판입니다. 아직 야당판은 장벽에 가려져 시작되지도 않았습니다. 반문재인 진영이 정비해야 야당판이 오는데 지금 반쪽의 야당만으로는 야당 대선판이 될 수가 없지요. 4월 보궐선거가 끝

나고 당이 정비되어 안철수 대표를 포함해서 반 문재인 진영이 모두 하나가 될 때, 야당 대선판이 시작됩니다. 이번 차기 대선판은 해방 이후 최고로 극심한 진영 싸움이 될 수밖에 없을 겁니다. 1997. 12. IMF 직후 대선판이 될 수도 있습니다.

2021. 02. 16.

✏️ **드루킹 여론 조작**으로 탄생한 문 정권이 서울시장 선거를 앞두고 또다시 여론 조작으로 선거 운동을 시작했습니다. 모든 상황이 더 악화하였음에도 민주당 후보가 박빙 우세라든지 이긴다든지 하는 여론 조작이 본격적으로 친여 매체를 중심으로 행해지고 있습니다.

글쎄요, 빅3 중 누가 나서도 이기는 서울시장 선거인데 거꾸로 성추행 사건으로 생긴 보궐 선거인데도 자기들이 이긴다는 괴벨스식 여론 조작을 다시 시도하고 있습니다. 서울 시민이 또 속을까요? 야당 후보들을 10년 전 그 인물 운운하며 비난하지만, 박영선·우상호 후보는 10년 전 그 인물들이 아닌가요? 서울 시정 연립 운영을 비난하는 그들을 보면 과거 자기들은 DJP연합으로 정권을 잡았고 모든 선거에 연합공천을 한 사람들이 누구였는지 무소속 박원순과 연립 시정으로 서울 시정을 장악한 게 누구였는지 잊은 모양입니다. 서울시장 보궐선거는 야당이 이기는 것이 정치적 정의입니다.

2021. 02. 17.

✏️ **판사가 판사를 잡는 세상**, 검사가 검사를 잡는 세상, 경찰이 경찰을 잡는 세상, 군인이 군인을 잡는 하이에나 세상이 되었습니다. 임기 말이 되니 권력 내부가 곳곳에서 무너지는 현상이 적나라하게 드러나고 있습니다. 그렇게 자기들끼리 꽁꽁 뭉쳐 국민을 괴롭히던 그들 내부가 스스로 무너지고 있습니다.

이제 제어하기 힘들 겁니다. 원래 권력의 본질은 모래시계처럼 시간이 갈수록 윗부분은 텅 비게 되고 윗부분이 텅 빈 모래시계가 되면 권력은 진공상태가 되고 물러나야 합니다.

순리에 따르지 않고 억지를 부리면 더욱더 큰 화를 초래할 겁니다. 등산은 언제나 하산 길에 사고가 납니다. MB도 임기 말까지 레임덕 없다고 큰소리쳤지만, 이상득 전 의원 비리 사건 하나로 훅 가버린 대통령이 되었던 것을 기억하십니까? 단임제 대통령이 레임덕이 없을 수 있겠습니까? 이제, 그만 억지 부리고 하산 준비나 하시지요.

2021. 02. 19.

✏️ **검찰의 친문파와 정통파의 대립**, 사법부의 친문파와 정통파의 대립을 지켜보면서 한 줌도 안 되는 정치 검사, 정치 판사가 검찰과 법원의 인사권을 장악하고 이를 무기로 검찰 농단, 사법 농단을 하는 것은 이 정권의 최악의 편 가르기 검찰, 법원 장악 기도라고 보입니다. 합당한 대가를 반드시 치를

겁니다. 지금 법원, 검찰에 있는 판사, 검사들의 침묵은 정치적 중립이 아니라 악의 편이라는 것을 판·검사들은 알아야 합니다.

70년대 사법 파동 때 사법부 독립을 지킨 사람들도 판사들이었고 80년대 말 전임 대법원장을 사퇴시키고 꼿꼿한 이일규 대법원장을 맞아들인 사람들도 판사들이었습니다. 법원 일반직 직원, 검찰 수사관들도 분노하는데 거짓말 대법원장, 정권 친위대 검사들이 판치는 X판에 침묵하는 판·검사들은 과연 그대들이 정의의 사도라고 자처할 수 있습니까? 무엇이 두려워 몸을 사리고 있습니까? 여러분들은 한국 사회에서 복 받은 상위 1%들입니다

✏️ **부산**은 여야가 힘을 합쳐 가덕도 공항 특별법을 통과시키는데 TK는 모래알처럼 흩어져 아무도 TK 신공항특별법 통과에 앞장서지도 않고 뭉치지도 않네요. 답답하고 답답합니다. 원래 작년 9월 가덕도 특별법 발의를 예상하고 동시 처리하기 위해 TK 신공항특별법을 미리 발의할 때도 도와주는 TK 의원들이 극소수더니 이제 와 넉 달 뒤 발의된 가덕도 특별법은 통과시키는데 그보다 훨씬 먼저 발의된 TK 특별법은 국토위 소위에 계류시킨다는 것은 형평에 맞지 않는 것 아닙니까? TK들이 몰표로 당선시켜 준 국민의힘 TK 의원들은 도대체 무슨 생각일까요?

2021. 02. 20.

✏️ **오늘도** 언론에 왜 야당판이 되어야 할 서울시장 선거에서 국민의힘 후보들이 맥을 추지 못하고 있는가를 쓰고 있습니다.

첫째, 그동안 김종인 위원장이 당내후보들을 과도하게 깎아내리면서 새 인물 찾기에만 골몰했기 때문입니다. 경제전문가, 새 사람 등을 찾는 과정에서 기존의 역량 있는 후보들을 폄하하고 초선의원에게도 출마하라고도 했고 지지율 1%로도 안 나오는 사람에게도 출마하라고 하면서 새 사람 영입에만 공들이다가 영입도 못 하고 자신이 출마 종용한 사람들은 출마하지도 못하거나 예선도 통과 못하고 낙마하는 바람에 지금 국민의힘 경선이 왜소해진 겁니다.

둘째, 국민의힘 빅 2가 부동산 정책에 진력을 기울여 안간힘을 쓰는데 당 지도부가 이를 뒷받침해 주지 않고 방관하는 바람에 가장 중요한 부동산 정책이 서울 시민들에게 먹혀들지 않고 있습니다. 후보들의 노력에 비해서 당 지도부가 할 일을 안 하기에 후보들도 고전하는 겁니다.

셋째, 이젠 하나가 되어야 할 안철수 후보를 김종인 위원장이 사적 감정으로 폄하하고 무시하는 바람에 오히려 안철수 후보의 지지세가 더 상승하고 단단해지는 겁니다.

넷째, 투표율이 낮은 보궐선거는 열성적인 지지 계층을 투표장으로 끌어내어야 하는데 지금 김종인 체제는 정체성이 모호해 국민의힘 지지 계층이 과연 열성적으로 투표장으로 나갈 수 있을까요? 부산시장 선거야 그런 문제가 덜할지 모르나 서울 민심은 그와 다르다는 것을 알아야 하는데 3자 필승론까지 주장해 놓고 어떻게 수습해 나가는지 한번 지켜보겠습니다. 그러나 아직도 늦지 않았습니다. 다 같이 힘을 합치면 이길 수 있습니다.

2021. 02. 21.

✏️ 지난해 11월 이낙연 민주당 대표가 대구를 방문했을 때 가덕 신공항 특별법을 다룰 때 여야 원내대표가 TK 신공항특별법도 같이 협의했으면 좋겠다고 하면서 마치 동시 통과를 약속하는 듯이 말했으나, 그 후 내가 발의한 대구 신공항특별법에 대해서는 야당의 김종인 위원장은 철저히 외면했고 주호영 원내대표도 민주당 원내대표와 협의 한번 하지 않았습니다. 또 이를 적극적으로 나서서 통과를 주장한 TK 의원들도 눈에 보이지 않았습니다.

결국 남부권의 관문 공항은 가덕도로 확정되었고 TK 신공항은 건설해 본들 동네 공항이 될 수밖에 없는 동촌 공항으로 전락했습니다. 아무런 물류 수송 기능도 없는 동네 공항이 무슨 첨단 산업 유치 기능이 있을까요? 이제 남은 것은 대선 공약에 기댈 수밖에 없는데 이렇게 무기력한 TK 정치권들이 대선 때는 눈치 안 보고 제대로 역할이나 할 수 있을까요?

2021. 02. 23.

✏️ 작년 9월 제가 가덕 신공항 특별법 발의를 예상하고 동시 처리를 위해 TK 백 년 미래가 달린 TK 신공항특별법을 선제적으로 발의할 때는 거들떠보지도 않고 있었고 최근 동시 통과 추진에도 극히 미온적으로 대처하더니 이제 와 뒷북치면서 TK 신공항특별법 통과를 뒤늦게 주장해 본들 버스는 이미 떠나가 버렸습니다. 대구시장, 경북지사, TK 신공항 관련 정치인들은 이제 그 직(職)을 걸고 필사즉생의 각오로 대처하시기 바랍니다. 이제 와 면피 정치나

하려고 하면 TK 시·도민들이 분노할 겁니다.

그동안 대구시장, 경북지사, TK정치인들이 TK 신공항특별법 통과를 위해 단 한 번만이라도 합동 대책 회의를 한 일이 있었습니까? 강 건너 불 보듯 방관으로 일관하지 않았습니까? 이젠 그 직(職)을 걸고 특별법 통과에 임하십시오. 그것이 TK 시·도민들에 대한 정치인으로서 기본적인 책무입니다.

2021. 02. 24.

✏️ **나는** 검사 시절부터 지금까지 40여 년간 끝없이 사찰당해도 아무런 불만이 없습니다. 검사 시절에도 사찰당했고 심지어 우리가 집권했던 시절에도 사찰당했지만, 그냥 그렇게 하는가 보다 하고 넘어갔습니다. 공직자는 유리알처럼 투명하게 살아야 합니다. 사찰을 겁낼 정도로 잘못이 크다면 공직자를 해서는 안 되지요. 사찰을 두둔하는 것이 아니라 투명하게 공직 생활하면 사찰해 본들 뭐가 문제가 되나요? MB 시절 사찰당했다고 떠드는 우리 당 의원들에게 공개적으로 면박을 준 일도 있었습니다.

무얼 잘못 했길래 사찰당하고 또 사찰당했다고 떠드나요? 해묵은 사찰 논쟁을 일으켜 부산시장 선거에서 이겨 보겠다는 책동을 보면 참으로 씁쓸합니다. 아직도 공작이 통하는 시대인가요.

✏️ **2차 산업 시대** 경제발전의 주역은 고속도로였습니다. 원래 산업단지는 항구를 끼고 발전하는데 내륙인데도 고속도로를 끼고 있었기 때문에 성공한 대표적인 산업단지가 구미 산업단지였습니다. 그러나 4차 첨단 산업 시대의

경제발전 주역은 하늘길입니다.

특히 내륙 도시에서 산업이 발전되기 위해서는 하늘길을 열어야 합니다. 지금 우리나라 항공화물의 98.4%가 인천 공항에 집중되어 있고 대구 공항은 0.1%, 김해 공항은 0.7%에 그치고 있어 수도권에만 첨단 산업이 몰리고 지방은 낙후 일로로 치닫고 있습니다.

그래서 작년 9월에 지방 균형 발전과 대구와 같은 내륙 도시에도 첨단 산업을 유치하기 위해서는 하늘길을 반드시 열어야 한다는 절박감으로 4대 관문 공항론을 내세워 TK 신공항특별법을 발의하고 인천 공항, 가덕도 신공항, 무안 공항과 함께 4대 관문 공항으로 대한민국 100년 미래를 설계하자고 했던 겁니다.

국내선 항공은 KTX와 SRT 그리고 10년 내 상용화될 플라잉카(FLYING CAR)로 인해 별 의미 없는 시대가 곧 올 것이고 제주 노선도 위그선이 상용화되면 국내선 항공은 큰 의미가 없어져 국내 남은 나머지 공항 부지는 모두 폐기하고 첨단 산업 용지로 매각하면 예산도 절감되고 지역 균형 발전과 대한민국 산업의 제2 도약이 될 것으로 나는 판단했습니다.

대구 동촌 공항이나 김해 공항 모두 똑같은 군 공항이고 둘 다 기부 대 양도 방식으로 지어야 예산도 절감되는데 민주당은 왜 가덕도 신공항과 TK 신공항이 다르다고 억지를 부리는지 어이가 없습니다. 대구시장, 경북지사, TK 국회의원들 모두 그 직(職)을 걸고 이제라도 나서십시오.

늦게라도 왜 TK 신공항이 관문 공항으로 절실한가를 알았다면 이제부터라도 그 직(職)을 걸고 특별법을 관철하십시오. 그렇지 않으면 대구시장, 경북지사, TK 의원들은 TK 시·도민들에게 영원히 씻지 못할 잘못을 범한 것이 될 겁니다.

2021. 02. 25.

✎ **1985년** 초임 검사 시절 청주지검에서 당시 무소불위하던 보안사, 안기부 정보과장들을 내사하면서 정보기관의 사찰을 당하기 시작한 이래 울산지청에서는 전 대통령 친누이 사건 수사 강행으로 사찰당했고, 서울 남부지청에서는 전두환 대통령 친형이 연루된 노량진 수산시장 강탈 사건을 수사하면서 정보기관의 사찰을 당했습니다.

광주지검에서는 국제 PJ파 조직 폭력 사건을 수사하면서 관련된 정보, 수사기관들로부터 사찰당했고 서울지검에서는 슬롯머신 사건을 수사하면서 전방위 사찰을 당했으며 정치권에 들어와서는 DJ, 노무현 저격수 하면서 아예 정보 기관원들과 출퇴근을 같이 한 일도 있었고 노무현 정부 시절에는 당시 국정원장에게 나 따라다녀 본들 나올 게 없다, 귀찮으니 그만하라고 항의한 일도 있었습니다.

이 당시 사찰 기록은 국정원 도청 사건으로 백일하에 드러난 일도 있고 국회 529호 사건으로 밝혀진 일도 있고 정형근 의원의 국정원 도청 폭로로 밝혀지기도 했고 국정원이 도청 기구를 인천 앞바다에 버렸다는 증언도 나온 일이 있었습니다. 지금도 나는 전화할 때는 언제나 도청을 전제로 전화 통화를 합니다.

사찰이 나쁜 일이긴 하지만 사찰을 겁내는 사람이 공직 생활을 잘할 수는 없지요. 똑같이 사찰해 놓고 상대편의 사찰만 문제라고 뻔뻔스럽게 강변하는 민주당 대표의 몸부림이 참 가련하고 딱해 보입니다.

✎ **다시 한번 촉구합니다.** TK 신공항특별법을 두고 오락가락했던 경북

지사, 무관심으로 일관했던 대구시장은 진퇴를 걸고 그 법 통과에 앞장서 주시기 바랍니다. 아울러 무기력하고 헛발질로 일관했던 공항 관련 TK 국회의원들은 이제부터라도 정치 생명을 걸고 이 법 통과에 전력을 다해 주시기 바랍니다. 그 법만이 TK 100년 미래가 달린 중차대한 법이라고 생각합니다. 모두 힘을 합쳐 대책을 논의하도록 하십시오. 그것이 지난번 지선, 총선에서 묻지 마 지지를 해 준 TK 시·도민들에 대한 기본적인 예의입니다.

2021. 02. 26.

✎ **집권 마지막 해**가 되면 어느 정권이나 야당판이 되는데, 중도 타령에 무투쟁 2중대 가마니 전략으로 인해 나라를 거덜 내고도 아직도 문재인 세상입니다. 압도적으로 우세해야 할 성추행 양대 보궐선거에서 우리 후보들을 폄훼하고 야당 역할은 제대로 못 하면서 심술만 부리는 바람에 오히려 잘못을 저지른 사람들이 설치는 판을 만들어 주었네요. 얼마나 더 당해야 야당은 정신을 차릴까요? 대선은 코앞에 다가오는데.

✎ **8년 전** 진주의료원 폐업은 공공의료원의 폐업이 아니라 일은 하지 않고 구조 조정 거부하면서 파업만 일삼던 강성 귀족노조 직장에 대한 직장폐쇄였는데 그걸 공공의료원 폐업으로만 몰고 가는 좌파들의 책동은 참으로 기가 막힙니다.
진주의료원 폐업 이후 서부 경남의 공공의료 보완 대책과 마산의료원 대규모 증축, 음압병동 신설만 보더라도 그걸 알 수가 있는데 참으로 좌파들의 거짓 선동은 대단합니다. 박근혜 정권조차 눈치 보면서 나를 핍박했지만, 강성 귀족 노조의 적폐와 1년 이상 싸워 이긴 사람은 그래도 정치권에서 홍준표가 유일한 사람입니다.

2021. 02. 27.

✏️ **웬만하면** 아직은 때가 아니다 싶어 참고 넘어가려고 했는데, 그동안 양아치 같은 행동으로 시선 끌고 내가 보기엔 책 같지 않은 책 하나 읽어 보고 기본소득의 선지자인 양 행세하고 걸핏하면 남의 당명 가지고 조롱하면서 자기 돈도 아닌 세금으로 도민들에게 푼돈이나 나누어 주는 것이 잘하는 도정(道政)입니까?

지도자를 하고 싶다면 진중하게 처신하십시오. 대한민국 국민은 절대 베네수엘라 급행열차는 타지 않을 겁니다. 그래도 아직 쓸모가 있다고 판단되어 문 대통령 측이 살려준 것에 불과합니다. 하도 방자해서 한마디 했습니다.

2021. 02. 28.

✏️ **지난번** 지방선거 때 위장 평화 거짓 선동에 가려졌지만, 형수에게 한 쌍욕, 어느 여배우와의 무상연애는 양아치 같은 행동이었습니다. 최근 사회문제화된 학폭처럼 이런 행동은 10년, 20년이 지나도 용서되지 않습니다.

앤드루 양의 <보통 사람들의 전쟁>이라는 책에 나오는 인공지능 시대 후 실업자들이 만연하고 그래서 기본소득 제도가 필요하다는 논리는 18세기 영국 산업 혁명기에 실업을 우려해 러다이트 무브먼트(기계 파괴 운동)를 일으킨 사건과 다를 바 없습니다.

인공지능 시대가 오면 새로운 직종이 생기게 되고 인간은 더 적은 노동력 투입으로 더 많은 생산력이 펼쳐지는 새로운 풍요의 시대가 옵니다. 내가 더불어터진당이라고 조롱하는 것이 상대방에 대한 예의가 아니듯이 남의 당 이름으로 조롱하는 것은 기본적인 예의도 모르는 비열한 행동입니다.

문재인 후보와 지난 대선 때 경쟁했던 사람들은 모두 폐기 처분되었는데 아직 그대만 혼자 살려둔 것은 페이스 메이크가 필요해서라고 보일 수도 있는데 문재인 후보를 지난 당내 경선 때 그렇게 심하게 네거티브를 하고도 끝까지 살아남을 거라고 보십니까? 민주당 당내 경선은 역동적이고 늘 새로운 인물을 만들어내는 수준 높은 전당대회입니다.

2002. 01. 지지율 30%에 달하던 이인제 후보의 대세론을 당시 지지율 2%에 불과했던 노무현 후보가 대역전하는 것을 보지 못했습니까? 그만 자중하시고 자신을 돌아보시기를 바랍니다. 신구미월령(新鳩未越嶺)이라는 말도 있습니다.

2021. 03. 01.

✏️ **기본소득제**라는 것은 모든 사람에게 매월 일정 금액을 나눠 주자는 극단적인 보편적 복지에 불과합니다. 흔히들 말하는 사회주의 체제 아래서 행해지는 배급제로 볼 수 있지요. 이를 시행하기 위해서는 우선 폭발적인 증세에 국민이 동의해야 하고 기존 복지 체제의 재정비가 필요합니다.

그런데 지금도 가렴주구라고 불만이 폭발 직전인데 추가적인 대폭 증세를 국민이 동의할까요? 기존 복지체계 개편 과정에서 영세민들에게 오히려 상대적으로 복지 축소 현상은 나타나지 않을까요? 문제의 본질은 구름 잡는 기본소득제가 아니고 지원이 필요한 계층에 집중 지원하여 양극화를 완화하는 서민 복지 제도의 확립입니다. 마치 자본주의 폐해를 시정한다는 명분으로 등장한 공상적 사회주의 같은 제도가 기본소득제입니다.

일 년에 1,000달러씩 준다는 알래스카의 기본소득제는 석유개발로 인한 환경 파괴의 대가로 주어지는 석유 이익금 중 일부를 알래스카 주민들에게 돌려주는 언 발에 오줌 누기에 불과합니다. 본질을 알게 되면 대한민국 국민은 한국판 차베스가 왜 나쁜 포퓰리즘 정치인인지 알게 될 날이 올 겁니다.

✏️ **예상한 대로** 안철수 후보로 1차 단일화는 무난히 성사되었습니다. 이제 국민의힘 후보와 2차 단일화로 야권 단일화는 완성되고 서울 시정 탈환만 남았습니다. 2차 단일화도 마찬가지로 민주당 후보와 비교 경쟁으로 결정하는 것이 타당합니다. 서울 시민은 야당 승리를 원하지 굳이 야당 중 어느 당이 승리하는지는 관심이 없습니다.

10년 전 박원순 후보는 야권 단일화 승리 후 10번 무소속 달고 당선된 바도 있습니다. 벌써 국민의힘 김종인 위원장 측 극히 일부 사람들이 몽니를 부리고 있습니다만 대세는 거역하지 못할 겁니다. 이미 양대 보궐선거에서 김종인 위원장의 역할은 아무것도 없습니다. 모든 것은 선출된 후보 중심으로 선거를 치를 수밖에 없기에 이제부터라도 김종인 위원장께서는 몽니나 심술부리지 마시고 판세가 흘러가는 대로 따르십시오. 그게 4월 7일 아름답게 퇴진하는 길입니다.

2021. 03. 03.

✏️ **공수처**에 이어 중수청을 또 설치한다고 야단법석입니다. 집권 말기에 와서 국가수사청, 공수처를 설치해 검찰의 힘을 빼더니 이제 와 검찰 수사권을 마지막으로 해체하는 절차인 중대범죄수사청을 설치한다고 합니다.

벼락출세한 중앙지검장을 앞세워 중앙지검 특수 4부까지 만들어 이명박·박근혜 정권 적폐 수사를 강행하면서 그렇게도 모질게도 정치 보복을 하더니 정권이 넘어가면 차기 정권이 또 다른 검찰 간부를 앞세워 문재인 적폐 수사를 자기들이 당할 수도 있겠다는 두려움이 커서 이런 검찰은 해체해야겠다고 생각했겠지요.

국민이야 어떤 수사체제가 들어온들 무슨 상관이 있습니까만 그렇게 정치 보복에 견마지로를 다한 검찰이 토사구팽되어 몇 달 남지 않는 검찰총장이 별 의미 없는 직(職)까지 건다고 비장하게 말하는 것을 보는 지금의 검찰 현실을 나를 포함한 검찰 선배들은 과연 어떤 기분으로 보고 있을까요? 권력의 사냥개 노릇이나 하면 그런 꼴을 언젠가 당할 수도 있다는 것을 진즉 알았어야 했는데 만시지탄(晩時之歎)입니다.

✏️ **바람**이 불기도 전에 먼저 눕고

　　바람이 그치기도 전에

　　먼저 일어난다.

이것이 검찰이 지난 70년간 권력을 누려 온 비결이었습니다.

검사 11년, 정치 26년의 공직 생활 37년 중 문 정권처럼 철저하게 검찰을 도구 삼아 정치 보복을 한 정권은 여태 본 일이 없었습니다. 또 그렇게 1%도 안 되는 정치 검사들이 전 정권 적폐 수사하면서 없는 죄 만들고, 있는 죄 과장하여 만들어 기소 만행을 저지르는 것을 본 일도 없었습니다. 1%도 안 되는 정치 검사들이 출세욕에 눈이 멀어 검찰조직을 다 망친 것입니다. 사냥개를 이용해 사냥해 본 이들이 자기들이 사냥당할 수 있다는 것을 왜 모르겠나요? 그래서 검찰조직을 해체하는 겁니다.

5공 국보위처럼 위헌법률을 자판기처럼 찍어 내는 저들이 반발한다고 해서 중대범죄수사청 법을 통과시키지 않을 것 같나요? 이제 와 후회하고 한탄한들 무슨 소용이 있나요? 다 자업자득이고 업보입니다. 지금부터라도 반성하고 더 이상 권력의 사냥개는 되지 말아요. 그래도 검찰을 사랑하는 선배가 한마디 했습니다.

✎ 윤석열 총장이 직(職)을 걸려면 드루킹 사건의 상선(上線)으로 문재인 대통령 부부 관여 여부 수사, 원전 비리 사건의 최종 지시자로 문재인 대통령 관여 여부 수사, 울산 시장 선거 개입 비리 사건의 최종 종착지인 문재인 대통령 관여 여부 수사에 직(職)을 걸어 주십시오. 남은 총장 임기 기간을 보면 아직 충분한 시간이 있습니다. 자기 직역을 고수하는 데 그 직(職)을 걸기보다 현재 진행 중인 대통령 관련 여부 수사에 직을 거십시오.

그러면 국민 여론이 검찰 수사권 존치의 당위성도 절실히 느끼게 되고 검찰사에도 길이 남는 영웅이 될 겁니다. 이미 죽어버린 권력이었던 이명박·박근혜 수사는 그렇게 모질게 하지 않았습니까? 윤 총장 말씀대로 헌법에 충성하고 살아있는 권력에 대해서도 단죄할 수 있는 검찰총장이 되면 한국 검찰사에 길이 남는 명검사가 될 겁니다. 결단의 순간이 오고 있습니다.

2021. 03. 04.

✏️ **국민의힘 서울시장 후보**로 경선에서 승리한 오세훈 후보님 축하드립니다. 아직 고비가 두 번 더 남았지만 10년 만의 귀환을 진심으로 축하드리고 안철수 후보와 아름다운 단일화로 서울 시정 탈환에 앞장서 주시기 바랍니다. 부산시장 후보로 당선되신 박형준 후보님에게도 축하의 말씀을 드립니다. 앞으로 본선에서 민주당의 네거티브에 잘 대처해서 역동적이고 활기찬 부산을 만들어 주기를 바랍니다. 비록 본선 진출은 못 했지만, 나경원, 조은희, 오신환, 박성훈, 이언주 후보님들도 야당 붐을 일으키는 데 큰 역할을 하셨습니다.
모두 수고하셨습니다.
훌륭한 당내 경선을 이끌어 주신 정진석 공관 위원장님도 참으로 공정한 경선 관리를 해 주셔서 고맙습니다. 말썽 많은 당내 경선 관리를 아무런 잡음 없이 끝내는 것은 공정한 리더십이 아니면 어려운데 참으로 훌륭한 리더십을 보여주었습니다. 이제 모두 힘을 합쳐 성추행 정권, 문 적폐를 타도해야 합니다. 서울 시정, 부산 시정을 탈환하고 나아가 문 폭정을 종식하고 비정상 국가를 정상 국가로 만드는 데 진력을 해봅시다. 다시 한번 축하드리고 모두 수고하셨습니다.

✏️ **윤석열** 총장이 지금 사표 낸다면 그것은 잘못된 결단이 될 겁니다. 지금은 70년 검찰의 명예를 걸고 문재인 대통령 연루 여부 세 가지 사건에 전 검찰력을 쏟아야 할 때입니다.
살아 있는 권력은 수사하지 않고 지금 사표 내면 죽은 권력이던 이명박·박근혜 수사를 매몰차게 한 것마저 정의를 위한 수사가 아니고 벼락출세를 위한 문재인 청부 수사였다고 인정할 수밖에 없고, 검찰 수사권을 해체한 당시의 마지막 총장이었다는 오명을 벗어나기 어려울 겁니다. 아울러 어제 대구지검 방문도 정치권 진입을 타진해 보기 위한 부적절한 행보였다는 것을 여실히 보여주는 검찰총장답지 않은 정치를 했다는 오해도 받을 수 있습니다. 정면 돌파하십시오. 나는 윤 총장의 기개와 담력을 굳게 믿습니다. 정치는 소임을 다하신 후에 하셔도 늦지 않습니다.

✎ 안타깝습니다.

윤 총장 처지로서는 자신의 사퇴로 후임 총장이 소위 문빠가 되면 중대범죄수사청은 막을 것이라는 검찰을 위한 충정으로 사퇴했을 수도 있으나 문재인 대통령이 관여된 것으로 보이는 드루킹 상선(上線) 사건, 원전 비리 사건, 울산시장 선거 관권 개입사건이 적어도 문 정권하에서는 묻힐 수밖에 없다는 것이 참으로 안타깝습니다. 어떤 행보를 하더라도 윤 총장에 대한 국민적 기대는 상당합니다. 이 땅의 자유 민주주의와 문재인 폭정을 막는 데 다 함께 힘을 모아 주실 것을 기대합니다. 수고 많으셨습니다.

2021. 03. 05.

✎ 바람이 불기도 전에 검찰은 눕고 바람이 그치기도 전에 검찰은 일어납니다.

구두 속에 양말까지 넣어 양주잔 만들어 상대방에게 강권하고 밤새도록 폭탄

주를 돌리며 조폭 같은 의리로 뭉쳐 국민 위에 영감(令監)으로 군림해 왔습니다. 그 문화에 끼이지 않으면 철저하게 주변인으로 취급받고, 인사 때마다 광어족, 도다리족, 잡어족으로 나누어 패거리 인사 특혜를 누려 왔습니다. 1%도 안 되는 정치 검사들로 인해 당시 검찰 문화는 양아치 문화였습니다.

검찰 개혁이 문제 될 때마다 정권의 사냥개 노릇을 자처하며 그 독점적인 권력을 유지해 왔고 그 절정이 문재인 정권의 이른바 적폐 수사였습니다.

문재인 대통령은 그런 검찰의 속성을 익히 알고 검찰을 철저하게 정치적으로 이용하고 난 뒤 국가수사청, 공수처를 만들어 수사권을 분산하고 마지막에는 중수청까지 만들려고 하면서 검찰을 토사구팽하고 있습니다. 수사권 분산 그 자체는 결코 반민주주의는 아닙니다.

국민이야 어디 가서 수사받던 아무런 문제가 없습니다. 그사이 검찰이 인권 옹호 기관으로 역할을 한 일이 한 번이라도 있었나요? 문제는 검찰조직의 속성과 무서움을 경험한 문재인 대통령이 퇴임 후 돌변한 검찰로부터 비리로 단죄될 것이 두려워 그 안전장치로 이렇게 수사권 집중보다 수사권 분산을 시도하고 있다는 겁니다.

검찰이 문 대통령의 지시로 자행한 두 전직 대통령에 대한 정치 보복을 퇴임한 문 대통령에게는 적용하지 않을 것 같나요? 그래서 문 대통령은 검찰조직을 하이에나와 같은 속성을 가졌다고 보는 것입니다. 그것 때문에 당신들은 수술을 당하고 있는 겁니다. 자업자득입니다. 이제부터라도 말만 하지 말고 진정으로 국민의 검찰로 거듭나야 합니다.

그것만이 당신들이 살 길입니다.

2021. 03. 06.

✎ 검찰을 도구로 이용해 적폐 수사로 행정부를 장악하고 코드 사법부, 코드 헌법재판소, 코드 선관위를 차례대로 장악한 후 위장 평화 쇼로 지방정부를 장악하고 코로나 방역 쇼, 재난지원금 퍼주기, 야당의 지리멸렬을 이용해 국회를 장악했습니다.
이제 마지막 책동은 문재인 퇴임 후 안전을 위해 검찰 수사권을 해체하고 차기 대선 구도 짜기인데 윤석열을 밀어냄으로써 야권 분열의 실마리를 만들었고 이재명 처리만 남았습니다.
4자 구도를 짤지 이재명을 보내 버리고 3자 구도를 짤지 어떻게 음모를 꾸미는지 문 정권의 책동을 우리 한번 잘 지켜 보고 여태처럼 이젠 바보같이 당하지 말고 타개책을 세웁시다.

2021. 03. 07.

✎ 2002. 2. 노무현 정권이 들어서자마자 문재인 민정수석은 노무현을 대통령으로 만들어 준 DJ를 배신하고 대북 송금 사건 특검을 받아들여 DJ의 평생 업적이던 김정일과 남북정상회담을 달러 밀거래 회담으로 헐뜯어 버리고, 열린우리당을 창당하여 민주당과 결별한 배신의 주역이었습니다.
그런 철저한 배신을 해 본 문재인 대통령인데 현 정치권에서 야당보다 더 배신과 보복의 성향이 짙은 이재명 경기지사를 그대로 방치하고 대선 구도를 짜려고 할까요?

지금 문재인 대통령과 그 참모들의 머릿속에는 자기들이 저지른 두 전직 대통령과 참모들에 대한 끔찍한 정치 보복을 어떻게 해서라도 모면해야 한다는 절박감만 가득할 겁니다. 그리고 야당보다 더 믿기 어려운 이재명 경기지사를 어떻게 처리할 것인지에만 골몰할 겁니다.

2007년 대선 때 MB 측 사람과 노무현 측 사람이 만나 MB가 정권을 잡아도 절대 정치 보복은 하지 않겠다고 굳게 약속하고 노무현 대통령의 대선 중립을 받아냈지만, 대통령이 된 MB는 국세청의 박연차 세무조사에서 나온 640만 달러 수수 사건을 묵인하지 않고 그대로 방치했습니다.

결과적으로 노무현 전 대통령은 수치심을 참지 못하고 자진했고 MB는 오랜 세월이 지났음에도 문재인 대통령의 복수의 칼날을 끝내 피하지 못했습니다. 민정수석할 때나 대통령 재임 중 배신과 복수혈전에 얼룩진 정치 인생을 살아온 문 대통령의 머릿속은 퇴임을 앞둔 지금 참으로 복잡할 겁니다. 퇴임 후 안전을 위해 어떤 공작으로 판을 짜고 친문 대권주자를 만들어 가는지 우리 한번 지켜 보고 더 이상 속지 않을 대책을 세워야 합니다.

2021. 03. 08.

✏️ **이재명** 지사의 기본시리즈는 10여 년 전 좌파 진영에서 들불처럼 퍼져나갔던 무상시리즈의 이름만 바꾼 재판(再版)에 불과합니다. 베네수엘라의 차베스는 원유를 팔아 산업에 투자하지 않고 정유공장조차 없이 무상시리즈를 계속하는 포퓰리즘 정치를 하다가 원유가가 폭락하니까 세계 최빈국으로 전락하고 자국민 10%가 해외 탈출한 참혹한 베네수엘라를 만든 일도 있었습니다.

국가 재정 능력이 한계치에 달한 지금의 대한민국에서 코로나 정국을 이용하여 또다시 무상시리즈로 국민을 현혹하는 허경영식 공약은 참으로 걱정스럽습니다.

하기야 연애도 무상으로 하는 분이니 말릴 수는 없지만 더 이상 국민을 현혹하는 기본 시리즈를 안 하는 것이 책임 있는 정치인의 자세라고 봅니다. 국민이 제대로 봤으면 하는 바람입니다.

2021. 03. 09.

✏️ 또 선거를 앞두고 수십조 매표행위를 위해 임시 국회가 소집되었습니다. 야당 비대위원장은 한술 더 떠 100조 퍼주기 운운한 적도 있었지만, 국가 재정을 고갈시키더라도 선거는 이겨야 하겠다는 절박감만 문 정권에게는 있는 것 같습니다.

이러다가 올 연말에는 대선을 앞두고 마지막 매표행위를 또 자행할 수도 있습니다. 무상을 좋아하시는 경기지사님은 이런 좋은 기회인 퍼주기 국정은 예찬하지 않고 이제 도정에만 전념한다고 하시긴 했습니다만 언제든지 도정보다 국정에 기웃거릴 기회만 노리고 있을 겁니다.

무상 좋아하다가 망한 베네수엘라, 아르헨티나, 그리스가 다시금 생각 나는 봄날 오후입니다.

국민 세금은 산업에 투자하여 부가가치를 높여 국민에게 돌려주어야지 문 정권처럼 자기 돈도 아니면서 일회성 선심 쓰는 데 사용해선 절대 안 될 것입니다. 그러면 나라는 베네수엘라로 갑니다.

2021. 03. 10.

✏️ **부동산 정책 실패**로 광란의 집값 파동을 일으킨 문 정권이 그 대안으로 내놓은 신도시 정책이 관계자들의 투기로 얼룩진 것을 바라보는 국민은 참으로 분노에 차 있습니다. 그러나 그 대책을 수립하는 것을 바라보는 국민은 더 분노에 차 있습니다.

첫째, 당시 LH 사장을 하면서 신도시 입지 선정에 관여하고 정보를 독점했던 현 국토부 장관이 신도시 비리 사건의 조사에 관여한다는 것은 누구든 자신 관련 사건에 심판관이 될 수 없다는 자연적 정의에 반하는 후안무치입니다. 문 대통령은 즉각 변창흠 장관부터 해임하십시오.

둘째, 투기의 원천인 신도시 정책을 즉각 취소하고 도심 초고층 재개발로 정책 전환을 하십시오. 무분별한 땜질식 처방인 신도시 정책은 수도권의 집중 현상만 심화하고 연결도로 신설, 전철 확장 등으로 천문학적인 예산만 늘어납니다.

셋째, 전 정권의 신도시까지 조사해서 물타기 해 보려는 속 보이는 짓은 그만 하시고 지금 문제가 된 비리 사건 해결에만 집중하십시오. 검경 수사권 조정 이후 불거진 초대형 비리 사건에 직·간접으로 관련된 비리 연루자들을 과연 성역 없이 조사할 수 있는지 국민이 지켜보고 있습니다. 민생 문제는 정쟁이 아닙니다. 문재인 대통령의 조속한 결단을 촉구합니다.

2021. 03. 12.

✏️ 민주당이 국회의원 300명에 대해 부동산투기 전수 조사를 하자고 제안했습니다. 이건 민주당이 참 잘하는 것이고 나는 절대적으로 찬성합니다. 국회의원직을 걸고 부동산투기 혐의가 소명되지 않으면 국회의원직을 사퇴하기로 약속하고 모든 국회의원, 광역 단체장, 장관급 이상 공직자, 청와대 1급 이상 직원 등 공직자들의 부동산투기 여부를 전수 조사합시다.

그 첫 출발로 국회의원부터 합시다. 자신의 허물이 있음에도 국회 권력 뒤에 숨어 국민에게 투기하지 말라고 기만으로 일관한다면 그런 국회의원은 국회에서 국민이 쫓아내야 합니다. 이걸 반대하는 국회의원은 아마 한 사람도 없어야 할 겁니다.

조속히 여야 합의로 시민단체 주관으로 엄중한 조사를 시작합시다. 이 기회에 국회의원부터 부동산투기 여부를 조사하여 국민으로부터 국회의 신뢰를 회복하는 계기로 삼읍시다.

✏️ 특검도 반대하고, 전수 조사도 반대하고, 셀프 조사나 하자 하고, 도대체 야당이 뭐가 켕겨서 당당히 제삼자에게 혹독하게 조사 못 받고 뒷걸음질을 치나요? 그래서야 야당 하겠나요? 경찰 조사는 계속하고 특검 통과되면 자료 넘겨 수사하면 되지 않나요?

속 시원하게 특검도 받고 전수 조사도 받으세요. 제삼자에게 당당하게 조사받으세요. 그건 오히려 야당이 공격해야 할 의제입니다. 부동산투기 색출에 여야가 어디 있나요? LH 본부장이 자진(自盡)까지 한 마당에.

2021. 03. 14.

✏️ **지난 2년 동안** 차기 대선 시계는 황교안 대표에서 이낙연 대표로 그리고 이재명 지사에서 윤석열 전 검찰총장으로 빠르게 흘러가고 있습니다. 최근 이재명 지사에서 윤석열 전 총장으로 흐르는 시간은 더욱더 빨라졌지요. 대통령의 직무 중 검찰이 차지하는 비중은 1%도 되지 않는데 얼마나 이 정권에 대한 염증이 컸으면 국민이 아무런 역할을 하지 못하는 야당보다 윤석열 전 총장에게 기대하고 있을까요?

차기 대선이 다가올수록 대선 파도는 더욱더 빠르고 급속하게 흘러갈 겁니다. 또 어떤 파도가 닥칠지 아직은 예단할 수 없지만, 아직도 1년은 참으로 긴 시간입니다. 차기 대선의 방향을 시사해 줄 양대 보궐선거의 민심 흐름이 어떻게 갈지 한번 지켜봅시다. 노무현, 문재인 대통령을 보면 이 작은 나라 대통령도 천운(天運)을 타고나야 하나 봅니다. 누가 천운을 타고 차기 지도자가 될지 아직은 오리무중이지만 아무튼 내 나라 대한민국이 지금처럼 더 이상 망가지지 않았으면 합니다.

2021. 03. 15.

✏️ **야권 단일화**를 앞두고 김종인 위원장까지 나서서 안철수 후보를 원색적으로 비방하는 것은 소인배 정치에 불과합니다. 시대적 명제가 야권 단일화라면 중립적 입장에서 중재할 생각은 하지 않고 상대는 민주당인데 같은 야권 후보를 비방하는 것은 서로 구분하지 못하는 소인배 정치입니다. 그 정

도만 하시고 물러서 계십시오.

야권 단일화는 두 후보께서 직접 담판으로 결정하도록 하는 것이 맞습니다. 지난 1년 동안 그렇게 독선적으로 당을 운영하면서 심술을 부리더니 이제 한 달도 남지 않은 마지막까지 몽니 정치를 하시겠습니까? 두 후보님께 말씀드립니다. 정당에 얹히지 말고 인물로 대결하십시오.

결과도 중요하지만, 과정도 중요합니다. 앙금과 상처를 남기는 단일화는 본선에서 어려움만 초래합니다. 아름다운 단일화를 촉구합니다.

✏️**오늘** 국민의힘 의원들이 모든 자신의 부동산에 대해 투기 여부를 전수 조사하는 데 동의했다고 합니다. 참 잘한 결정입니다. 민주당뿐만 아니라 국회의원 300명 전원, 공직자 재산등록 대상자는 예외 없이 모두 전수 조사를 받도록 합시다. 스스로 검증하지 말고 시민단체에 맡겨 철저히 검증합시다. 아울러 LH 투기 관련자 사건 처리는 우선 검경 조사는 조속히 진행되도록 하고 특검도 동시에 추진하여 이 땅의 부동산투기를 발본색원하도록 하여 부동산에 멍든 국민의 상실감을 해소할 수 있도록 합시다. 국민의힘 의원 여러분 잘하셨습니다. 야당은 그렇게 하는 겁니다.

2021. 03. 18.

✏️**오늘은** 무척 바쁜 날입니다. 15시에는 마포 포럼 특강이 있고 17시에는 예결위 질의가 있고 20시에는 홍카콜라, 클럽하우스 동시 생방송으로 부동산 대책 자유 토론이 있습니다. 서울시장 단일화 치킨게임을 보면서 어떤 경

우라도 단일화는 되어야 한다는 각오를 다지고 후보님들이 직접 나서 주시기 바랍니다. 나를 버릴 때 세상이 편해집니다.

✏️ **문 대통령**이 적폐 청산 이야기하자 윤석열 검찰에서는 중앙지검 특수 4부까지 만들어 과거 정권 사람들 수백 명을 무자비하게 검거, 수사하고 감옥에 보낸 일이 얼마 전에 있었습니다. 수사받다가 억울하게 자살한 사람도 있었습니다. 이번에 문 대통령은 부동산 적폐 청산을 하겠다고 했습니다. 한번 해봅시다.

검찰, 경찰, 공수처, 국세청 합동으로 부동산 적폐 청산 조사특위를 만들고 전국 17개 광역단체에 지부를 두고 선출직 공직자, 일반 공직자, 공기업 근무자 모두 전수 조사합시다. 국회는 의원 300명에 대해서 국민의힘은 민변에 맡기고 민주당은 헌변에 맡겨 샅샅이 한번 조사해 털어 봅시다. 그렇게 해서 소명 안 되는 사람은 공직에서 물러나고 죄를 지었으면 재산 몰수하고 감옥에도 보냅시다.

선거 앞두고 또 국민 눈속임 쇼로 끝날 것이 아니라 진정한 부동산 적폐 청산을 합시다. 물론 대통령도 대상이지요. 저부터 단두대에 올라가겠습니다. 그리하여 이번에는 정말 국민의 공복이라는 소리 한번 들어 봅시다.

2021. 03. 19.

✏️ 그 좋던 야당 선거 분위기가 서울은 김종인 위원장의 몽니로, 부산은 LCT 매입 관련으로 힘들게 진행되고 있습니다. 서울은 단일화 협상에 장애가 되

는 김종인 위원장은 제발 좀 빠지고 두 후보에게 맡기십시오. 부산은 네거티브 대책반을 즉시 가동하시기 바랍니다.

부산 선거는 처음부터 네거티브 선거가 될 것이라고 말해 주었고 그것이 지금 현실화하고 있습니다. 앞으로 제2 제3 네거티브도 나올 겁니다. 저들은 이미 오래전부터 치밀하게 박형준 후보 네거티브 자료를 준비했습니다. 시리즈로 나올 겁니다. 잘 대처하십시오.

✏️ 김종인 몽니에 굴복하는 것도 한신의 굴욕처럼 훌륭한 책략입니다. 김종인의 승리가 아니라 안철수의 포용입니다. 나를 버릴 때 기회가 옵니다. 늘 머뭇거리던 안 대표가 이번에는 전격적으로 김종인 안을 수용한 결단을 높이 삽니다. 승패를 떠나서 그게 소인배 정치와 다른 아름다운 모습입니다. 이제 단일 대오로 정권 탈환의 장정에 함께 갑시다. 고맙습니다.

✏️ 김종인의 몽니에서 벗어나 서울 시민의 품으로 돌아온 오세훈 서울시장 후보의 전격적인 안철수 안의 수용 결단을 치하합니다. 어려운 결단을 하셨습니다. 이젠 양당은 더 이상 머뭇거리지 말고 즉각 실무 준비에 나서서 아름다운 단일화를 이루어 서울 시정을 탈환하도록 합시다.
두 분의 의로운 결단에 고개 숙여 감사드립니다. 이젠 두 분 다 승자이십니다.

✏️ 정유라 때는 이대 입학 취소뿐만 아니라 고등학교도 득달같이 입학 취소하여 중졸로 만들더구먼, 조민 입시 비리 사건을 침묵하는 민족 고대의 자존심은 다 어디 갔나요? 부산대 의전원은 그 자긍심을 하수구에 버렸나요? 하기야 대법원에서 확정된 뇌물 사건도 뒤집으려고 법에도 없는 짓을 하고 여권

도지사 드루킹 여론 조작 사건은 고위 법관이 무죄를 만들려고 기를 쓰고 있는 집단인데 무슨 짓인들 못 하랴마는 참 해도 너무 속 보이는 짓들을 합니다.

2021. 03. 20.

✏️ **제가 경남지사 할 때**는 땅 한 평 팔지 않고 행정개혁, 재정개혁만으로 3년 6개월 만에 1조 4천억 원의 부채를 청산하여 광역단체 사상 최초로 빚 없는 경상남도를 만들었는데, 그다음 지사가 된 민주당 김 지사는 제가 심어 놓은 채무 제로 기념 나무를 뽑아내고 기념석도 묻어 버리고 불과 3년 만에 다시 채무 1조 원 시대를 만들었다고 합니다.

꼭 하는 짓이 채무 1천조 원 시대를 연 문재인 대통령과 같습니다. 나라 살림이나 개인 살림이나 빚잔치 경영을 하게 되면 고통을 받는 것은 후손들입니다. 봄비 내리는 주말 우울한 아침입니다.

2021. 03. 22.

✏️ **문 정권** 초기에는 벌떼처럼 달려들어 적폐 수사한다고 한마음으로 정권 하수인 노릇을 하더니 토사구팽되어 조직이 분해되기 시작하니 위기감을 느꼈는지 이젠 정권 하수인 검사들과 조직수호 검사들이 서로 물고 뜯고 싸우네요. 내 일찍이 이런 검찰의 모습을 여태 본 일이 없었습니다.

최소한의 체면도 없이 명예도 없이 하이에나처럼 서로 물고 뜯는 너희들이 이 땅의 검사들입니까? 검사를 했다는 내가 참으로 창피한 요즘입니다. 당당해라, 대한민국의 검사답게.

✏️ 지난 대선 때 8천 8백만 건의 여론 조작으로 문 대통령의 당선의 1등 공신이었던 드루킹이 만기 출소했습니다. 그러나 공범이었던 김경수 지사는 여전히 대법원에 계류 중이면서 일부 언론 보도를 보면 고위 법관이 무죄를 만들려고 한다는 말도 떠돌고 있습니다.

2021. 03. 23.

✏️ 오세훈 후보의 승리를 축하드립니다. 10여 년의 정치 공백을 딛고 다시 힘찬 도약에 나선 오세훈 후보는 참 대단한 분입니다. 안철수 후보도 아름다운 단일화를 성공적으로 마무리해 주신 점에 대해 무한한 감사의 말씀을 드립니다. 이제 모두 힘을 모아 서울시장 탈환에 나섭시다. 서울 교체가 정권 교체입니다. 두 분 정말 수고하셨습니다.

2021. 03. 26.

✏️ 오늘은 서해수호의 날이자 천안함 폭침 11주년이 되는 날입니다. 나라를 지키다 산화한 46명의 해군 용사들의 숭고한 희생을 기리고 북의 만행을 규탄하는 날입니다. 북의 눈치를 보느라 행사도 축소하고 참석도 제한하

는 문 정권의 친북 행보는 끝이 없습니다.

이제 정상적인 나라로 돌아갔으면 합니다. 지난 4년간 문 정권이 허문 국가 안보를 다시금 되살리는 날이기도 합니다. 조국을 지키다 스러져간 해군 46용사를 다시금 추모합니다. 편안하게 영면하십시오.

✎ 2018. 11. 기울어진 언론 운동장을 바로잡기 위해 시작한 TV홍카콜라는 당시 탁월했던 제작진의 구성으로 한국 정치 유튜브의 붐을 일으킨 촉발제 역할을 했습니다. 통계청 발표에 의하면 우리 국민은 기존 언론보다 유튜브 시청 시간이 훨씬 더 많다고 할 정도로 이젠 대세가 되었고 기존 언론들도 유튜브를 별도로 개설하여 운영할 정도로 대중적인 언론으로 자리매김하였습니다.

그러나 지금의 유튜브 시장은 가짜 뉴스가 판을 치고 자기 개인의 바람이 팩트로 둔갑하여 국민 여론을 호도하고 내용도 없는 자극적인 섬네일로 조회수만 쌓아가는 가짜 뉴스만 난무하는 황색언론으로 전락해 가고 있습니다.

유감스럽습니다. 1인 방송 시대를 본격적으로 열었다는 자부심도 있지만 비방과 허위, 거짓과 날조도 난무하는 세상을 만들었다는 자괴감도 동시에 있습니다.

존경하는 유튜버 여러분!

이젠 국민에게 팩트에 근거한 진실, 주관적인 바람이 아닌 객관적인 논평만 전달하는 제대로 된 1인 방송 시대를 만들어 갈 것을 제안합니다. 기존 언론을 못 믿어 개척한 유튜브 시장이 기존 언론보다 더 심한 페이크 뉴스판이 되어서야 어찌하겠습니까?

2021. 03. 29.

✏️ **노무현** 대통령 이후 지난 20여 년간 극명하게 갈라졌던 보수·진보의 진영 구도가 문 정권의 민생 폭정으로 인해 경계가 허물어지면서 새로운 정치 화두를 국민이 찾고 있습니다. 최근 인덱스 보고서를 읽어 보니 우리 국민은 그것을 국익(國益)에서 찾고 있다고 보입니다. 무엇이 나라의 이익이고 무엇이 국민 전체의 이익인지 그 판단 기준을 국익(國益)에서 바라보는 국익 우선주의에서 보수와 진보의 양극단을 수렴할 수 있을 것으로 우리 국민은 보는 게 아닌가 생각됩니다. 우리 헌법에서도 제46조 제2항에 국회의원의 의무에 국익 우선주의를 천명하고 있고 미국을 돌풍으로 이끌었던 트럼피즘도 결국은 국익 우선주의였습니다.

'모호한 중도로 가자'라는 논리보다 진영 논리와 보수·진보의 양극단을 허물 제3의 시대 정신을 국익(國益)에서 이젠 찾아야 할 때가 아닌가 생각해 봅니다. 황사가 자욱한 봄날 아침에 국회로 출근하면서 좌우로 쫙 갈라진 내 나라를 다시금 생각해 봅니다. 무슨 기치를 내걸어야 국민적 에너지를 하나로 결집할 수 있을까 생각하고 또 생각해 봅니다.

✏️ **문 정권**으로서는 백약이 무효인 보궐선거로 가고 있습니다. 김상조 청와대 정책실장의 전세 대책 발효 직전 야비한 전세금 올리기가 그 정점을 찍었습니다. 오늘 발표한 문 대통령의 부동산 비리 대책은 하나 마나 한 소리에 불과하고 아무리 야당 두 후보에게 네거티브해 본들 분노 투표를 당할 수 있겠나요?

2021. 03. 31.

✏️ 1993. 4. 슬롯머신 사건 관련으로 구속된 엄삼탁 전 병무청장의 뇌물혐의 단서는 공직자 재산 공개 시 부동산 취득 경위를 추적해 부동산 매매대금을 역추적하여 뇌물수수 사실을 밝혀냈습니다. 그해부터 시행되었던 고위 공직자 재산공개 제도는 혁명적인 개혁 정책이었고 고위 공직 사회 부패를 막는 중요한 계기가 되었으며 인사청문회 때마다 단골로 검증받는 소재가 되었습니다.

최근 문 정권이 뒤늦은 조치이지만 모든 공직자의 재산공개 확대 조치는 바람직한 방향입니다. 모든 공직자를 범죄자 취급을 하는 것이 아니라 오히려 공직자를 부패로부터 해방해 주고 당당한 공직자를 만들어 가는 중요한 계기가 될 것으로 저는 봅니다.

민주당은 국회의원 전수 조사를 권익위에서 하자고 하고 야당은 이는 부당하다고 하는데 당당하다면 어느 기관에서 한들 무슨 문제가 되겠습니까? 비밀 없는 세상입니다. 이런 문제를 권익위가 편파 조사를 한다면 그 기관의 존재 의미가 없고 기관이 폐지될 수도 있는데 과연 편파 조사를 할 수 있을까요? 모든 국회의원은 우선 권익위 조사부터 받아 봅시다. 모두 부동산 단두대에 올라가서 공직 생활 내내 부동산 거래 상황을 한번 검증받아 봅시다.

2

정치에도 금도라는 게 있습니다

음모와 모략으로 하는 정치는
일시 국민을 속일 수는 있을지 모르나 종국에 가서는
자신의 인격 파멸을 부르고 정계 퇴출됩니다.
정치에도 금도(襟度)라는 게 있습니다.

2021. 04. 01.

✏️ **나는** 늘 힘들고 어려운 역경을 헤쳐 오며 공직을 수행해왔습니다. 검사 시절에는 노량진 수산시장 강탈 사건, 광주 국제 PJ파 조직 폭력 사건, 슬롯머신 비리 사건 등 대형 사건 수사할 때마다 늘 내부 압력과 핍박 속에서 힘들게 홀로 수사를 해 왔고 정치판에 들어와서도 당이 잘 나갈 때는 나를 찾지 않고 탄핵 대선, 위장 평화 지선 등 당이 곤경에 처하거나 무너질 때마다 늘 그 책임을 떠맡곤 했지요.

이젠 정치의 최고 순간에 와서 나도 이제 당이 잘 나갈 때 대표 선수가 되어 출마할 수 있으면 참 좋겠다는 생각을 오늘 아침 문득 해 봅니다. 오늘 저녁 8시부터 TV홍카콜라에서 생방송으로 클럽하우스를 진행하면서 新 대북 정책을 토론합니다.

오랫동안 숙고한 대북 정책입니다. 토론에 많은 참여 바랍니다.

2021. 04. 07.

✎ 출구조사를 보니 탄핵 대선 이후 4년 만에 이겨 보는 눈물겨운 승리입니다. 모두 하나 되니 하늘도 도우나 봅니다. 김종인, 주호영 두 분 야권 지도자들께서도 참으로 수고하셨습니다.
안철수 대표에게도 감사드립니다. 오세훈, 박형준 두 후보님 참으로 고생하셨습니다. 도와주신 국민 여러분, 당원 동지 여러분 정말 감사합니다. 이제 문 대통령은 정신 차리고 더 이상 국민을 핍박하지 마십시오. 차분하게 임기 말 주변 정리하시고 마무리 잘하십시오. 모두 고생 많으셨습니다.

2021. 04. 13.

✎ DJ, 노무현의 햇볕정책은 북의 핵 능력 강화만을 가져왔고 문재인의 종북 정책은 핵 능력 완성만을 가져왔습니다. 이제 우리는 제3의 대북 정책을 세워야 할 때입니다. 남북 군사력 균형을 바탕으로 서로 불가침·불간섭하고 조급한 통일론보다 동·서독의 교훈대로 각자 체제 아래서 어떤 체제가 국민과 인민들을 위한 체제인지 체제경쟁 정책으로 전환해야 할 때가 아닌가 생각해 봅니다. 정권마다 바뀌는 대북 정책의 혼선으로 얼마나 많은 국민적 갈등을 초래했습니까?

✏️ **청년 비정규직**이면 어찌 결혼·출산할 수 있겠나요?

참 좋은 말입니다. 저는 문재인 대통령이 한 말인 줄 알았습니다. 비정규직은 노동의 유연성이 확보되지 않을 때 나타나는 노동시장의 기현상입니다. 오늘날 메르켈의 독일이 제조업 활성화와 경제성장을 거듭하는 것은 메르켈 총리 이전의 좌파 정권이었던 슈뢰더 총리의 노동 개혁으로 노동의 유연성이 확보되어 경제가 살아난 겁니다.

이윤추구를 제1의 목표로 하는 기업에 해고의 자유도 주지 않고 노동의 경직성만 강요하는 노동시장 정책이 비정규직 양산을 초래했는데 그 원인을 해소해 줄 생각은 하지 않고 강성 노조의 눈치만 보면서 결과 평등만 기업에 강요한다면 기업은 비정규직을 양산할 수밖에 없고 기업 경영보다 부동산 임대 시장으로 눈을 돌리면서 종국적으로 청년실업 문제도 더욱더 심각해집니다. 지금 대한민국이 바로 그러합니다.

고용 대란이 일어났는데 이를 공무원 증원만으로 막으려고 하는 것은 망한 그리스로 가는 지름길입니다. 비정규직 문제는 강성 노조 횡포 억제와 노동의 유연성 확보에 그 해결의 실마리를 찾아야 합니다. 그래야 청년들이 꿈꾸는 대한민국이 될 수 있습니다.

2021. 04. 16.

✏️ **초대 대통령** 이승만은 4·19혁명으로 하야했고 윤보선 대통령은 5·16쿠데타로 하야를 당했습니다. 박정희 대통령은 피격되어 서거했고 최규하 대통령은 신군부에 쫓겨났습니다. 전두환, 노태우 대통령은 군사 반란 등으로 사

형선고까지 받았고 YS는 IMF 사태로 퇴임 후 곤욕을 치렀습니다. 노무현 대통령은 비극적인 자진(自盡)을 했고 이명박·박근혜 대통령은 문 정권의 정치보복으로 아직도 영어의 몸이 되어 있습니다.

문재인 대통령도 이제 퇴임을 앞두고 있습니다. 이렇듯이 대한민국 대통령 잔혹사는 끊임없이 계속되는데 다음 정권에도 그런 일이 일어나지 않는다는 보장이 있을까요? 불행한 최후를 맞는 대한민국 대통령을 하겠다고 오늘도 열심히 뛰는 사람들은 자신만은 예외가 될 수 있다고 믿어서일까요? 역대 대통령 중 행복한 노후를 보낸 분은 DJ밖에 없었습니다.

✎ 오늘 아침 조선일보 여론 조사 보도는 야당으로서는 참으로 충격적입니다. 이번 보궐선거 야당 압승의 원인을 야당의 정책 보고 찍었다 3%, 야당의 인물 보고 찍었다 3%, 야당의 활동 보고 찍었다 1%, 야당에 대한 적극적인 지지도는 모두 합쳐 7%에 불과했습니다.

이번 보궐선거의 압승 원인은 여당과 청와대의 부동산 정책 잘못이 43%, 그 외 대부분 문 정권 실정과 폭정이 문 정권에 등을 돌리게 된 원인이었습니다. 국민의힘 지지층에서도 81%가 여당이 못해서 이겼다고 했습니다. 그만큼 지난 1년 동안 김종인 비대위 체제는 국민의 신망을 받지 못한 체제였습니다. 그러나 그분은 지장, 용장, 덕장도 아닌 복장(福將)이었기 때문에 운 좋게 이긴 겁니다.

얼마든지 대선 때는 또 다를 수 있다는 것을 보여 준 국민의 분노 투표였다고 아니할 수 없습니다. 그러나 또다시 당의 정체성이 불분명하고 가마니 전략으로 반사적 이익만 노리는 것은 우리 국민은 더 이상 용납지 않을 겁니다. 두 번의 행운은 없습니다.

2021. 04. 17.

✎ **시간이 지나면** 텅 비는 모래시계처럼 권력은 영원하지 않습니다. 레임덕을 막으려고 몸부림치면 칠수록 권력은 더 깊은 수렁으로 빠지게 됩니다. 섭리로 받아들이시고 마무리 국민 통합 국정에만 전념하십시오. 온 누리에 부처님의 가피(加被)가 펼쳐지는 초파일이 다가옵니다.
자신의 업보로 될 두 전직 대통령도 이젠 사면하시고 마지막으로 늦었지만 화해와 화합의 국정을 펼치시길 기대합니다. 지켜보겠습니다.

✎ **2023. 4.** 노무현 대통령 초기 대북 송금 사건을 수사하면서 박지원만 구속하고 사실상 송금을 지시한 DJ는 조사조차 하지 않았습니다. 그 당시 문재인 민정수석은 그것을 대통령의 통치행위로 판단했기 때문이었을 겁니다. 대통령의 통치행위는 위법 여부를 떠나 사법심사의 대상이 안 되는 것이 판례였고 법조 상식이어서 DJ는 대북 송금 사건에서 조사도 받지 않고 처벌도 받지 않았습니다.
그런데 문재인 대통령은 대부분 통치행위였던 박근혜 전 대통령을 검찰을 이용하여 여론몰이로 구속하고 나아가 또다시 검찰을 이용하여 이명박 전 대통령도 증거도 없이 구속했습니다.
박근혜 전 대통령은 수사 대상도 아닌 대통령의 통치행위를 범죄로 몰았고, 이명박 전 대통령은 오로지 노무현 전 대통령을 자진(自盡)케 했다고 사적 감정으로 정치 보복한 것입니다. 제가 두 전직 대통령의 사건은 정치 수사이고 정치재판이었다는 이유도 바로 거기에 있습니다.
대통령의 통치행위도 수사 대상이 되고 사법심사의 대상이 된다는 관례를 만든 문재인 대통령은 퇴임 후 누가 후임 대통령이 되더라도 그게 변명할 수 없는 부메랑이 될 겁니다. 수많은 통치행위 중 원전 비리 사건 하나만 하더라도 중죄를 면하기 어려울 테니까요. 그래서 이젠 화해와 화합의 정치를 하라고 권하는 겁니다. 더 이상 감정으로 몽니 부리지 마시고 두 전직 대통령을 사면하십시오. 그게 훗날을 위해서도 바람직할 겁니다.

2021. 04. 20.

✏️ **한 물건**에는 한 종목의 세금이 부과되는 것이 조세의 기본 원칙입니다. 그러나 지금 부동산 세제 중 재산세와 종부세는 한 물건에 중복 과세가 되고 있습니다. 원래 종부세는 집도 있고 땅도 있고 상가도 있는 경우 종합부동산에 누진적으로 과세하는 제도입니다.

그런데 단일 부동산이 9억 원 넘는다고 재산세 외에 또 종부세를 부과하는 것은 중복 과세 금지 원칙에도 어긋나고 조세법률주의에도 어긋나는 위헌적 제도입니다. 더구나 행정기관이 자의적으로 정하는 공시지가에 따라 종부세를 또 부과할 때 그 위헌성은 더욱더 커집니다. 단일 부동산에는 재산세 과표만 현실화하면 될 것을 위헌적인 종부세를 또 부과하는 것은 명백히 헌법 위반입니다.

단일 부동산에 재산세 외 또 부과하는 종부세는 폐지되어야 합니다. 우리나라 국민은 참 순진합니다. 이런 세금은 조세저항을 해서라도 고쳐야 합니다.

2021. 04. 21.

✏️ **이스타 항공**의 승무원 채용 비리 보도를 접하면서 저게 왜 이제야 밝혀지나 생각했습니다. 어느 야당 인사의 아들은 대형항공기 조종사 면허까지 미국에서 받아 와서 LCC 항공사에 취업하려고 했는데, 가는 LCC 항공사마다 필기, 실기시험 합격하고도 늘 면접에서 아버지가 야당 인사라는 이유로 떨어졌는데 야당 인사 아들을 취업시키면 국토부 항공정책실에서 항공노선 조정 때 불이익을 주기 때문이라고 했습니다.

지난해 이스타 항공 승무원 채용 시험에서는 필기시험 2등하고 실기시험을 통과해도 면접 때 면접관이라는 자가 이번에도 떨어지면 또 응시할 거냐고 물었다고 합니다. 소위 적폐 청산을 하면서 블랙리스트를 처벌하던 문 정권이 야당 아들에게는 블랙리스트를 항공사마다 돌려 야당 아들의 정당한 취업도 가로막는 횡포도 서슴없이 자행하더니 자기들은 끼리끼리 불법, 부당하게 특혜 취업을 시켰다고 합니다. 그러니 이스타 항공이 저렇게 되지 않는 것이 도리어 이상하지요. 이런 걸 양두구육(羊頭狗肉)이라고 합니다.

✏️ 2004. 4. 노무현 탄핵 시 열린우리당의 돌풍을 뚫고 동대문을에서 당선된 직후 제 둘째 아들이 고등학교 때 교통사고로 발목에 철심을 박고 있어 병역면제 대상이었는데 하도 이회창 총재 아들 병역 의혹이 난무하는 것을 보더니 엄마와 같이 병원에 가서 철심을 빼고 신검을 받아 2급 판정을 받은 일이 있었습니다. 그래서 중장비 면허까지 있던 둘째 아들은 조기 입대를 위해 수송병에 지원했는데 당시는 각 사단에서 수송병은 찍어서 입대했던 시절이었는데도 입대 통보가 없어서 서울병무청 징집과 가서 알아보니 아직도 수

송병과는 비리가 많은데 야당 저격수 아들을 데리고 가겠느냐고 대답했다고 했습니다. 그날 술을 한잔하고 들어온 둘째 아들은 아버지는 자기 인생에 전혀 도움이 안 된다고 푸념을 늘어놓고는 바로 해병대에 지원 입대를 해 버린 일이 있었습니다.

4년 전 지난 탄핵 대선 때 잘 다니던 자동차회사 해외영업부에서 과장 승진 직전에 사직하고 조종사를 꿈꾸며 미국 애리조나 비행학교에 가서 대형항공기 면허까지 받아왔으나 또다시 야당 아들이라는 핍박을 받고 2년 동안 번번이 면접에서 떨어질 때 참으로 나는 내 아들 인생에 도움이 안 되는 삶을 살고 있다고 생각하면서 내 아들 보기가 정말 미안하고 참담했습니다. 땅·바다·하늘의 모든 면허증을 17개나 가지고 있는 내 둘째 아들은 지금은 파일럿을 포기하고 중견 기업에서 성실히 근무하지만, 홍준표 아들이라는 것이 족쇄가 되는 것은 참으로 잘못된 세상입니다. 문 정권 들어와서 자기들은 끼리끼리 해 먹으면서 야당과 국민에게는 공정과 정의를 외치는 양두구육의 작태는 이스타 항공 사태에서 보듯이 이제 도를 넘었습니다.

국민이 왜 나라가 네 거냐고 외치겠습니까?

2021. 04. 25.

✏️ **문재인** 정권 초기 검찰은 중앙지검 특수4부까지 동원해서 이명박·박근혜 정권의 사람들을 수사하는 데 견마지로를 다했습니다. 이른바 정치 수사를 자행했지요. 그 바람에 어떤 사람은 벼락출세하기도 하고 검찰이 마치 정의의 사도인 양 행세했는데 문 정권 입장에서는 이런 사냥개 조직을 그대로

두면 자신들이 퇴임 후 또 물릴 수 있다고 보고 대부분의 수사권은 경찰로 이관하고 고급 범죄는 공수처로 넘겨 허깨비 검찰을 만듦으로써 검찰을 토사구팽했습니다.

어제 만난 검찰 출신 변호사는 이를 한탄하면서 이제 법무법인에서도 검사 출신 변호사를 찾지 않는다는 겁니다. 빈 껍데기가 된 검찰에 이제 변론할 필요가 없어지다 보니 검찰 출신 변호사의 효용도 없어진 것이지요. 이 모든 것이 문 정권의 앞잡이 노릇을 한 일부 정치 검사들의 탓인데, 그 피해는 고스란히 남아있는 검사들이 보고 있습니다. 사법 체계 붕괴를 오게 한 그들은 지금 이걸 알고 있을까요?

2021. 04. 27.

✏️ **100세 시대** 유엔의 세대 분류 기준을 보면 18~65세까지를 청년이라고 분류하고 66~79세까지를 중년, 80세부터를 노년이라고 규정을 하였습니다. 유엔 기준을 보면 나는 이제 청년을 넘어 중년으로 들어섰는데 중년이 되어서야 참는 법을 이제야 알았다는 것이 참으로 안타깝습니다.

벌새들의 시샘도 참고, 소인배들의 모략도 참고, 모리배들의 농간도 참습니다. 세상이 평정되면 다 해소될 것을 뭐 하러 지금 조급할 필요가 있느냐고 조언을 듣습니다. 화는 스스로 판단을 흐리게 하고 종국에 가서는 파멸을 부릅니다. 50년 동안 참고 기다린 사마의를 다시금 생각게 하는 4월의 마지막 주입니다.

2021. 04. 28.

✏️ **탈출구 없는 청년**들이 돌파구로 택한 비트코인을 불법으로 몰아간다면 블록체인을 기반으로 한 신기술들이 모두 사장되고 퇴장되는 시대 역행이 될지도 모릅니다. 시대가 변하면 국가는 변하는 시대에 맞추어 정책을 펼쳐야 하거늘 비트코인 거래를 불법으로 몰고 가면서 이에 과세한다는 것은 또 무슨 경우입니까?

일자리 창출에 실패하여 청년들은 거리를 헤매고 잘못된 좌파 정책으로 자영업과 중소기업은 나락으로 떨어지고 부동산은 폭등하고 대기업은 문 정권 갑질에 투자를 머뭇거리는데 갖은 가렴주구로 국민은 중세(重稅)에 신음하는 지금, 신기술마저 불법으로 치부해 버린다면 이 나라의 미래는 없습니다. 신기술을 제도화할 기반을 조속히 마련해야 합니다.

2021. 04. 29.

✏️ '펑' 하고 나타나는 사람은 없습니다.
끊임없는 각고의 노력으로 뜻이 이루어지는 것입니다.
윤여정 여사께서 아카데미 조연상 수상의 감회를 그렇게 말했다는 보도를 봤습니다. 한국 사회가 들끓는 냄비처럼 쉽게 달궈지고 쉽게 식어버리는 그런 사회를 지난 지 오래되었습니다. 쉬운 말로 소통하고 쉬운 말로 세상을 살면 무언가 천박해 보이고 무언가 지적 능력이 모자란다고 폄하되던 시대도 지났습니다.

오늘 아침 어느 신문 칼럼에 윤여정 여사께서 아카데미 수상식에서 쉬운 영어로 세계를 휘어잡는 모습은 참으로 통쾌했다는 취지의 글을 봤습니다. 진실과 진심이 위선과 가식을 몰아내고 절차탁마하지 않고 벼락치기로 반짝스타가 되어 대중을 속이려 하지 않았다는 윤여정 여사의 평범한 말에서 이 풍진 세상을 사는 법을 다시금 새겨 보는 목요일 아침입니다.

✏️ 쉬운 말로 대중과 소통하는 것은 지식이 얕아서가 아니라 깊은 지식과 내공이 충만할 때 가능한 것입니다. 얕은 지식을 뽐내느라 어려운 말과 용어로 대중을 혼란케 하는 것을 마치 엄청난 메시지인 양 대중들을 착각게 하는 위선과 기만의 소위 종횡가들이 지금 대한민국에 얼마나 많은가요?
말로써 대중을 현혹하고 말로써 대중을 기만하는 것은 오래가지 않습니다.

2021. 05. 01.

✏️ 망나니짓하고도 품격을 이야기하고 안정과 한참 거리 먼 사람이 안정을 이야기하는 것을 우리는 반어법(反語法) 정치라고 합니다. 정치는 그러하듯이 후안무치(厚顏無恥)해야 하나 봅니다. 중국 제왕학에 후흑론(厚黑論)이란 게 있습니다. 제왕은 얼굴이 두껍고 마음이 시커멓게 돼야 한답니다.(面厚心黑) 그런데 그게 맑고 투명해진 현대정치에도 통할까요?

2021. 05. 03.

✏️ 노마지지(老馬之智)라는 말이 있습니다. 숲속에서 길을 잃을 때 늙은 말을 따라 가면 길이 보인다는 고사성어입니다. 경제도 안보도 외교도 민생도 길을 잃고 나라는 혼란에 빠지고 오로지 코로나 대응으로만 갈팡질팡한 지 일년이나 되었습니다.
이제 그 기세등등하던 문 정권도 저물고 있습니다. 떠나가는 문 정권이야 가버리면 그만이지만 남아 있는 오천만 국민의 장래가 어둡습니다. 노마지지(老馬之智)의 역량이 필요한 때입니다. 다시금 국민을 실험하는 대한민국이 되어선 안 됩니다.

2021. 05. 04.

✏️ 문 정권 초기 검찰은 문 대통령의 지시에 따라 특수 4부까지 동원해 적폐 수사에 올인해 상대 진영을 궤멸시키는 정치 수사를 자행함으로써 권력의 사냥개 노릇을 충실히 이행하였습니다. 집권 중반기에는 문 정권 비리를 감싸기 위해 집 지키는 불도그가 되어 수단 방법 가리지 않고 불법 권력 지키기에 혈안이 되었습니다.
그렇게 국민 눈치 안 보고 안팎으로 견마지로(犬馬之勞)를 다했음에도 수사권은 공수처와 경찰에 다 빼앗기고 검찰은 이류 수사기관으로 전락하면서 이제 퇴직 후 변호사도 하기 힘든 형국이 되었습니다. 검찰의 몰락이지요. 사냥개 노릇, 불도그 노릇을 한 업보이지요. 새롭게 지명된 김오수 검찰총장 후보는 부디 이런 검찰은 만들기 마시기 바랍니다. 마지막 남은 검찰의 자존심은 지키십시오.

검찰의 존재 이유는 정의 구현입니다. 권력에 끈을 대어 총장이 되었는지는 모르지만 총장이 되면 그 끈을 끊어 버려야 합니다. 정권은 유한하지만, 검찰은 영원합니다.

2021. 05. 06.

✏️ **지금도** 문 정권의 분별없는 선심성 퍼주기 복지에 나라 곳간이 텅 비어 가는데 여권 대선 후보들은 다투어 잔돈 몇 푼으로 청년들을 유혹하는 데 열심입니다. 정책을 바꾸어 세제 개편하여 세금을 대폭 감면함으로써 국민의 실소득을 증대하고 기업 갑질을 하지 않고 자유경제 체제로 전환하고 노동 개혁으로 강성 노조 발호 억제와 고용의 유연성을 확보하면 나라 경제가 활성화하고 청년실업이 대폭 줄어들 텐데 정책은 바꾸지 않고 잔돈 몇 푼으로 청년들을 유혹만 하고 있으니 참 어이없는 나라가 되어 가고 있습니다.

더 이상 국민과 이 땅의 청년들이 속지 않을 겁니다. 그만큼 국민의 피와 땀으로 치부하고 누렸으면 자족하고 물러나십시오. 그게 대한민국을 위하고 나라를 정상화하는 길이 될 겁니다.

2021. 05. 08.

✏️ **주식 공매도 제도**를 재개하는 것은 기관 투자자들에게만 일방적으로 유리하고 일반 투자자들에게는 불리한 잘못된 주식 외상 거래제도입니다. 이 제도는 건전한 자본시장 육성책에 반하는 투기적 투자제도이기 때문에 반드시 폐지되어야 작전세력이나 투기적 기관 투자자들을 막고 건전한 자본시장이 됩니다. 주식시장이 도박판이 되지 않기 위해서라도 주식 공매도 제도는 폐지되어야 합니다.

2021. 05. 09.

✏️ **영국이나 유럽은** 정치활동을 16세부터 정당에 가입하여 시작합니다. 그들은 40대 초반이 되면 이미 정치활동을 25년 이상이나 한 경력이 되고 의회에도 보통 20대 중반에 진출하여 한국으로 치면 40대 초반에 그들은 이미 다선, 중진 의원이 됩니다.

그런 실정도 모르고 막무가내로 나이만 앞세워 정계 입문 1년밖에 안 되는 분이 당 대표를 하겠다고 하는 것은 좀 무리가 아닌가요? 더구나 출마 명분을 보니 어떤 초선의원은 정치 선배들을 험담이나 하고 외부 인사들에 기대어 한번 떠보려는 것을 과연 당원들이 받아드릴 수 있을까요?

일찍 핀 꽃은 일찍 시듭니다. 더구나 온실 속에서 때가 아닌데도 억지로 핀 꽃은 밖으로 나오면 바로 시듭니다. 좀 더 공부하고 내공을 쌓고 자기의 실력으로 긍정적으로 정치를 해야 나라의 재목으로 클 수 있습니다.

지난 6개월 동안 지켜보다가 보다 못해 한마디를 했습니다. 잘 생각해 보십시오.

2021. 05. 10.

✏️ **철부지가** 세상모르고 날뛰면 설득해 보고 안 되면 꾸짖는 것이 어른의 도리입니다. 염량세태가 되다 보니 선후배도 없고 위아래도 없는 막가는 정치가 되어 갑니다. 신구미월령(新鳩未越嶺)이라는 고사성어도 있습니다.

✏️ **기자회견문**

"이제 돌아가고자 합니다."

저는 오늘 자로 '국민의힘'에 복당 절차를 밟겠다는 말씀을 올립니다. 26년 전 신한국당에 입당한 이래, 단 한 번도 당적을 옮긴 적도 당을 떠난 일도 없었습니다.

그러나 지난 20대 총선 공천과정에서 부득이하게 일시 당을 떠날 수밖에 없었습니다. 무려 3차례나 출마지역을 쫓겨 다니면서 대구 시민들의 선택을 받아 다시 국회에 돌아올 수 있었습니다.

당시 대구 시민들께 단 40일만 떠났다가 당선 즉시 바로 복당하겠다고 굳은 약속을 했지만, 집으로 돌아가지 못하는 시간이 400여 일을 넘었습니다. 검사를 거쳐 국회의원 5선, 광역 단체장 재선, 원내대표, 당 대표, 당 대선 후보까지 거침없이 달려왔습니다만, 밖에서 머문 지난 1년 동안은 제 정치역정과 부족함을 되돌아보는 성찰의 시간이 되었습니다.

이제 저는 당으로 돌아가야 할 때가 되었다고 생각합니다. 지난 시기 당 대표로서 '위장 평화' 지방선거의 참패 책임을 지고 당 대표 자리를 물러났지만, 당의 이념과 가치를 해하거나 당의 명예를 더럽히는 해당 행위를 한 적이 없습니다.

미국 트럼프 대통령까지 가세한 지난 지방선거에서 국민 80%가 속았던 위장평화 지선을 저 혼자 감내하기는 참으로 힘들었습니다. 지난 총선의 불가피한 탈당도 국민의 선택을 다시 받음으로써 더 이상 걸림돌이 아니라고 판단했습니다.

무엇보다 당원과 국민의 복당 신청 요구가 빗발치고 있어 이제 돌아가야 할 때가 되었다고 생각합니다. 정당의 가입과 탈퇴의 자유가 보장되는 것이 우리 헌법상의 민주정당 제도입니다. 이에 당헌 당규가 정한 절차에 따라 복당 신청서를 쓰고 심사받는 복당 절차를 밟으려는 것입니다. 다시 당으로 돌아가 당원으로서 책임과 의무를 성실히 수행하고 파탄 난 국정을 바로 세우고 정권 교체를 통한 국가 정상화를 위해 한 알의 밀알이 되고자 합니다. 김기현 대표권한대행을 비롯한 의원님들 그리고 300만 당원 동지 여러분들과 함께 조속히 다시 하나가 되어 정권 교체의 큰길을 함께 하기를 기원합니다. 감사합니다.

2021. 5. 10. 국회의원 홍준표

2021. 05. 11.

✏️ **국민의힘 지지층** 65%가 저의 복당을 지지하고 있고 당권 주자로 나

선 10여 명 중 한 명 빼고는 모두 저의 복당을 지지하고 있습니다. 일부 극소수의 반대가 있다고 해서 정당 가입의 자유를 막는 것은 민주정당이 아닙니다. 김기현 직무대행께서 복당 청문회장이라도 마련해 주면 당당히 나가 그간의 일부 오해를 설명할 용의도 있습니다.

우리 당 출신 두 대통령을 정치 수사로 구속한 사람에게도 입당을 애걸하고 다른 당 대표인 안철수에게도 합당을 추진하는 마당에 같은 당 식구였던 막장 공천의 희생자 복당을 막는 것은 정치적 도의가 아닙니다. 김기현 직무대행께서는 조속히 의원총회를 열어 큰마음으로 매듭을 풀어주기를 바랍니다. 당장 급한 게 아니라고 하셨지만 억울하게 쫓겨나 1년 2개월을 풍찬노숙했습니다.

✏️ **윤석열** 전 검찰총장 입당을 저는 반대하지 않습니다. 안철수 국민의 당 대표와 합당도 반대하지 않습니다. 모두 무대 위에 올려 용광로 같은 대선 경선을 추진해야 합니다. 대선 후보 경선 때 가서 자신이 지지하는 후보 진영에서 선거 운동하면 될 것을, 특정 계파에서 자기 후보만을 위해 턱도 없는 명분을 내세워 저를 아예 무대에 오르는 것도 막으려는 것은 참으로 속 좁은 비겁한 정치입니다. 당당하게 정치해야 합니다. 국민은 다 아는데 자기 혼자만 우기는 문재인 대통령의 기자회견을 보는 느낌입니다. 계속 그러면 국민과 당원들이 분노할 겁니다.

✏️ **의원총회** 열어 논의하면 반대가 많을 것이라고 하태경 의원이 연합뉴스에 말했다고 합니다 그러나 정작 본인은 반대하지 않을 것이라고 문자까지 보내왔습니다. 당권 주자 10여 명 중 초선 한 사람과 특정 계파 몇 분이 반대

한다는 말만 들었지, 국민의힘 의원님들이 단체로 반대한다는 말을 저는 들은 바가 없습니다.

황교안 전 대표도 찬성하고 국민의힘 개혁파의 대표주자인 원희룡 제주지사도 찬성하는데 도대체 특정 계파 한 명이 명시적으로 반대하고 다른 초선 반대는 실체도 없는데 이것을 특정 인터넷 언론매체에서 확대 재생산하여 갈등을 부추겨 보도하는 이유를 도무지 알 수가 없습니다.

전당대회가 복당 대회가 되지 않도록 김기현 대표 권한대행께서 조속히 복당 청문회를 개최해 주시면 당당히 나가서 모든 것을 해명하겠습니다. 주호영, 조경태 당 대표 후보도 김기현 대행의 조속한 결단을 촉구한 바 있습니다. 다시 집으로 돌아가 전당대회 축제의 장을 함께 할 수 있기를 기대합니다.

✎ **제가 복당하면** 2~30대가 달아난다고 근거 없이 비난하고 있습니다. 참 어이가 없습니다. 오늘 발표된 에스티아이 여론 조사를 보면 20대 저의 지지율은 17.8%이고 30대 지지율은 11%입니다. 오히려 아직 복당이 안 된 관계로 40대 2.8% 50대 3.3% 60대 이상 4.9%에 머물고 있습니다. 저의 지지율을 견인하는 세대가 2~30대라는 것이 통계 지표상 명확한데 아무런 근거 없이 2~30대가 저의 복당으로 달아난다는 어처구니없는 억측으로 정치 사술(詐術)을 펼치는 것은 참으로 유감입니다.

대선 후보 경선 때 상대 진영에서 저를 반대하면 되지 법률을 공부했다는 분이 헌법상 정당 가입의 자유를 거짓 속임수로 막겠다는 것은 국민과 당원들이 용서하지 않을 겁니다. 젊다는 것은 생각이 젊어야지 몸은 젊은데 생각은 80대 노인네 같은 구태 정치를 하는 건 참으로 유감입니다. 거짓 비방부터 배우는 것은 옳지 않습니다. 세상을 넓고 깊게 보고 정치하십시오.

2021. 05. 14.

✏️ **음모와 모략**으로 하는 정치는 일시 국민을 속일 수는 있을지 모르나 종국에 가서는 자신의 인격 파멸을 부르고 정계 퇴출됩니다. 정치에도 금도(襟度)라는 게 있습니다. 그걸 지키지 않고 막 나갈 때 한번 내뱉은 말은 주워 담을 수 없습니다. 할 말은 하되 당당하게 정치해야 합니다.

✏️ **무너지고** 망가지는 검찰을 보면서 젊은 시절 한때 검찰에 몸담았던 저로서는 착잡한 마음을 금할 길 없습니다. 문 정권 집권 초기 견마지로를 다해 전 검찰력을 동원해 상대편 궤멸의 정치 수사에 앞장서 정권에 충성을 다하고 이성윤 중앙지검장을 내세워 정권 방어에 국민 눈치 안 보고 충성했건만 고급수사권은 공수처에 뺏기고 일반수사권은 경찰에 넘겨주어 이제 껍데기만 남은 허수아비 검찰이 되었습니다.

정권의 사냥개 노릇을 하고 정권의 문지기 불도그 노릇을 했으면 수사권이라도 제대로 지켰어야 사법 체계가 무너지지 않고 정의로운 검찰로 거듭날 계기를 마련했을 건데 출세에 눈먼 일부 검찰 간부들의 허욕으로 오늘의 허깨비 검찰로 몰락한 것을 검찰 선배로서 통탄합니다. 그런데 아직도 정신 못 차리고 외부의 적과는 싸울 생각은 하지 않고 내부에서 서로 손가락질이나 하는 검찰을 보면서 참 니들은 구제 불능이라는 생각하지 않을 수 없습니다. 참회하고 검찰의 본 모습으로 돌아가십시오. 선배인 내가 낯을 들고 다닐 수가 없습니다.

2021. 05. 15.

✏️ **이념도 없이** 시류에 따라 이리저리 말 바꾸는 춘추 전국시대 종횡가(縱橫家)처럼 좌우 대립이 극심해지니 좌파들이 나서서 우파를 가르치고 있고 어설픈 패션 우파들은 거기에 경도되어 그걸 바이블처럼 모십니다.
본질보다는 번드레한 겉만 보는 경박한 세태를 우리는 매일 보면서 삽니다. 깊은 울림이 있던 우리 시대의 큰 어른들이 사라진 지금의 염량세태(炎凉世態)가 걱정스럽습니다.

✏️ **지난 위장 평화** 지방선거 때는 국민 80%가 속았고 트럼프도 가세했던 질 수밖에 없었던 선거였습니다. 지금 당에 들어와 내 복당을 방해하는 세력은 지방선거 당시 국민의힘을 비난하면서 탄핵 대선과 위장 평화 지방선거 때 야당 승리를 극렬히 방해했던 그 사람들입니다.
질 수밖에 없었던 탄핵 대선, 그리고 지방선거를 지휘했던 저와 이길 수밖에 없었던 지난 총선을 막장 공천으로 지게 만든 사람을 한데 묶어 반대하는 것은 또 무슨 억하 심보입니까?
당을 배신하고 3년간의 당 밖에서 당 해체를 주장했던 사람들이 과연 26년간 당을 지켰던 나를 거부할 명분이 있습니까? 기본 정치 상식도 망각하게 만드는 뻔뻔한 복당 정국입니다.

✏️ **뻐꾸기**는 다른 새의 둥지에 알을 낳습니다. 다른 새의 둥지에서 부화한 뻐꾸기 새끼는 부화하자마자 제일 먼저 같은 둥지에 있는 원 둥지 새의 알을 밀어내어 떨어트리고 자기가 원 둥지 새의 새끼인 양 그 둥지를 차지합니다.

그렇게 뻐꾸기 새끼가 원 둥지 새의 새끼인 양 행세하면 원 둥지 새 어미는 자기 새끼인 줄 알고 먹이를 물어다 키웁니다.

그렇게 해서 다 성장하고 나면 그 뻐꾸기는 원 둥지 주인을 버리고 새로운 둥지로 날아가 버립니다. 한때 '뻐꾸기 둥지 위로 날아간 새'라는 영화도 있었고 '뻐꾸기 둥지'라는 TV 드라마도 있었습니다. 참 묘한 새이지요. 그러나 사람은 뻐꾸기처럼 살면 안 되겠지요. 그렇지 않습니까?

2021. 05. 17.

✒️ 한국 현대사에 독재에 항거했던 세 번의 국민 저항 운동이 있었습니다. 첫 번째가 1960. 4. 19.에 있었던 자유당 독재에 항거한 4·19혁명이었고, 두 번째가 1979. 10. 유신독재에 항거한 부마항쟁이었습니다. 그 두 항쟁으로 독재정권은 물러났으나 1980. 5. 18. 광주 항쟁은 수많은 민주 인사들이 희생되고도 군사 독재정권의 출현을 막지 못하고 좌절했다가 1995. 12. YS의 5.18 특별법 제정과 역사 바로 세우기로 세상으로부터 정당한 평가를 받았습니다. 내일은 5.18 광주 민주화 운동 기념일입니다. 군사독재에 항거하다가 스러져 간 민주 시민들의 영령을 두 손 모아 머리 숙여 추모합니다. 고이 잠드소서! 일부 언론에서는 5.18 광주 민주화 운동에 대한 제 입장을 곡해하고 있으나 1991.3. 광주지검 강력부 검사 시절 그해 겪었던 5.18 관련 사건들을 검사 수사일지 책에서 언급한 이래로 모든 발언들을 검색해 보시면 5.18 광주 민주화 운동의 저의 입장은 지금처럼 일관됩니다.

✎ **민주당**은 자기 형수에게 입에 담기 어려운 쌍욕을 해대고 상대방에게 총각행세하면서 천박한 무상연애를 해도 자기 진영 사람이라고 팩트를 두고도 자기들끼리 비난하지 않습니다.

그런데 우리는 상대방은 겁이 나 공격하지도 못하고 자기 진영 안에서만 골목대장 행세하면서 상대방이 거짓으로 덮어씌운 막말 프레임에 놀아나 터무니없는 막말로 저를 공격하고 있습니다.

참으로 유감입니다. 대여 공격하라고 뽑아 주었는데 대여 공격은 하지 못하고 당내 선배만 음해하는 관심을 받고 싶은 사람으로 커보겠다는 것은 잘못 배운 정치 행태입니다. 더 이상 논쟁은 어처구니가 없어서 앞으로 더 하지 않겠습니다. 좀 더 신중하고 공격지점이 어딘지 잘 보시고 성숙한 정치를 배우십시오.

2021. 05. 19.

✎ **오늘 아침** 어느 조간신문 칼럼에 어느 논설위원이 홍준표는 잇단 막말로 지난 대선에서 패배했다며 올드 보이의 복당을 반대한다는 취지의 말을 했고 홍준표계가 지난 원내대표 선거에서 복당을 위한 전략적 투표를 했다고 말했습니다.

국민의힘은 영남 꼰대당이고 대선 경선 규정은 100% 여론 조사로 해야 한다는 취지로 말하고 당 대표도 여론 조사 비율을 높이라고 의도적으로 초선을 띄우고 있는 듯한 칼럼을 썼습니다. 정권 교체의 열망은 이해하지만, 최소한 칼럼을 실명으로 쓸 때는 팩트 확인부터 하고 써야지, 뜬 소문이나 근거 없는 낭설을 기초로 신문의 지면을 메우는 것은 정도 언론인의 자세는 아닌 것 같습니다.

지난 탄핵 대선의 저의 패배 이유가 민주당이 거짓으로 덮어씌운 막말 때문이었습니까? 한국 보수 언론도 가담했던 탄핵으로 당 지지율이 4%밖에 안 될 때 구당(求黨) 차원에서 출마했던 탄핵 대선이었습니다. 당시 그 최악의 상황에서 24.1%나 얻었을 때 그 신문사 내부에서도 깜짝 놀랐다고 하지 않았습니까? 그것을 기반으로 소멸하지 않고 지금의 야당이 된 것 아닙니까?

26년간 몸담았던 내 집에 잠시 외출했다가 돌아가려는데 도대체 뭐가 문제라서 안 된다는 겁니까? 나는 계파도 만들어 본 일도 없고 내 계파 원도 없습니다. 그리고 지난 원내대표 선거 때 후보 모두가 내 복당을 찬성했는데 무엇을 근거로 없는 내 계파 원들이 복당을 위한 전략적 투표를 했다는 겁니까? 민주당은 호남 90% 지지를 바탕으로 하는 정당인데 그러면 민주당은 호남 꼰대당입니까? 각 정당은 자신들의 주요 기반을 바탕으로 지지세를 확산하고 있고 수도권이라는 것은 각 지방에서 올라온 사람들이 90%에 이르는 구조에 불과합니다.

호남 꼰대당이 없듯이 영남 꼰대당도 없습니다. 대선 후보 경선을 여론 조사로 하는 나라가 세계 어디에 있습니까? 당 후보를 뽑는 데 당원 의사를 반영하지 않는 선거제도가 세계 어디에 있습니까? 민주주의 본질 중 가장 중요한 것은 직접 투표입니다. 그러면 본선도 여론 조사로 결정하지 직접 투표는 왜 합니까? 민주당은 당 대표를 선출할 때 당원 90%, 여론 조사 10% 합산으로 합니다. 민주당 당 대표 선출도 그러면 잘못된 겁니까?

국민의힘은 그나마 예선 5대 5, 결선 7대 3으로 결정했다고 합니다. 초선 당 대표를 띄우는 것도 변화의 논리로 일견 타당성이 있는 듯 보이지만 그러면 그

언론사도 기자 1년 차를 편집 국장으로 임명하셔야지요. 올드 보이라고 계속 깎아내리는데 YS, DJ, 노무현, 이명박, 박근혜, 문재인은 뉴 보이였습니까? 갑자기 '펑'하고 나타난 전두환 장군 같은 뉴 보이가 또 지도자가 되어야 한다는 겁니까? 오늘은 부처님의 가피(加被)가 온 누리에 펼쳐지는 석가 탄신일입니다. 세상을 관조하고 편견을 버리면 맑은 세상이 보입니다.

✏️ **품격과 소탈**도 구분 못하는 지려천박(知慮淺薄)으로 세상을 보다 보니 대통령이 되려면 품격을 갖추어야 한다고들 합니다. 누구든 대통령이 되면 없던 품격도 자연히 생기게 되기 때문에 그런 건 미리 걱정 안 하셔도 됩니다. 노무현, 트럼프가 품격이 있어서 대통령이 되었습니까?
지금 이 판이 품격이나 따지는 한가한 판입니까? 이재명 지사가 품격으로 여당 대선 지지율 1위입니까? 보수 우파 진영에서는 막말 대통령이었다고 비난한 노무현 대통령은 한국 대통령 사상 가장 소탈했던 분이었습니다. 품격이 위선과 상통할 때가 있다는 것도 알아야 합니다. 소탈한 것을 품격 없다고 매도하는 것 자체가 위선입니다.

2021. 05. 20.

✏️ **상대방**은 저 멀리 달아나고 있는데 우리는 아직도 하나가 되지 못하고 사욕(私慾)에 젖어 반목하고 있네요. 최근 정권 교체 주기가 10년이었는데 모두가 한마음이 되어도 어려운 판에 이렇게 반목과 분열로 나라를 바로 세울 수 있을까요?

우리 편이라고 생각했던 일부 언론마저도 갈팡질팡 저러고 있습니다. 돌아서서 하늘을 바라보니 일모도원(日暮途遠)입니다.

2021. 05. 24.

✏️ **제가** 경남지사로 재직할 때 무상급식을 중단했다고 오보하고 그걸 빌미로 지금까지 공격하고 있습니다. 사실은 그게 아니고 당시 경남 교육감께서 일 년에 무상급식비 수백억 원을 경남도로부터 지원받고도 급식 감사를 받지 않겠다고 거부하여 감사받을 때까지 지원을 중단하겠다고 한 것에 불과한데 좌파들이 마치 제가 무상급식 중단을 한 것처럼 왜곡 선전한 사안이 잘못 알려진 당시 경남도 무상급식 중단 사건입니다. 무상급식의 주체는 교육감이고 도는 지원기관에 불과합니다. 당시 그 사건은 교육감께서 1년이 지난 후 감사를 받겠다고 하여 지원 재개하였습니다. 경남도가 지원 중단한 1년 동안도 교육청 예산으로 무상급식을 계속하였고

무상급식이 중단된 일은 전혀 없었습니다. 지원 재개되어 경남도에서 감사한 결과 수백 건의 급식 비리가 적발되어 형사 처벌된 급식업자도 꽤 많았습니다. 지금도 급식 감사를 해 보면 다른 지자체에도 급식 비리가 많이 나올 것으로 봅니다. 무상급식은 그 당시에도 대세였는데 제가 아무려면 시대적 대세를 거부할 리 있었겠습니까?

2021. 05. 26.

✏️ **존경하는 국민 여러분!**

21대 국회 회기 1년을 맞아 국방위원회 사임 인사를 드리게 되었습니다. 지난 국방위원회 활동 동안 여러모로 도움을 주신 데 대해 진심으로 감사를 드립니다. 국회의원 5선을 하면서 10여 곳 이상 상임위원회 활동을 했지만, 산업통상과 중소벤처 분야는 인연이 닿지 못해 늘 아쉬움이 있었습니다. 이번에 국회의장님의 특별한 배려로 '산업통상자원중소벤처기업위원회'로 상임위를 옮기게 되었습니다.

존경하는 국방위원님 여러분!

국가 안보 태세 확립과 선진강군 건설을 위해 더욱 노력해 주시고, 늘 건승하시고 더 보람 있는 의정활동을 하시도록 기원합니다. 감사합니다.

2021. 5. 26. 국회의원 홍준표 드림

2021. 05. 28.

✏️ **지난** 원내대표 선거 때 말들이 많았지만 결국 탈당파와 잔류파의 대결 구도로 봤는데 마지막 의원들의 흐름은 결국 잔류파의 승리로 끝이 났지요. 이번 당 대표 선거도 바람이 불긴 하지만 당내 선거이기 때문에 결국은 탈당파와 잔류파의 대결 구도로 흐를 가능성이 큽니다.

차기 지도부는 이런 보이지 않는 대립 구도를 용광로에 넣어 하나로 만드는 대화합 정책을 펼쳐야 합니다. 우리부터 하나 되는, 대 탕평책을 실시하여 자

강해야 합당도 되고 외부 인사 영입도 쉬워집니다. 그래야만 정권 탈환 대장정이 가능해집니다. 소리(小利)에 얽매이지 말고 대의(大義)를 생각해야 합니다.

2021. 05. 30.

✏️ 백신 접종이 화제가 되고 있습니다. 독감 예방주사도 부작용이 있다는데 하물며 코로나 백신도 부작용이 전혀 없다고 할 수는 없겠지요. 그러나 코로나 팬데믹을 돌파하기 위해서는 우리도 모두 백신 접종해서 마스크 공포로부터 해방이 되어야 하겠지요. 저도 6월 8일 백신 접종하기로 예약이 되어 있고 집사람과 같이 백신 접종하기로 했습니다. 정부는 좀 더 안전한 백신 확보에 온 힘을 다해서 국민을 안심시켜 주시기 바랍니다.

2021. 05. 31.

✏️ 요즘 야당 전당대회 흐름을 보니 꼭 4년 전 탄핵사태 때 모습을 재연하는 것 같습니다. 막후에 보이지 않는 손과 언론의 선동적 보도도 그때와 다르지 않고 매우 의도적으로 느껴집니다. 정권 교체를 목전에 둔 중차대한 전대입니다. 좀 더 차분하고 냉정한 전대가 되었으면 좋겠습니다.

✏️ 6.25 전쟁으로 폐허가 된 직후 태어나 극심한 가난 속에서 청소년기를 보내고 산업화, 민주화 시대를 보내면서 대한민국의 격동기를 살았습니다.

선진국의 문턱을 넘어서면서 이젠 넉넉한 대한민국이 된 줄 알았는데, 좌우 갈등, 세대 갈등으로 온 나라가 몸살을 하고 있습니다.

그래도 어김없이 오는 것은 6월 호국 보훈의 달입니다. 나라를 오늘에 이르게 해 주신 그분들의 희생과 헌신을 6월 한 달만이라도 우리는 기억해야 합니다. 호국보훈의 6월을 맞아 다시 한번 진충보국(盡忠報國)을 생각합니다.

2021. 06. 01.

✏️ **멕시코 화가** 프리다 칼로의 '상처 입은 사슴'이 라는 그림입니다. 제가 최근 일부 후배 정치인들로부터 공격받을 때 이 그림이 생각났습니다. 제가 후배들로부터 화살로 공격받을 만큼 부패한 일을 했습니까? 26년간 이 당을 지키고 있으면서 당이 위기에 처할 때마다 몸 사리지 않고 최전방 전선에서 온몸을 바친 사람입니다.

정치하면서 피아도 구분하지 못하고 적에게는 겁이 나 말 못하고 뒤탈 없는 아군 선배에게만 모질게 대하는 것부터 배우는 것은 참으로 나쁜 버릇부터 배우는 겁니다. 그 정도만 하시기 바랍니다. 모두 힘을 합쳐 이 난국을 돌파해 나가야 할 때입니다.

2021. 06. 08.

✏️ **오늘** 아내와 같이 백신 접종합니다. 논란 많은 아스트라제네카라고 합니다. 그러나 코로나 팬데믹을 벗어나기 위해서는 국민 70% 이상 접종해야 집단면역이 형성되어 질병의 공포에서 벗어나고 일상으로 돌아갈 수 있다고 합니다. 접종을 강요할 수는 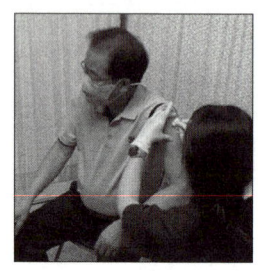 없지만 특이 체질이 아니라면 접종해도 무방하다는 전문의들의 의견입니다.

2021. 06. 10.

✏️ **아스트라제네카** 접종 3일째인데 아직 아무런 이상 증세가 없어서 정상 출근을 했습니다. 사람 신체에 따라 증상이 나온다는데 저는 아직 이상 반응이 없습니다. 그래도 과격한 운동은 삼가라고 합니다. 특이 체질이 아닌 이상 접종을 해도 괜찮을 것 같습니다.

2021. 06. 11.

✏️ **이번** 전당대회에서 당원과 국민의 뜻으로 선출되신 이준석 당 대표님, 조수진, 배현진, 김재원, 정미경, 김용태 최고위원님의 당선을 진심으로 축하드립니다. 당원과 국민이 여러분들을 선택한 것은 그만큼 정권 교체의 열망

이 컸다는 것을 방증합니다. 모두 하나가 되어 비정상 국가를 정상 국가로 만드는 데 노력해 주시고 정권 교체의 선봉장이 되어주실 것을 기대합니다. 다시 한번 축하드립니다.

2021. 06. 16.

✏️ **수술실 CCTV 설치**를 반대한다고 특권 소수 층 옹호라고 공격하는 이재명 지사를 보고 그 막무가내에 실소를 금할 수 없습니다. 그러면 과거 테러방지법을 반대한 민주당은 테러 옹호 당이었습니까? 물론 의료과실 소송에서 과실 입증이 쉽지 않아 고육지계인 줄 압니다만 모든 의사를 범죄인 취급하고 감시 대상으로만 취급한다면 중환자에 대한 수술 기피와 그로 인한 환자의 생명권은 어디에서 찾아야 합니까? 의료과실 문제는 입증 책임의 전환으로 해결하면 됩니다. 임대차 3법을 대책 없이 통과시켜 놓고 벌어진 부동산 시장의 혼란을 잊었습니까? 참 어이없는 의료 포퓰리즘입니다. 저렇게 막무가내로 정치해도 지지층이 있는 걸 보면 참 신기합니다.

2021. 06. 24.

✏️ **복당**에 즈음하여 "정권 교체의 밀알이 되겠습니다."
존경하는 국민 여러분, 사랑하는 국민의힘 당원 동지 여러분!
오늘 최고위원회의 복당 결정으로 1년 3개월 만에 다시 당으로 돌아왔습니다. 어쩔 수 없이 잠시 집을 떠나야 했던 집안의 맏아들이 돌아온 셈입니다. 당으로 돌아올 수 있도록 힘을 모아준 국민과 당원 동지들, 이준석 당 대표를 비롯한 최고위원회 위원들께 깊이 감사드립니다.

밖에서 머문 시간 동안 저 자신을 돌아보고 오직 대한민국의 미래만 생각했습니다. 이번 귀가는 제 남은 정치 여정의 새로운 출발점이 될 것입니다. 국가 정상화와 더 크고 새로운 대한민국의 미래를 향해 거침없이 나아갈 것입니다.

존경하는 국민 여러분!

우리 대한민국 70년은 위대한 도전과 성취의 역사였습니다. 성취와 긍정의 역사는 도도한 흐름으로 이어져 왔습니다. 지금 우리는 과거 '잃어버린 10년'에 이어 '지우고 싶은 5년'을 지나고 있습니다.

이 지우고 싶은 시절을 끝내고 성취와 긍정의 역사를 새롭게 이어야 할 역사적 책무를 지고 있습니다. 문 정권의 무능과 실정으로 지금 대한민국은 통째로 무너져 내리고 있습니다.

일당 독주의 불통과 내로남불을 막고 대화와 타협의 정치를 복원해야 합니다. 이념에 고착된 경제정책으로 경제주체들은 실험 대상으로 고통받고 있습니다.

경제 자유화를 기본으로 하고 경제 민주화를 보충으로 하여 번영과 성장의 수레를 다시 돌려야 합니다. 일하는 서민복지를 튼튼히 하고 기회의 사다리를 늘려 계층 갈등과 세대 격차를 줄여야 합니다.

한·미·일 전통적인 자유주의 동맹을 강화하여 북핵에 대응하고 무장평화를 근간으로 북한과 본격적인 체제경쟁에 나서야 합니다. 이제 대한민국 70년이 이루어 낸 산업화와 민주화를 넘어 '국민이 행복한 선진강국' 시대를 열어야 합니다.

우리 모두 이런 시대적 소명을 다해야 합니다. 저 역시 공정과 자유, 서민과 소통을 기치로 삼아 정권 교체를 위한 한 알의 밀알이 되겠습니다. 지금 우리에게 필요한 것은 화합과 통합 그리고 연합입니다. 이런 3합의 정신으로 대선 승리를 위해 모두 하나로 뭉쳐야 합니다. 이번 우리 당 전당대회에서 나타난 '전에 없던 새로움'이 당을 더욱더 역동적으로 만들 것입니다.

우리 헌정사와 정당사 초유의 젊은 리더십과 수신제가의 도덕성과 준비된 경륜을 가진 대선 후보 선출로 정권 교체를 반드시 이루어내야 합니다. 이 모든 것을 위하여 저는 한 알의 밀알이 될 것을 당원과 국민 여러분께 굳게 약속드립니다. 감사합니다.

2021. 6. 24. 국민의힘 국회의원 홍준표

2021. 06. 25.

✏️ **국회**라도 이제 정상화되었으면 합니다. 법사위는 여당이, 예결위는 야당이 맡고 의석수대로 상임위원장을 맡는 것으로 타협했으면 합니다. 야당 몫 국회부의장 자리도 더 이상 공석으로 두지 말고 선출하고 여야 협치 정신을 회복하여 국회라도 이제 정상화합시다.

곧 대선을 앞둔 정기 국회입니다. 더 이상 법사위 위원장 자리를 두고 줄다리기하면서 ALL or NOTHING 전략으로는 아무것도 할 수 없다는 것을 알았지 않습니까?

2021. 06. 27.

✏️ **나는** 잘못된 것을 보고는 피아를 막론하고 그냥 넘어가는 경우가 없었고 한순간 비난을 받더라도 그 비난이 두려워 움츠리지 않습니다. 많은 분이 우려하고 있습니다만 그 성정(性情)이 어디 가겠습니까?
이·불리를 따져 가면서 정치하지 않고 바른길이라고 판단되면 그냥 직진합니다. 그것이 오늘의 홍준표를 있게 한 원동력입니다. 그러나 앞으로는 때에 따라 그냥 눈 감을 수도 있는 순간도 생길 겁니다. 걱정 안 하셔도 됩니다. 정치적 쟁점을 피해 가는 정치는 비겁한 정치입니다.

2021. 06. 29.

✏️ **오늘** 14시 여의도에서 오바마의 눈송이 모델과 마크롱의 '프랑스를 위한 진단'을 벤치마킹한 대한민국 인덱스 보고서 발표회를 합니다. 코로나 사태로 제한된 인원과 국회 본회의 개최로 의원님들을 모시지 못해 유감스럽습니다만 8,182명의 국민 직접 면접의 결과를 토대로 한 인덱스 보고서를 출발로 전국을 주유천하하기로 했습니다.
대선 경선 열차가 출발할 즈음에 대한민국 미래 보고서를 발표하면서 대선 후보 경선에 나서겠습니다. 전력을 다해 정권 교체할 것을 국민과 당원 여러분께 약속드립니다. 감사합니다.

2021. 07. 06.

✏️ **해방 직후** 우리나라에 최초 상륙한 미군은 점령군이 맞습니다.
일본과 전쟁에서 승리했고 당시 우리는 일본의 식민지였기 때문에 일본에 상륙한 맥아더 사령관이나 우리나라에 상륙한 하지 중장은 일종의 점령군이었음을 부인하기 어렵습니다.
그 후 미군은 주둔군이었다가 한·미 상호방위 조약이 체결되면서 동맹군으로 그 성격이 바뀝니다. 그러나 북이나 주사파 운동권들은 아직도 미군을 점령군으로 부르고 주한미군 철수를 외치고 있습니다. 현대 집단적 방위 시대에 동맹군을 철수하라는 것은 이적행위이지요.
이재명 지사가 해방 직후 상황만 두고 그 발언을 했는지 주사파 운동권 시각에서 그 발언을 했는지 알 수는 없지만 지금 이 시점에 점령군 운운은 반미 운동을 부추기는 부적절한 발언임은 분명합니다. 대통령 후보로서는 여야를 떠나서 이재명 지사의 발언은 경솔한 발언입니다.

✏️ **자신에 대한 무상연애 스캔들**을 돌파하는 방법으로 나훈아 선생식의 기이한 행동으로 사태를 덮으려는 것은 참으로 부적절한 행동입니다. 나훈아 선생의 경우는 뜬소문에 시달린 것에 불과했지만 이재명 후보의 경우는 뚜렷한 피해자가 현존하고 있고 지금도 피해자는 그 억울함을 호소하고 있습니다. 2007년 한나라당 경선 과정에서는 이미 사망한 최태민도 등장해서 검증 벌인 일도 있는데 대통령의 도덕성을 검증하는 자리를 그런 식으로 피해 가는 것은 올바른 도리가 아닙니다. 국민에게 사실 여부를 한 점 의혹 없이 밝히지 않으면 본선에서는 더 가혹한 검증이 기다리고 있을 겁니다.

2021. 07. 07.

✏️ 1988. 미국 민주당 대선 후보로 급부상했던 게리 하트는 존 F. 케네디를 연상시키면서 인기가 치솟았으나 모델과의 불륜 의혹으로 급락하면서 경선 후보직을 사퇴했고 2011년 공화당 대선 후보 뉴트 깅그리치도 똑같은 사유로 경선 후보직을 사퇴했습니다.
지금 뉴욕주지사 민주당 쿠오모 지사도 박원순 전 시장과 유사한 사건으로 퇴진의 위기에 몰려 있고 클린턴, 트럼프의 성 추문 사건도 탄핵 직전까지 갈 정도로 주요 쟁점이었습니다.
성 문제에 관대한 미국도 이런 스캔들은 정치적으로 치명상을 입는데, 지금 한국의 대선 후보 1, 2위가 모두 무상연애 스캔들, 줄리 스캔들에 묶여 있습니다.
이러다가 자칫하면 대한민국의 미래를 열어갈 20대 대선은 정책은 실종되고 스캔들 대선으로 전락할 우려조차 있습니다. 당당하게 국민 앞에 한 점 의혹 없이 해명하시고 20대 대선을 21세기 대한민국의 미래를 열어가는 희망찬 대선이 될 수 있도록 노력해 주기를 기대합니다.

3
선출직 지도자는 국민에게 거짓말해서는 안 됩니다

> 선출직 지도자는 국민에게 거짓말해서는 안 됩니다.
> 그런 건 임명직 때나 할 수 있는 겁니다.
> 임명직은 한 사람에게만 잘 보이면 되지만
> 선출직은 모든 국민에게 잘 보여야 하기 때문입니다.

2021. 07. 09.

✏️ jp 희망 편지 1

산업화, 민주화 시대를 넘어 이제 선진국 시대가 되었습니다. 선진국 시대에 걸맞은 행정조직 개편도 이제 이루어져야 할 때입니다. 청와대에는 단임제 대통령제의 폐해를 막기 위해 미래전략실 설치가 시급하고, 행정 각부는 통폐합하여 현재 18개 부처를 10여 개 부처로 개편해야 할 때입니다. 복잡한 부처 이름도 단순화하고 공공기관 통폐합도 추진하여 구조 조정을 해야 할 때입니다.

인공지능 시대를 맞아 도(道)를 폐지하고 전국을 40개 내외 자치단체로 개편하여 지방정부, 중앙정부 2단계 행정조직으로 개편하고 지방 분권화도 본격적으로 시행해야 합니다. 국회도 비례대표제를 폐지하고 국회의원 수를 150명으로 축소해야 하고, 시대에 동떨어진 국회의원 불체포 특권은 폐지해야 합니다. 진정한 선진강국 시대를 맞이하기 위해서는 이제 시대에 동떨어진 행정조직 개편부터 착수해야 할 때입니다. 지금이 바로 그때입니다.

오늘부터 jp 희망 편지 형태로 선진국 시대에 올라선 대한민국의 미래상에 대해서 국민과 같이 생각해 보는 시간을 갖도록 하겠습니다.

2021. 07. 10.

✏️ jp 희망 편지 2

우리나라 대북 정책은 이승만 시대의 반공(反共) 정책, 박정희 시대의 승공(勝共) 정책에 이어 노태우 시대에 와서는 북방(北方)정책으로 크게 방향 전환을 하였습니다. 곧이어 김영삼 시대에는 제1차 북핵 위기로 노태우의 북방정책을 계속 추진하지 못하다가 DJ, 노무현 시대의 햇볕정책으로 전환하게 되었습니다. 이어 이명박 시대의 비핵 개방 3000, 박근혜 시대의 한반도 신뢰 프로세스를 거쳤으나 북핵 위기는 계속되었고 문재인 시대의 한반도 평화 프로세스를 맞았습니다. 문 정권의 대북 정책은 이른바 햇볕정책 3기에 해당한다고 주장합니다만 기본적으로는 종북(從北) 정책에 불과합니다.

초기에는 북핵 폐기를 반드시 하겠다고 공언하면서 남북, 북미 정상회담 쇼를 거듭했으나 그것은 미국과 우리 국민을 속이는 위장 평화 쇼에 그쳤고 이제 북핵은 마지막 단계인 SLBM 개발까지 갔습니다. 곧 우리는 이제 북핵의 노예가 될 겁니다. 그래서 우리가 집권하면 대북 정책을 대 전환해야 합니다.

첫째, 남북세력 균형의 지렛대로 지난 70년 동안 한반도의 평화를 가져다 준

한·미·일 자유주의 동맹을 더욱 공고히 해야 합니다.
둘째, 미국을 설득하여 남북 핵 균형을 위해 NATO 식 핵 공유 정책을 적극적으로 추진해야 합니다.
셋째, 대북 정책의 기본 원칙으로 남북 상호불간섭주의를 천명하고 북은 공산주의로 우리는 자유 민주주의로 건전하게 체제경쟁을 하자고 제안해야 합니다.
그리하여 통일은 동·서독처럼 체제경쟁의 결과에 맡기도록 해야 합니다. 낭만적 민족주의도 배격하고 오로지 냉혹한 국제질서에 따라갈 수밖에 없는 것이 지금 한반도의 현실입니다.
다시 한번 생각해 보십시오. 그것만이 우리의 살길이 될 수밖에 없지 않습니까.

2021. 07. 11.

✎ **유엔 산하 기구** UNCTAD에서 지난 7월 2일 한국의 국제적 지위를 선진국으로 만장일치 통과되었다고 합니다. 개도국에서 선진국으로 도약한 세계 최초의 일이라고 합니다. 이제 대한민국은 명실공히 세계 32번째 선진국 대열에 올라선 것입니다. 그간 역대 정부와 국민 여러분이 합심한 쾌거라고 할 수 있습니다.

그러나 대한민국이 본격적인 선진강국(先進强國) 시대를 열어가기 위해서는 정치, 경제, 사회, 문화, 외교, 국방 등 모든 분야의 개혁이 이루어져야 합니다. 앞으로 그 개혁 과제를 국민 여러분과 함께 jp 희망 편지로 의논드리고자 합니다. 차기 정부에서는 이러한 개혁 과제를 반드시 실천할 수 있도록 국민 여러분에게 굳게 약속드립니다. 선진국으로 국제적 인증을 받은 7월 2일을 국가 기념일로 지정해야 하는 것 아닙니까? 대한민국 만세입니다.
김종필 총재님의 JP와 혼동을 피하려고 소문자 jp를 사용하기로 했습니다.

2021. 07. 12.

✎ jp 희망 편지 3

2020. 1. 3. 바그다드 공항에서 이란 혁명수비대 사령관인 솔레이마니 장군이 미군에 의해 폭사하였습니다. 수천 km 밖에서 미군이 마치 비디오게임 하듯 드론을 조종하여 참수 작전을 벌인 것입니다. 이렇듯이 현대전은 전자전이고 첨단무기의 경연장입니다. 군인의 머릿수로 하는 과거 전쟁 양상과는 전혀 다릅니다. 한반도 다를 바 없습니다. 그래서 우리의 국방정책을 현대전에 걸맞게 개혁해야 합니다.

첫째, 군체제를 3군 체제에서 해병 특수군을 분리 독립시켜 4군 체제로 운용하여 북한의 한국 후방 침공 부대인 특수 8군단(지금은 이름이 바뀜)에 대적하는 특수군을 만들어야 합니다.

둘째, 일당백의 강군 육성을 위해 모병제 시행을 적극적 검토하고 이를 감당할 국방세 신설도 생각해야 할 때입니다. 직업군인제를 전군에 도입하면 수십만 개의 일자리가 생기고 남녀가 일정 기간 똑같이 국방세 납부 의무를 지게 하면 남녀불평등 시비도 사라집니다. 각 군의 군인 수를 줄이되 전문화하고 징병제를 폐지하고 지원병제를 시행하여 일정 기간 지원병으로 군에 복무하면 가산점을 주어 사회 진출에 큰 도움이 되도록 성과급을 부여해야 합니다. 결론적으로 징병제를 폐지하고 모병제와 지원병제를 시행하자는 겁니다 셋째, 국방과학연구소의 기능 확대와 고급 인력 확보입니다. 박정희 대통령의 자주국방 의지의 출발점이었던 국방과학연구소는 수십 개의 사단 병력과 맞먹는 현대전의 총아입니다. 이제 이 연구소를 다시 국방의 간성으로 재정립해야 할 때입니다. 온갖 명분으로 병역 면탈을 하는 지금 국방개혁은 더 이상 늦출 수가 없는 시급한 과제입니다. 현대전에 걸맞게 개혁해야 합니다.

2021. 07. 13.

✎ **또 전 국민 재난지원금**을 준다고 난리입니다. 재난지원금을 주더라도 코로나 사태로 인해 피해가 큰 자영업자 등에 대해 현실적인 손실보상을 책정하는 방향이 맞지, 전 국민에게 용돈 뿌리기는 그만했으면 합니다. 실효성도 적고 가계에 큰 도움도 되지 않습니다. 이런 추경은 저는 반대합니다.

2021. 07. 14.

✎ **jp 희망 편지 4**

노무현 대통령 시절 부동산값이 폭등한 적이 있었습니다. 문재인 대통령에 와서는 노무현 대통령 시절과는 비교도 안 되게 또 부동산값이 폭등했습니다. 이제 서민들과 청년들의 내 집 마련은 몽상에 불과한 부동산 지옥이 되어 버렸습니다. 그것은 부동산 정책에 자산소득을 죄악시하는 좌파 이념이

들어가 있기 때문입니다. 부동산도 자유시장 경제원리에 걸맞게 정책을 세워야 합니다. 근본적으로 부동산에 돈이 몰리는 것을 막는 정책적 결단이 필요합니다.

부동산은 투자나 투기의 대상이 아닌 주거의 대상으로 정책을 수정해야 하고 제가 발의해서 통과되었으나 2015. 10. 폐지된 반값 아파트 법안도 다시 살려야 합니다. 공급도 대폭 늘려야 합니다. 도심은 초고층 고밀도로 개발하고 부동산 개발에 장애가 되는 모든 법적 규제는 풀어줘야 합니다.

더 이상 무분별한 도시 확산 정책인 신도시 정책은 제한적으로 도입해야 하고 재개발 재건축도 자유롭게 할 수 있도록 해야 합니다. 부동산 광란 방지를 위해 불가피하게 주택은 1가구 2주택까지 일정 기간 소유 제한하고 다주택 소유자는 개인이 아닌 임대주택 법인으로 전환하여 임대료 인상 제한, 엄격한 세원 관리를 통해 부동산 시장의 교란을 방지해야 합니다. 자기 소유 집을 팔고 더 큰 집을 사려고 할 때는 양도소득세, 취득세를 대폭 감면하여 집을 키워 가도록 해 주고 돈을 주식시장으로 몰리도록 증권 거래세를 폐지하고 이익이 날 경우만 과세하도록 하는 방안을 강구하고 주식 공매도 제도는 폐지해야 합니다.

결국 부동산 광란 방지를 위해 일정부분 좌파 정책 도입도 불가피하지만, 근본적으로는 부동산 시장도 자유주의 시장 원리로 돌아가야 합니다.

2021. 07. 15.

✎ jp 희망 편지 5

오늘은 세제개혁을 말씀드리고자 합니다.

우리나라 세금 종류는 너무 많고 복잡해 세무사들도 헷갈릴 정도로 복잡다단합니다. 그리하여 저는 세제개혁의 핵심을 우선 세금의 종류를 단순화하고 일반 국민과 기업들의 실소득을 증대시켜 소비와 기업 재투자를 재고함으로써 경제를 활성화하는 것이 그 목적이 되어야 할 것으로 봅니다. 우선 직접세인 소득세와 법인세를 감세해서 가계와 기업의 실소득을 증대시켜야 합니다. 부동산의 경우 양도소득세를 폐지하고 거래세 도입을 검토하고 재개발, 재건축의 경우 5년 이상 그 지역에 실거주 한 사람은 초과 이익 환수제 대상에서 제외해야 합니다. 위헌적인 종부세는 폐지하여 재산세에 통합하고 공시지가 산정은 조세법률주의 원칙상 국회 해당 상임위의 의결이 있어야 그 효력이 발생하는 것으로 바꾸어야 합니다.

서민 생활에 밀접한 영향을 주는 담뱃세, 유류세는 인하하고 교육세의 일정 부분은 대학에 지원하도록 해야 합니다. 적령 아동들이 줄어들고 학교가 통폐합하는 마당에 늘어나는 교육세를 점점 어려워지는 대학에 의무적으로 지원해야 함은 당연한 것 아닙니까?

모병제 도입과 관련하여 목적세인 국방세 도입도 검토해야 합니다. 조세의 목적이 부자의 것을 빼앗아 가난한 사람에게 나누어 주는 로빈후드식 정책이 아니라 활기찬 경제환경을 만드는 것이 그 목적이 되어야 합니다. 가렴주구로 국민에게 마구잡이로 수탈해 놓고 그 일부를 마치 선심 쓰듯 나누어주는 재난지원금 뿌리기는 그만두어야 할 때입니다.

✎ jp 희망 편지 6

작년 6월 총선 끝나고 대구로 찾아온 이준석 당 대표와 만찬을 하면서 그로부터 추천받은 책이 대만계 미국인 앤드루 양이 쓴 <보통 사람들의 전쟁>이라는 책이었습니다. 그 책은 작년 여름 내내 여의도를 달구었던 기본소득제가 왜 필요한가에 대한 책이었는데, 그 책을 보고 이재명 지사, 김종인 비대위원장은 기본소득제의 전도사가 되었고 일부 보수 언론에서도 마치 그것이 인공지능 시대의 대안 정책인 양 대대적으로 다루기도 했습니다. 요약하면 인공지능 시대에는 실업자가 거리에 넘쳐나고 그들을 구휼하기 위해서는 기본소득제가 불가피하다는 대략 그런 논지입니다.

참 어이없는 논리라고 생각한 것이 이것은 마치 18세기 영국 산업 혁명기에 방적기계가 도입되면서 일자리 파괴를 한다고 러다이트 무브먼트를 벌인 것과 다름없는 어리석은 예측이라고 아니 할 수 없습니다.

인공지능 시대가 오면 적은 노동력으로 생산력 증대 효과를 가져오기 때문에 인간은 더욱더 풍요롭고 여유로워지며 새로운 직종이 탄생함으로써 소멸하는 일자리를 상쇄할 것은 역사적으로 증명이 되고 있는데, 굳이 그런 엉터리 예측을 근거로 세계 어디에도 실시하지 않는 기본소득제를 한국에 도입하자고 하는 무책임한 주장이 난무하는 것은 참으로 어이가 없습니다.

차라리 사회주의 배급제로 돌아가자고 하는 것이 더 설득력이 있지요.

스위스는 국민투표로 부결되었고 알래스카에서 실시하는 것은 기본소득제가 아닌 알래스카 석유자원 이익의 분배에 불과합니다. 알래스카 석유 자원은 알래스카 주민 전부의 소유라고 천명하였고 알래스카 주민들은 한 해에 한 번 대강 2,000달러 정도를 그에 대한 이익 분배를 받는 것이지 기본소득제와는 아무런 관련이 없습니다. 아무런 재원 대책도 없이 국민을 현혹하는 이재명 지사의 베네수엘라 급행열차는 이제 멈추어야 합니다. 그 대안으로 저는 서민복지 강화 정책을 추진하고자 합니다.

서민복지 강화 대책은 차후에 설명하겠습니다.

2021. 07. 18.

✏️ jp 희망 편지 7-1

서민복지 정책의 근간은 서민들의 꿈과 직결됩니다. 서민들의 꿈을 요약해 보면 크게 세 가지에 집약됩니다.

첫째가 내 집 갖기입니다.

작아도 내 집을 하나 갖는 것이 서민들의 첫 번째 꿈입니다. 그러나 지금처럼 천정부지로 뛰어오른 집값을 보면 서민들의 꿈은 요원합니다. 그래서 저는 2009년 제가 통과시켰으나 제가 경남지사로 가 있을 때 여야가 합의로 폐기한 반값 아파트 법안을 되살려 강북 대개발을 할 때 대규모로 반값 아파트를 지어 서민들에게 공급하고자 합니다. 서울의 집값 안정이 곧 전국 집값 안정으로 귀결되기 때문에 우선 시범적으로 서울 강북지역 재개발을 대규모로 착수하면서 반값이 아닌 현시세의 1/4 아파트를 공급하고자 합니다.

원래 토지 임대부 주택정책은 싱가포르에서 시작된 주택정책인데 싱가포르는 독립 초기부터 모든 토지는 국유화를 선언했기 때문에 토지는 국가가 갖고 건물만 분양하는 반값 아파트가 가능합니다.

그러나 우리나라는 그렇지 못하기 때문에 재건축할 때는 기부채납받은 토지에만 가능하고 공영개발로 재개발할 때는 토지 임대부 주택 분양제도를 전면적으로 도입할 수가 있습니다. 아파트 분양을 완전 분양 아파트와 토지 임대부 분양 아파트, 임대아파트로 삼원화하자는 겁니다. 이렇게 하면 평당 1,000만 원대 이하 분양 아파트도 가능해지고 서민들의 꿈인 내 집 갖기도 쉬워집니다.

청년과 젊은이들에 대해서는 홍콩과 뉴욕처럼 도심 초고층, 고밀도 개발하되 분양권을 청년으로 제한하고 저렴하게 그들의 주거 공간을 마련해 줌으로써 직장과 주거에 근접한 곳에 두어 출퇴근 시간을 대폭 줄이고 교통량을 감소시켜야 합니다. 일례로 뉴욕 같은 경우는 용적률을 3,000%까지 주기도 합니다. 서민, 청년 주거 복지 정책은 바로 이렇게 추진하겠습니다.

✎ jp 희망 편지 7-2

서민들의 두 번째 꿈은 내 자식 잘되기입니다.

나는 못살고 힘들지만 내 자식만큼은 남들처럼 잘 살기 바라는 것이 대부분 서민의 꿈입니다. 그래서 저는 서민복지의 두 번째는 서민 자식들이 계층 간 도약을 할 수 있도록 희망의 사다리를 마련해 주는 것이 국가의 의무라고 보는 것입니다. 공정한 제도 아래 실력으로 클 수 있도록 하기 위해서는 대입시 제도부터 혁파해야 합니다. 입학사정관제도, 수시를 철폐하고 오로지 정시로만 입학할 수 있게 해야 합니다.

일 년에 두 번 수능 시험을 보도록 하고 정시 출제도 EBS 교재에서 70% 이상 출제하도록 하여 서민 자제들이 공부만 열심히 하면 원하는 대학에 갈 수 있도록 하여 스펙 사회를 실력 사회로 전환해야 합니다. 로스쿨, 의전원, 국립외교원 등 음서제도를 폐지하고 사법시험, 행정고시, 외무고시도 부활하여 개천에서도 용이 나는 사회를 만들어야 합니다.

서민 자제들에 대해서는 초·중·고 학자금 지원을 해 주고 부모 소득에 따라 대학 등록금, 수업료도 차등으로 책정해야 합니다. 이미 이 부분은 미국 유명 대학에서는 실시하고 있습니다.

서민복지의 핵심은 현금 나누어 주기가 아니고 서민들이 계층 상승을 할 토대를 마련해 주는 것이 핵심입니다. 제도를 불공정하게 만들어 놓고 공정을 외치는 것은 눈 가리고 아웅 하는 짓이나 다름없습니다.

2021. 07. 20.

✎ jp 희망 편지 7-3

서민복지의 세 번째 문제는 일자리 복지입니다. 복지는 현금 복지보다는 일자리 복지로 전환해야 하고 성장도 소득주도성장이 아닌 고용주도 성장이 되어야 합니다.

문 정권 들어와서 서민 일자리가 급격히 감소하거나 없어진 것은 최저임금의 급격한 인상과 주 52시간 강제에 기인한 바가 큽니다. 이미 2020년 9월에 주 52시간과 최저 임금제를 권고 규정으로 바꾸고 이를 지키는 작업장에는 성과 보수를 주는 것으로 전환하자는 법안 발의한 바도 있지만 최저임금의 급격한 인상과 주 52시간 강제가 서민경제 활성에 심각한 역기능을 초래한다는 것이 증명된 이상 이는 시급히 개선해야 할 문제입니다.

더구나 재개발, 재건축이 위축되면서 건설 현장 일자리도 급격히 줄어든 지금 서민 일자리 복지는 더욱더 열악해지고 있습니다. 더 이상 이재명식 포퓰리즘 일회성 현금 복지로 서민들을 유혹해서는 안 됩니다.

✎ **아직** 야권 경선은 한참 멀었는데 일부 야당 인사들의 자해 행각이 도를 넘었습니다.

외부 인사를 지지하거나 다른 사람을 지지하는 것은 이해하나 내부 인사를 조롱까지 하면서 외부 인사를 감싸는 것은 도를 넘는 이해하기 어려운 행동입니다. 어차피 경선 때는 갈라져서 경선 운동을 할 수밖에 없지만 경선 이후도 생각하면서 국회의원답게 신중하게 처신하십시오.

이젠 복당해서 한 식구가 된 겁니다.

2021. 07. 21.

✎ **jp 희망 편지 8**

사형 집행을 지지하면 극우로 내몰리고 사형 집행을 반대하면 인권주의자로 칭송받는 잘못된 풍조가 한국 사회에 만연해 있습니다. 마치 사형 집행 여부가 인권국과 미개국을 구분하는 잘못된 인식도 있는 것이 지금의 현실이지요. 그러면 매년 사형 집행하는 일본과 미국은 미개국인가요?

우리 헌법재판소가 사형제도를 합헌으로 판시하고 있고 지금도 법원에서는 사형 판결이 심심치 않게 선고되고 있습니다. 형사소송법상 법무부 장관은 사형 확정판결 후 6개월 내 사형 집행을 하도록 규정이 되어 있음에도 1997년 12월 말 막가파, 지존파에 대한 마지막 사형 집행이 있고 난 뒤 우리나라에서는 24년 동안 법무부 장관의 사형 집행 의무에 대한 직무 유기 사태가 지속되고 있습니다. 흉악범에 한해서는 반드시 사형이 집행되어야 합니다.

사회 방위 차원에서라도 사회 안전망 구축 차원에서라도 흉악범 사형 집행은 재개되어야 합니다. 흉악범의 생명권만 중하고 억울하게 흉악 범죄의 희생양이 된 피해자 가족이 겪어야 하는 평생 고통은 고려하지 않아도 되는 겁니까?

✏️ **오늘 대법원에서** 김경수 경남지사가 드루킹 댓글 조작 공범 혐의로 최종 유죄 선고가 되었습니다. 이로써 지난 대선이 드루킹 88,000,000건의 어마어마한 댓글 조작으로 승부가 결정난 여론 조작 대선이었음이 대법원에 의해 확정되었습니다.

정권 출범의 정당성도 상실했고 지난 대선 때 김경수 지사는 문재인 후보의 수행비서였기 때문에 김경수 지사의 상선(上線) 공범도 이제 밝혀야 합니다. 지난 대선 여론 조작의 최대 피해자였던 저나 안철수 후보에 대해 문 대통령은 최소한의 조치로 사과는 해야 하지 않습니까?

조작된 여론으로 대통령이 되었다면 대국민 사과라도 해야 하지 않습니까? 저에 대해 씌워졌던 악성 프레임도 이제 사과할 때가 되지 않았습니까? 더 이상 한국 대선이 여론 조작으로 이루어지는 일이 없도록 특별한 조치를 해야 할 때입니다. 또다시 여론 조작으로 차기 정권을 창출하는 그들의 시도는 이제 봉쇄되어야 합니다. 국민이 분기탱천(憤氣撑天)해야 할 사건입니다.

✏️ **김경수** 지사의 드루킹 관련 사건은 그 당시 검찰이 정권의 주구 노릇을 하면서 정치 보복 적폐 수사에만 몰두하고 드루킹의 배후 진실을 은폐했기 때문에 김성태 원내대표가 10일간 단식 투쟁하여 문재인 정권으로부터 항복을 받아낸 검찰수사가 아닌 특검 수사 사건입니다. 그런데 당시 적폐 수사로 승승장구하시던 분이 지금 와서 그 사건 판결을 두고 정통성 없는 정부라고 문 정권을 비난하는 것은 참 어이없는 일입니다.

그런 비난은 우리가 해야 하는 게 아닌가요? 그건 최소한 자기가 몸담았던 정권을 향하는 공격으로는 정치 도의에도 맞지 않고 오히려 자기부정이 아닌가요? 당시 정치검찰이 드루킹 사건의 배후를 은폐함으로써 특검까지 간 점을 오히려 국민 앞에 석고대죄해야 할 그런 사건이 아닌가요?

내부도 아닌 분에 대해서 하는 비판을 내부 총질이라고 호도하는 철없는 사람들의 비난을 감수하고서라도 이 말은 꼭 해야겠다는 생각에서 글을 씁니다. 아무리 처지가 바뀌었어도 정치인으로서 최소한의 도리는 지켜야지요. 단식으로 배후를 밝히고도 그 보복으로 아직도 억울한 재판을 받는 김성태 전 원내대표에게 심심한 위로의 말씀을 드립니다.

2021. 07. 22.

✎ jp 희망 편지 9

오늘은 방송개혁을 말씀드리고자 합니다. 지상파 방송 3사만 존재했던 시대와는 달리 수백 개의 케이블 방송 채널이 공존하는 선진국 시대에 들어와서 방송은 이제 무한 경쟁의 시대에 들어섰고 국민의 채널 선택권 또한 무한대로 늘어났습니다. 이러한 방송 환경에서 KBS, MBC도 허울 좋은 이름뿐인 공영방송의 탈을 벗고 명실공히 민영화 시대를 열어야 하고 KBS 수신료는 폐지되어야 합니다. KBS는 EBS만 빼고 모두 민영화하고 MBC도 노영방송(勞營)을 벗어나 명실공히 상업방송으로 거듭나야 합니다. 그러기 위해서 우선 현재 전기료에 통합 징수되는 KBS 수신료부터 분리 징수되어야 하고 민영화가 완료되면 수신료는 폐지하여야 합니다. 모든 것이 투명한 선진국 시대에는 소위 정권 보위 방송은 더 이상 존재해선 안 됩니다. 정권만 바뀌면 방송 장악부터 하는 구시대 악습은 이제 폐지되어야 할 때입니다.

2021. 07. 23.

✎ jp 희망 편지 10

7~80년대 경제성장의 견인차는 고속도로였습니다. 고속도로 건설로 인해 육로 여객, 물류 수송의 길이 뚫리고 우리 경제가 급격히 성장하고 팽창한 겁니다. 그러나 21세기 경제성장의 핵은 하늘길이 열려야 합니다. 지금처럼 물류, 여객 수송의 95% 이상이 수도권인 인천 공항에 집중되는 구조로는 지역 균형 발전을 이룰 수도 없고 수도권 집중화 현상을 막을 수도 없는 기형적인 경제 구조가 계속될 수밖에 없습니다.

 그래서 제가 제창하는 것은 4대 관문 공항론입니다. 서울 등 수도권의 여객, 물류는 인천 공항으로 충청, TK 등 중부권 여객, 물류는 TK 신공항으로 부·울·경 여객, 물류는 가덕도 신공항으로 호남권 여객, 물류는 무안 국제공항으로 이렇게 하늘길을 분산 수용하면 수도권에 집중된 첨단 산업들의 지방 이전을 유인할 수 있게 되어 지역 균형 발전을 도모할 수가 있고 지역 인재들의 수도권 집중도 막을 수 있는 훌륭한 국토 균형 발전 전략이 될 수 있습니다. 지역의 4대 공항은 세계 어디로도 직항으로 갈 수 있는 관문 공항으로 만들고 인천 공항은 동북아의 허브 공항으로 발전시키자는 겁니다. 앞으로 10년 내 플라잉카(flying car) 시대가 오면 국내선 공항은 제주노선 외에는 사실상 의미가 없어 폐쇄하게 될 겁니다. 또 유사시 인천 공항이 적의 공격을 받아 기능을 상실하게 되면 그것을 대체할 국제공항이 필요한 시대가 옵니다. 국가 100년 미래를 생각한다면 이제 하늘길을 분산 수용하여 국토 균형 발전을 준비해야 할 때입니다.

2021. 07. 24.

✏️ jp 희망 편지 11

20세기 들어와서 선진국으로 도약한 나라는 일본과 아일랜드밖에 없습니다. 일본은 1964년 하계 올림픽을 계기로 선진국으로 진입했고 유럽의 병자였던 아일랜드는 사회적 대타협으로 노동 개혁에 성공하여 천문학적인 외자 유치로 선진국에 진입했습니다. 독일은 슈뢰더 정권의 하르츠 노동 개혁으로 실업률을 대폭 감소시키고 지금 메르켈 정권의 독일 번영을 구가하고 있습니다. 최근 우리나라도 이제 선진국 대열에 올랐습니다. 따라서 선진국 시대에 걸맞은 노동 개혁도 이제 시급한 과제가 되었습니다. 강성 노조의 떼쓰기 노동 투쟁은 더 이상 묵과하기 어렵고 노동의 유연성 확보도 시급합니다. 강성노조의 경영권 침해는 위험 수위에 이르고 있고 정부와 법 위에 군림하는 강성 노조의 무법천지는 더 이상 용납하기 어렵습니다.

정권을 잡으면 사회적 대타협을 통해 가장 먼저 해야 할 과제로 노동 개혁에 나서겠습니다. 자본과 노동이 이젠 건강한 협력 시대를 열어가야 합니다. 그래야 참다운 선진국 시대가 됩니다.

2021. 07. 26.

✏️ 문재인 정권의 출범의 정당성은 드루킹과 김경수의 여론 조작 사건으로 크게 훼손이 되었습니다. 아울러 출범 당시 이른바 적폐 수사로 이명박, 박근혜 정권의 인사들 200여 명이 구속기소가 되고 5명이 수사 도중 자살하는 미증유의 비극이 있었습니다. 그분들은 아직도 저승을 가지 못하고 구천을 떠돌고 있을지도 모릅니다.

당시 검찰은 헌법과 법률에 따른 수사였다고 강변하지만, 그것은 헌법과 법률에 따른 수사가 아니라 권력의 요구에 의한 청부 정치 수사에 불과했습니다. 아주 포악한 수사였고 법의 이름을 빌린 권력 주구 검찰이었습니다.

복수와 보복의 일념으로 사냥개를 동원하여 반대편 인사들을 무차별 잡아 가둔 이른바 적폐 수사는 이제 국민의 이름으로 비판받아야 합니다. 그걸 원상 회복할 마지막 기회가 이번 8.15 대사면입니다. 야권 갈라치기 선별 사면이 아닌 적폐 수사의 피해자 모두 사면하는 대화합 사면을 하십시오. 주도권을 아직 갖고 있을 때 대사면하십시오. 그렇지 않으면 후회할 날이 올 겁니다.

✏️ 지난 탄핵 대선 이후 드루킹 사건이 터지고 검찰이 배후를 은폐하는 바람에 김성태 당시 자유한국당 원내대표가 노숙 단식을 시도하여 10일 만에 문 정권의 항복을 받아내고 드루킹 특검을 도입했습니다. 당시 허익범 특검이 배후를 김경수 경남지사임을 밝혀내고 기소하여 이번에 최종 대법원판결로 확정된 사건을 두고 뜬금없이 당시 은폐 당사자로 지목받던 분이 이것을 문 정권의 정통성 시빗거리로 삼는 것은 아무리 생각해도 이해가 되지 않습니다.

그건 드루킹 피해 당사자였던 저나 안철수 후보가 문제 삼아야지 은폐 당사자로 지목받던 분이 뒤늦게 정치적으로 문제 삼을 사건은 아니지요. 1심 판결 후 제가 지속해서 상선(上線) 수사를 위해 추가 수사가 필요하다고 했을 때 당시 검찰은 도대체 뭘 했던가요?
윤석열 후보님은 그 사건을 말할 자격이 없습니다. 그만 자중하십시오.
윤 후보님의 주장대로 한다면 정통성 없는 정권에서 벼락출세하여 검찰총장을 한 것을 오히려 참회한다고 해야 정상이 아닌가요? 자신은 법과 원칙대로 수사했다고 강변하면서 무리하게 감옥 보낸 두 분을 정치적으로 사면 요구하는 것도 정상적인 검사의 태도인가요? 그건 검사가 할 말은 아니지요. 그 말을 들을 때 나는 이렇게 들렸습니다.
두 분에 대한 수사는 정치 수사였고 잘못된 수사라는 걸 고백하는 것으로밖에 들리지 않았습니다.

2021. 07. 27.

✏️ **무슨 말과 행동**을 하더라도 상관할 바는 아니나 저와 관련된 사건이 왜곡되는 것은 그냥 지나치기가 어렵습니다. 아무리 망각증이 심하더라도 불과 3년밖에 안 된 사건을 두고 여야가 갑론을박하는 것은 참 어이가 없습니다. 제가 드루킹 1심 판결 직후 김경수 윗선 수사 특검이 필요하고 그 몸통을 밝혀야 한다고 정치권에 요구한 것이 불과 2년 전 일입니다.
그 좋던 투쟁의 시기를 놓치고 이제 와 재 특검 운운하는 것도 우습고 더구나 당시 사건의 은폐 당사자로 지목되었던 분까지 나서서 자기가 몸담았던 문 정권의 정통성을 거론하는 것은 정말로 어불성설입니다. 당시 경찰에서 김경수의 휴대전화 추적과 계좌추적을 하고자 했으나 그 영장을 기각한 것이 당시 중앙지검장이었던 윤석열 후보가 아니었습니까?

그건 당시 피해자였던 저나 안철수 후보가 해야 할 몫입니다. 비록 허익범 특검은 드루킹 사건이 지난 대선에 미친 영향은 불과 2~3%라고도 하지만 저에 대해 드루킹이 덧씌운 악성 프레임은 지금도 계속되고 있습니다. 어차피 지난 대선은 문재인 대선이었습니다.

촛불 광풍에 휩싸여 치러진 비정상적인 탄핵 대선이었습니다. 이제 와 뒤늦게 대선 무효를 주장하면서 몸통 특검을 요구하지는 않겠습니다. 요구해 본들 관철될 리도 없고 김성태 원내대표처럼 죽기를 각오하고 단식할 만한 강력한 분도 없기 때문입니다. 다만 정권 출범의 정통성이 훼손되고 문 대통령이 몸통으로 의혹의 중심이 된 이상 최소한의 조치로 문 대통령께서는 대국민 사과는 해야 하지 않습니까?

✎ 아무리 막가는 정치판이라지만 거짓말을 덮기 위해 또 새로운 거짓말을 하는 짓은 하지 말아야 합니다. 검찰이 사건을 은폐하거나 수사 의지가 없을 때 늘 특검을 도입합니다. 통과된 특검법에는 검찰은 그때까지 수사한 기록 일체를 특검에 보내고 검사, 수사관 등 인적 자원도 차출에 응하도록 법제화되어 있습니다. 그걸 특검에 협조했다고 우기면 안 되지요. 날씨가 덥다 보니 별의별 일이 다 생기네요.

2021. 07. 28.

✏️ 정치를 시작한 지 다섯 번의 대선을 치렀지만, 이번 대선처럼 정책은 실종되고 여야 대선 주자 중, 한 분은 가족 욕설과 여배우 스캔들로 또 한 분은 가족 스캔들로 논란의 중심이 된 추한 대선을 본 일이 없습니다. 미국 대선의 예로 보면 민주당 대선 후보로 제2의 케네디로 폭발적인 인기를 얻던 게리 하트는 외간 여성과 같이 요트를 탄 사진 한 장만으로도 도중하차할 정도로 대통령의 도덕성은 엄격합니다. 대통령의 자격 요건 중 그 첫째가 수신제가(修身齊家)입니다.

수신제가도 못 한 사람이 치국평천하하겠다는 것은 지나가는 소도 웃을 일입니다. 문제가 된 두 분 대선 주자들은 단순히 네거티브라고 변명만 하지 마시고 본인이 직접 나서서 대국민 해명을 하여 논란을 종식해 주십시오. 그리하여 대한민국 미래 100년 청사진을 제시하는 올바른 정책 대선이 되도록 노력해 주시기 바랍니다. 같이 대선판을 뛰는 제가 국민 앞에 고개를 들기조차 창피하고 부끄럽습니다.

2021. 07. 29.

✏️ **jp 희망 편지 12**

4년 전 탄핵 대선에서 문재인 후보가 공공 일자리 81만 개를 늘린다고 했을 때 저는 그렇게 하면 망한 그리스로 간다고 질타한 일이 있었습니다. 최근 모 일간지 보도를 보면, 문 정권 들어선 이래 지난 4년간 공공 일자리가 22만 개나 증원되었고 전체 공공부문 인건비가 국내 500 대기업 인건비 총액을 넘어서는 미래세대 재정부담이 급속히 늘어난 그리스 형태로 가고 있습니다. 이건 비정상적인 정부 운영입니다.

공공 일자리는 세금 나누어 먹기에 불과한 것이지 일자리 대책이 아닙니다. 더욱이 인공지능 시대에 와서 공공 일자리는 구조 조정함으로써 대폭 줄여 국민의 세 부담을 완화하고 민간 일자리를 대폭 늘려야 합니다. 같은 기간 민간 일자리는 3만 5천 개밖에 늘어나지 않았는데 공공 일자리가 6배나 늘어난 기형적 나라 운영으로는 망한 그리스로 갈 수밖에 없습니다.

제가 집권하면 공공 일자리는 구조 조정으로 대폭 줄여 국민의 세 부담을 완화하고 민간의 자율과 창의를 진작시켜 민간 일자리를 만들 것입니다. 일자리는 민간에서 만들어야 하고 공공 일자리는 대폭 줄여 미래세대 부담을 완화하는 것이 정상적인 선진국 시대의 국가 개혁 정책입니다.

2021. 08. 01.

✏️ jp 희망 편지 13

전교조, 강성 노조의 횡포를 막겠습니다.

초·중·고 교육을 좌파 이념 교육장으로 만든 전교조와 법 위에 군림하며 세상을 무법천지로 만드는 강성 노조의 횡포는 선진국 시대에서는 있을 수 없는 폭거입니다. 제가 집권하면 동원할 수 있는 모든 수단을 총동원하여 이들의 횡포를 막고 나라를 정상화하겠습니다. 교육 현장과 노동 현장을 선진국답게 만들겠습니다.

교육부 장관과 노동부 장관을 이들의 횡포를 혁파할 수 있는 강단 있는 인물을 발탁하고 이들과 손 맞출 수 있는 교육문화 수석과 사회노동 수석도 설치하여 청와대와 행정부가 한마음이 되어 국정의 최우선 과제로 이들의 횡포를 막고 선진국 시대를 열겠습니다.

이런 메시지를 내면 또 보수 강화 운운할 수도 있지만 보수 강화가 아니라 나라를 바로 세우는 선진국 시대의 교육과 노동 정책입니다.

선진국 시대 교육의 가치중립성 확보와 하르츠 노동 개혁으로 성공한 독일, 강성 노조와 싸워 영국병을 치유한 마거릿 대처의 강성 노조 혁파 정책은 나라를 바로 세운 영국 정치사의 대전환이었습니다.

2021. 08. 06.

✏ jp 희망 편지 14

한때 60%에 이르던 중산층이 무너지고 한국 사회는 이제 양극화로 치닫고 있습니다. 그래서 지금 대한민국의 시급한 과제 중 하나는 중산층 복원입니다. 특히 문 정권 들어와서 중산층의 중심을 이루던 자영업자, 중소기업인들이 무리한 좌파 정책 추진과 코로나 사태로 몰락하고 신용 파산 지경까지 이르고 있습니다. 무너진 중산층을 복원해야 합니다. 그러기 위해서

첫째, 자영업자, 중소기업인들에게 치명상을 준 최저 임금제, 주 52시간제는 잠정적으로 경제가 회복될 때까지 실시 중단해야 합니다.

둘째, 벼랑에 내몰리고 있는 몰락한 중산층과 서민들에 대해 대규모 신용 사면을 시행하여 다시 일어설 기회를 주어야 합니다.

셋째, 코로나 사태 극복을 위해 신속히 전 국민에게 안전한 백신 접종을 시행하고 With 코로나를 선언해 경제 활동을 정상화해야 합니다. 어차피 코로나 바이러스는 감기 바이러스처럼 박멸되기 어렵습니다. 치사율만 대폭 낮추고 치료제를 개발하는데 주력한 후 우리는 코로나를 안고 같이 갈 수밖에 없습니다. 그러나 문 정권하에서는 이러한 획기적인 경제정책 수립이 어렵습니다. 집권하면 대통령의 긴급 명령이라도 발동해서 경제난국을 타개하고 무너진 중산층을 복원하겠습니다.

✎ jp 희망 편지 15

대의·의리·명분은 모두 사라지고 무원칙만 판치는 여의도 정치판이지만 그래도 나는 흔들리지 않고 내 길을 갑니다. 당원과 국민만 보고 갑니다. 지난 4년 동안 준비했던 정책과 희망을 품고 당원과 국민의 동의를 받겠습니다. 선진국 시대, G7 시대를 열겠습니다.

2021. 08. 08.

✎ **지난주** 정부 인사와 만나 두 전직 대통령에 대해 형 집행 정지와 이재용 부회장 임시석방을 요청했습니다.

8.15를 넘기면 이제 그 문제는 문 정권이 끌려가는 처지가 되니 정국 주도권을 가지고 있을 때 대화합 조치를 해 달라고 요청했습니다. 더 이상 분노와 증오, 복수를 멈추고 대화합의 8.15를 맞이해야 합니다. 극한 상태까지 온 두 전직 대통령의 건강과 반도체 전쟁의 승리를 위해서 이번 8.15에는 특별한 조

치가 있기를 기대합니다.

✎ 전직 대통령을 무리하게 구속하고 재판 중 또 재구속하고 건강이 악화하였는데도 형 집행 정지 신청을 불허한 사람이 이제 와 전직 대통령을 수사할 때 불구속하려고 했다는 거짓말을 스스럼없이 하는 것을 보니 정치인이 다 되었다는 느낌을 받기는 하지만 어쩐지 어설픕니다.

그건 공정도 상식도 아니고 국민을 속이려는 거짓말에 불과합니다. 선출직 지도자는 국민에게 거짓말해서는 안 됩니다. 그런 건 임명직 때나 할 수 있는 겁니다. 임명직은 한 사람에게만 잘 보이면 되지만 선출직은 모든 국민에게 잘 보여야 하기 때문입니다. 오늘 국민일보와 전화 인터뷰한 것은 윤석열 후보에 대한 저의 기본적인 생각을 밝힐 필요가 있다고 판단되어 한 것입니다.

✎ jp 희망 편지 16

미국 동부 유명 대학에서는 대학 등록금을 부모 소득에 따라 차등으로 책정하기도 합니다. 연 소득 10만 불 이하일 경우 전액 장학금으로 4년 학비를 면제하기도 합니다. 부모 소득별로 차등 부과되는 등록금 제도는 양극화 시대에 서민들의 새로운 희망의 사다리가 될 수도 있습니다.

경남지사 시절에 경남개발공사를 경영혁신하여 2년간 창출한 이익금 350억 원으로 서울 강남구 세곡동에 400명 수용의 남명학사를 지어 경남 출신 서민 자제 중 서울로 유학하러 온 학생들에게 한 달에 15만 원씩 받고 숙식을 제공함으로써 서민교육 복지를 실시해 본 일이 있었습니다.

양극화 시대를 극복하고 서민 자제들의 희망 사다리를 놓기 위해 대학교 등록금은 부모 소득에 따라 차등으로 부과하고 장학금은 서민 자제들에게만 지급하고 대학별로 기숙사를 확대하여 서민 자제들 중심으로 입사시켜 새로운 서민교육 복지 정책을 정착시킴으로써 양극화시대 서민의 희망 사다리를 놓겠습니다. 교육이 희망입니다.

2021. 08. 09.

✎ 이재용 부회장의 석방을 환영합니다. 앞으로 전개될 반도체 전쟁에 반드시 승리해 주시기 바랍니다. 아울러 이명박, 박근혜 두 전직 대통령의 형 집행 정지도 결정해 주실 것을 거듭 촉구합니다. 더 이상의 증오와 복수는 나라를 힘들게 할 것입니다. 문재인 대통령의 후속 결단을 부탁드립니다.

2021. 08. 10.

✎ jp 희망 편지 17

SK바이오에서 한국산 백신 3상 실험에 돌입했다는 반가운 뉴스를 보았습니다. 어차피 문 정권은 코로나를 이용한 정치 방역에 몰두하고 있기에 기대하지 않지만, 이번 SK바이오가 3상 실험에 성공하여 조속히 전 국민에게 안전한 백신이 접종되기를 간절히 기도합니다. 어차피 감기 바이러스처럼 코로나 바이러스는 박멸되지 않을 바에는 조속히 백신을 전 국민에게 접종하여 집단 면역이 형성되고 영국처럼 With 코로나를 선언하여 모든 경제 활동이 정상화되기를 기원합니다.

자영업자를 비롯한 경제주체들이 질식 직전에 와 있습니다. K방역 운운하며 모든 경제주체를 인질로 삼고 협박하는 잘못된 정치 방역은 이제 종식되어야 합니다.

2021. 08. 12.

✏️ **보수 우파** 궤멸에 앞장서다가 토사구팽이 되어 선회하신 분이 점령군인 양 행세하며 일부 철없는 정치인들을 앞세워 좌충우돌 돌고래 쇼나 보여주고 국민과 당원이 뽑는 우리 당 대표를 흔드는 것은 참으로 가관입니다. 연일 1일 1 실언으로 당 지지율조차 까먹게 하는 것을 반성하셔야지 정치가 그리 쉽고 만만한 것으로 아셨습니까?
정치는 패가망신을 각오하고 뛰어야 하는 무서운 동네입니다. 우선 가족의 안위부터 살피십시오. 자중하시고 당원이 되셨으면 당 방침에 순응하십시오. 여기는 혼자 황제처럼 군림하던 검찰이 아닙니다.

✏️ **오늘** 대선 예비후보 등록을 선관위에 합니다. 다음 주 17일 출마 선언에 맞추어 대선 후보 후원회도 등록합니다. 후원회장은 5년 전 대선 출마 때와 똑같이 나를 평생 물심양면으로 뒷받침해 준 제 아내 이순삼이 하기로 했습니다. 본격적인 대선 경쟁을 시작하겠습니다.

✏️ **나는** 윤석열 후보가 검사로서 문 정권의 선봉에 서서 적폐 수사로 우리 진영을 궤멸시킬 때 매일 매일 그것을 지켜보며 우리 진영 사람들이 차례로

끌려가 직권남용이라는 정치적 죄명을 뒤집어쓰고 억울하게 감옥에 가는 것을 가슴 아프게 바라본 야당 대표였습니다. 900여 명이 조사를 받고 200여 명이 무더기로 구속되고 5명이 자진(自盡)한 희대의 정치 보복극이었습니다.

나의 최측근이던 경남도 정무부지사도 검찰의 수사 압박에 못 이겨 자진했습니다. 지금 우리 당 초선의원들이나 재선 이상 의원들도 그것을 알지 못하거나 잊어버렸을 겁니다. 그러나 나는 그것을 잊을 수가 없지요.

그것에 대한 반성과 사과 없이 정통성 없는 문 정권에 부역한 것에 대해 참회와 반성 없이 마치 점령군처럼 행세하는 것은 더 이상 묵과할 수가 없습니다. 토론 때 봅시다.

2021. 08. 13.

✎ jp 희망 편지 18

무분별한 재정 확대 팽창 정책을 지양하겠습니다. 문 정권의 무분별한 국가재정 확대 정책으로 국가 채무 1,000조 원 시대를 돌파하고 GDP 대비 45%를 넘겨 이제 국가재정이 고갈되는 재정 위기에 와 있습니다. 이재명 후보는 이에 한술 더 떠 기본시리즈라는 기괴한 사회주의 배급정책을 발표하여 국가재정을 거덜 내고 후손들에게 빚더미 대한민국을 물려 주려고 국민을 현혹하고 있습니다.

그러나 저는 경남지사 시절에 땅 한 평 팔지 않고 재정개혁, 행정개혁만으로 3년 6개월 만에 채무 1조 3천8백억 원을 갚고 채무 제로, 흑자 도정을 해 본 일이 있습니다. 제가 집권하면 민간의 자유와 창의를 바탕으로 민간 일자리를 대폭 늘리고 청와대, 정부 부처, 공무원, 공공기관은 구조 조정으로 대폭 고정비용을 줄이고 예산 점검단을 만들어 각종 선심성 예산은 집행의 적정성을 검토하여 보류하고 그것을 서민복지 예산으로 돌리겠습니다.

With 코로나를 선언하여 모든 경제주체의 경제 활동을 정상화하고 재난지원금 따위의 임시방편에 불과한 현금 살포 정책은 하지 않겠습니다. 선진국 시대 국가 정책의 기본 방향은 민간의 자율과 창의를 바탕으로 하고 국가는 최소한 관여하는 대신 취약 계층과 중산층 서민에 대해서는 국가가 개입하여 양극화의 격차를 줄여 나가는 선진국형 국가 대국민 서비스망을 구축하겠습니다.

jp 희망 편지 19

사정기관 개혁을 하고자 합니다.

검찰 중심의 수사 기능을 국가수사국 중심으로 개편하고자 합니다. 지금의 국수본을 경찰로부터 독립시켜 국가수사국으로 개편하고 미국식 FBI로 만들어 모든 수사 기능을 국가수사국으로 통일하고자 합니다. 공수처는 폐지하고, 검찰은 공소 유지를 위한 보완 수사 기능만 행사하도록 할 겁니다. 정권이 바뀔 때마다 정치검찰 때문에 그동안 대한민국이 얼마나 혼란스러웠습니까? 사정기관을 검찰, 국가수사국, 경찰청으로 기능별로 배치하고 직급도 동등하게 하겠습니다. 선진국 시대에 걸맞게 국가 사정기구를 개편하겠습니다.

2021. 08. 16.

✎ **제 생각**을 읽어 주시는 페이스북 팔로워가 97,300명에 이르렀습니다. 이제 팔로워가 10만 명이 되면 어지간한 일간지 종이 신문과 맞먹는 수준이 됩니다. TV홍카콜라 구독자도 곧 44만 명이 됩니다. 비대면 시대에 당원과 국민과의 소통 공간 확보가 시급한 때에 저는 아주 중요한 소통 수단을 가진 셈이 됩니다. 앞으로 대선 끝날 때까지 다른 후보들처럼 대변인을 많이 두기보다 페이스북과 TV홍카콜라를 적극적으로 활용해 직접 대국민 소통을 할 것입니다.

페이스북 팔로워로 많이 참여해 주시고 TV홍카콜라도 더 많이 구독해 주시기 바랍니다. 내일 9시 30분 대선 출정식을 페이스북과 TV홍카콜라에서 생중계할 예정입니다. 앞으로도 중요 사항 발표는 페이스북과 TV홍카콜라를 통해 직접 발표할 예정입니다. 당원 동지 여러분들과 국민 여러분의 적극적인 참여를 기대합니다.

✎ **아프가니스탄 사태**를 보면 미국이 얼마나 자국 이익 우선의 나라인지 알 수 있습니다. 백억 달러를 쏟아부은 20년 전쟁도 이용 가치가 떨어지니 철수하고 포기합니다. 남의 일 같지 않습니다. 국익 우선주의가 새롭게 조명되는 아프가니스탄 사태입니다.

2021. 08. 17.

✏️ 제20대 대통령 선거 예비후보 출마 선언문
"나라를 정상 국가로 만들고 선진국 시대를 열겠습니다"

존경하는 국민 여러분! 사랑하는 당원 동지 여러분!

저는 제20대 대통령 선거에서 국민의힘 후보로 출마하겠습니다. 국민의힘 당내 경선에서 이기고 본선에서 승리하여 빼앗긴 정권을 되찾겠습니다. 잘못된 방향으로 가는 이 나라를 바로잡아 정상 국가로 만들고 선진국 시대를 열겠습니다. G7의 당당한 일원이 되어 국제사회에서 선진국으로 대접받는 나라, 풍요로운 대한민국을 만들겠습니다.

대한민국은 건국 이후 온 국민이 하나가 되어 60~70년대 산업화, 80년대 민주화, 90년대 정보화를 이루어냈습니다. 그러나 1990년대 중반 중진국을 넘어선 지 무려 30여 년 동안 선진국의 문턱에서 번번이 좌절했습니다. 그러는 사이에 성장의 엔진이 식어가고 급속히 저출산·노령화 사회로 가고 있습니다. 개인과 나랏빚도 늘고 빈부 격차는 커졌습니다. 과거 해방 직후 공산주의가 우리 사회를 뒤덮었듯이, 지금은 포퓰리즘의 망령이 코로나 상황을 파고들며 온 나라를 휘감고 있습니다.

70년대 세계 7대 부국이었던 아르헨티나를 비롯한 남미 여러 나라들은 반미주의와 포퓰리즘에 빠져 후진국으로 후퇴했습니다. 우리도 석유 부국이었다가 세계 최빈국으로 전락한 베네수엘라를 따라가는 무상 포퓰리즘이 판치는 나라가 되어 갑니다.

오늘만 살 것처럼 거위의 배를 가르고 청년과 미래세대에게 빚더미를 물려주는 퍼주기 대한민국이 되어서는 안 됩니다. 현 집권 세력은 획일적 평등과 현금 퍼주기를 앞세운 무상 포퓰리즘으로 국민을 편 가르고 분열시켜 장기 집권을 이루겠다는 명확한 목표를 가지고 있습니다. 180석 국회 의석을 무기로 사회 시스템, 국가 제도를 좌파 사회주의 국가로 점점 바꾸어 나가고 있습니다. 지금 정치, 경제, 사회, 문화, 대북, 외교, 국방 등 국가 전 분야의 정책 혼란과 무능은 국민 고통을 최악의 상황으로 몰고 가고 있습니다. 여기서 막아야 합니다. 대한민국이 이대로 더 나갔다가는 되돌릴 수조차 없는 깊은 수렁에 빠집니다. 이번 대선은 단순히 여야의 정권 교체를 넘어 나라의 미래를 결정하는 중차대한 대선입니다. 선진국 시대를 이끌어갈 이 나라 주류 세력을 선택하는 선거입니다. 나아가 이번 대선은 선진국의 길이냐, 베네수엘라의 길이냐를 가늠하는 마지막 기회일 수도 있습니다.

존경하는 국민 여러분! 사랑하는 당원 동지 여러분! 대한민국을 바로 세우고 선진국 시대의 원년이 되도록 하겠습니다. 지금 정권 교체를 통해 나라를 바로잡을 절호의 기회입니다. 국제적으로 미·중 패권 갈등은 격화되고 북한의 핵미사일 위협은 최고조에 와 있습니다. 세계 무대에서 국가이익을 지키고 국정 대개혁을 제대로 해 낼 '강력한 리더십'과 '미래를 통찰하는 혜안'이 필요합니다. 정권을 교체한 후에도 국회 180석을 장악한 현 집권 세력을 상대하기 위해서는 풍부한 국정 경험과 강력한 리더십이 무엇보다 중요합니다. 저는 지난 탄핵 대선 이후 <TV홍카콜라>, <프리덤코리아 포럼>을 통해 국가 정상화, '네이션 리빌딩(Nation Rebuilding)'을 철저히 준비해 왔습니다. 8천여 명의 국민 인덱스 조사를 통해 국민의 기대, 시대의 요구를 듣고 G7 선진국 시대의 비전과 정책을 마련해 왔습니다. '제로 디펙트(Zero Defect)'의 무결점 후보만이 상대의 부당한 술수와 공작의 빌미를 주지 않고 야권승리를 쟁취할 수 있습니다. 지난 시절처럼 후보의 능력 부족과 가족 검증 문제로 대선을 2번이나 망쳤던 일이 되풀이되어서는 안 됩니다. 지난 정치활동 내내 저와 가족 모두는 정권과 국민의 철저한 검증을 받았습니다. 이제 더 이상 검증될 일이 없습니다. 검증되고 준비된 저 홍준표가 가장 든든한 후보입니다.

존경하는 국민 여러분! 사랑하는 당원 동지 여러분! 저의 국정철학과 국가 운영의 기본이념은 좌우 이념을 넘어선 국익 우선주의입니다. 국익 우선과 국민 중심의 나라 경영으로 정치 보복의 악순환 고리를 끊고 국민 통합을 이루어 선진국 시대를 열겠습니다. G7 선진국 시대를 위한 국가 정상화와 국정 대개혁의 7대 과제를 말씀드리고자 합니다.

첫째, 정치 행정을 선진국 수준으로 끌어올리겠습니다. 2024년 제22대 총선에서 개헌을 공약하겠습니다. 현행 '87년 헌법'은 중진국 시대의 낡은 틀입니다. 변화한 시대정신과 국민적 기대를 반영하고 선진국 시대에 걸맞은 새로운 헌법으로 바꾸겠습니다. 대통령 중임제로 추진하고 행정구조를 2단계로 개편하며 국민기본권을 신장하는 방향으로 개헌하겠습니다. AI와 블록체인, 빅데이터 등을 행정 시스템에 과감하게 도입하여 공무원과 공공기관을 구조조정하고 국정의 효율을 높이겠습니다. 경남도 행정·재정 개혁으로 채무 제로를 달성했던 성과를 기반으로 국가 채무 1천조 원의 재정파탄 상태를 균형재정으로 정상화하겠습니다.

둘째, 자유주의 시장경제를 천명하고 민간의 자율과 창의를 바탕으로 선진국형 경제체제를 갖추겠습니다. 개인과 기업을 옭아매는 부당한 규제와 간섭을 대폭 줄이고 시장의 자유를 확대하겠습니다. 도심 고밀도 개발, 공공부문 '쿼터 아파트' 도입으로 공급을 대폭 늘려 집값을 안정시키겠습니다. 노동 개혁은 더 이상 미룰 수 없습니다. 경남도지사 시절 강성 노조와 싸워본 경험을 바탕으로 대통령 긴급 명령을 발동해서라도 강성 귀족노조의 패악을 막고 노동

유연성을 높이겠습니다.

셋째, 최고의 복지는 일자리 창출입니다. 세금 나눠 먹기인 공무원과 공공부문 일자리가 아니라 민간 일자리 창출이 우선입니다. 세제개혁과 불필요한 기업규제 철폐로 민간 일자리를 대폭 늘리고 더 높은 계층으로 올라갈 기회의 사다리를 많이 만들겠습니다. 잘사는 국민에게는 자유를 주고 어려운 사람들에게는 정부가 끝없는 기회를 제공하는 서민복지 사회를 정착하겠습니다.

넷째, 무너진 공정을 바로 세우겠습니다. 우리 사회에서 경쟁보다는 평등을 강조하면서 공정이 무너졌습니다. 사회 제도의 공정이 보장되지 않는데 공정만 외치는 것은 국민을 우롱하는 처사입니다. 공정한 제도 정착을 위해서 대학 입학시험을 정시 중심으로 개편하겠습니다. 현대판 음서제도인 로스쿨, 의학전문대학원, 국립외교원 제도를 폐지하고 사시, 행시, 외시, 의과대학을 부활하겠습니다. 교육, 인재 선발, 취업 체계 등 사회 전반에 정의와 법치, 공정을 회복하겠습니다.

다섯째, 사정기구를 개혁하여 선진국 사법 체계를 구축하겠습니다. 국가정보원의 대북 정보 수사 기능은 유지하되, 국익 수호를 위해 해외분야를 크게 강화하겠습니다. 검찰은 공소 유지를 위한 보완 수사 기능만 유지하도록 하고 공수처는 폐지하겠습니다. 경찰 국가수사국을 독립시켜 '한국형 FBI'로 만들고 모든 수사의 중심이 되게 하겠습니다. 감사원에는 직무회계 감사 능력을 높이기 위해 계좌 추적권을 부여하겠습니다.

여섯째, 외교 안보 기조를 확 바꾸겠습니다. 지난 30년간 대북 강온 정책이 있었지만, 북한의 핵 위협은 오히려 절정에 와 있습니다. 대북 정책의 기조는 상호불간섭주의와 체제경쟁 주의를 원칙으로 독일식 통일 정책으로 추진하겠습니다. 강력한 안보로 국가 존엄과 국민 안전을 지키겠습니다. 주변국 그 누구도 우리를 넘보지 못하도록 강한 나라를 만들겠습니다. 한·미·일 자유주의 동맹을 강화하고 한·미 간 NATO 식 핵 공유 협정을 맺어 북한의 핵 위협을 근원적으로 대처하겠습니다. 국방 부문은 4군 체제로 군을 개편하고 미래 전자전 시대에 걸맞게 모병제와 지원병제로의 전환을 추진하겠습니다.

일곱째, 문화의 다양성과 균형을 회복하겠습니다. 지금 우리 문화계 전반은 특정한 이념에 과도하게 편향되어 있습니다. 국가의 간섭을 줄이고 민간중심의 창의와 자율을 바탕으로 글로벌 문화강국을 만들겠습니다. 방송은 EBS만 남기고 KBS, MBC를 민영화하여 민간방송 시대를 열겠습니다.

존경하는 국민 여러분! 사랑하는 당원 동지 여러분!

도시락 싸갈 형편이 안 되어 점심시간마다 수돗물로 배를 채워야 했던 어린 소년이 있었습니다. 그 소년이 자라 대한민국 검사가 되어 이 땅의 정의를 세웠고 정치인이 되었습니다. 국회의원 5번, 경남지사 2번, 원내대표, 당 대표 2번을 거쳐 다시 대통령 후보로 나섰습니다. 물로 배를 채우던 그 절박한 심정으로 마지막 정치 도전에 나섭니다. 진충보국(盡忠報國)의 각오로 빼앗긴 정권을 되찾아 오겠습니다. 경선에 나온 후보들 모두 한 팀(One Team)이 되어 내각과 당에서 나라 정상화와 선진국 시대를 다 함께 열어가도록 하겠습니다. 대한민국 선진국 시대, 희망의 나라로 우리 함께 배를 저어 갑시다. 대단히 감사합니다.

2021년 8월 17일 제20대 대통령 선거 예비후보자 홍준표

✎ jp 희망 편지 20

저명한 칼럼니스트의 글을 보면 문 정권을 응징해 줄 사람이 차기 대통령이 되어야 한다고 역설하고 있습니다. 그 말에 동조하는 분들도 많은 줄 압니다.

그러나 저는 생각이 좀 다릅니다.

단임제 대통령들은 늘 대통령이 되면 과거 청산에 열중하다가 정작 중요한 대한민국의 미래는 등한시해 왔습니다. 그러나 이제 우리나라도 국제적으로 공인된 선진국이 되었습니다. 선진국 시대 대통령이 해야 할 가장 중요한 일은 과거 청산이 아니라 미래로의 전진이라고 생각합니다.

보복의 악순환만 계속되면 미래가 보이지 않습니다. 문 정권이 지난 5년 동안 한 일은 오로지 보복으로만 세월을 보내고 편 가르기 정치만 해 왔습니다. 문 정권의 그런 정치를 이젠 청산해야 할 때입니다. 검찰을 도구로 하는 칼잡이 정치는 그만 해야 할 때입니다.

2021. 08. 26.

✏️ **오늘** 선릉역 부근에서 배달 오토바이를 타던 젊은 온라인 기반 노동자가 화물차에 치여 사망하는 사고가 있었습니다. 문 정권 들어와서 일자리가 사라져 젊은이들이 거리로 내몰리고 온라인 기반 노동자로 일자리를 구할 수밖에 없는 이 참담한 현실이 참으로 가슴 아픕니다. 내 나라가 어쩌다가 이 지경까지 왔는지 정치하는 사람으로서 죄송한 마음 금할 길 없습니다.

청년들의 꿈과 희망을 앗아가고 청년들의 가슴을 옥죄는 이런 폭압 정권 이제는 끝내야 합니다.

✏️ **최근 언론중재법에서** 논의되는 징벌적 손해배상 제도는 원래 영미법 계통에서 통용되는 손해배상 제도이고, 우리나라와 같이 대륙법 계통에서는

맞지 않는 제도입니다. 우리나라의 손해배상 제도는 손해의 범위 내에서 배상하는 제도이고 증명 책임도 손해를 주장하는 측에 있습니다. 그렇지만 이러한 징벌적 손해배상 제도도 지난 2010년 제가 정무위에 있을 때 발의하여 통과시킨 재벌기업이 중소기업의 기술을 탈취하거나 침탈할 때 징벌적 손해배상 제도를 도입한 적이 있었습니다.

그러나 이런 제도를 언론에까지 적용한다는 것은 언론의 자유를 봉쇄하고 언론 탄압하는 봉쇄소송의 수단으로 악용될 소지가 다분하기에 저는 적극적으로 반대하는 것입니다. 기존의 언론 피해 구제 제도만으로도 충분한데 조국 사태, 윤미향 사태를 언론 때문에 생겼다고 보기에 그걸 막기 위해 문 정권 측에서 퇴임을 앞두고 방어막을 치는 것으로 보입니다만 그건 패착으로 보입니다. 그만 중단하십시오. 부메랑이 될 겁니다.

2021. 08. 31.

✎ **홍준표**가 당 지지율과는 다르게 호남 지지율이 높게 나오는 것은 역선택이 아니라 다음과 같은 이유가 있습니다.

첫째, 광주·전남의 지지율 상승은 다른 주자들과 다르게 무안국제공항을 관문 공항으로 만들고 그 일대에 첨단 산업을 유치하겠다는 광주·전남 발전방안의 현실적인 대안 제시했고 그것이 광주·전남지역 주민들의 동의를 얻어가고 있기 때문으로 보입니다.

1991.3.~1992.7.까지 광주 북구 우산동에 살면서 광주지검 강력부 검사를 할 때 광주·전남지역 조직폭력배 소탕을 한 일이 있었는데 그때 그 조폭 소탕은

지금도 광주의 전설로 회자 되는 가운데 그 사건들과 2년 뒤 1993년 슬롯머신 사건을 엮어 모래시계 드라마의 탄생이 있었기에 광주·전남 분들은 우리 당에는 거부감이 있어도 홍준표에게는 거부감이 덜한 겁니다.

둘째, 전북 같은 경우는 1980.6.~1981.6.까지 전북 부안 행안 3대대에서 방위로 복무하면서 전북 도민으로 살았고 전북이 처가 동네라서 전북 사위라고 지지자들이 선전하고 전북의 희망인 새만금지역을 민간주도로 홍콩식 개발하겠다는 파격적인 공약에 전북이 술렁이고 있기에 지지율이 올라가는 겁니다. 직선제 이후로 여태 단 한 번도 우리 당이 호남 득표율을 10% 넘긴 일이 없었는데 이번에는 호남 득표율을 20%까지 얻어보겠습니다.

✎ 문재인 대통령이 적폐 수사를 지시하자 중앙지검장으로 벼락출세한 보답으로 득달같이 특수 4부까지 동원하여 우리 진영 사람 1,000여 명을 무차별 수사하여 200여 명을 구속하고 5명을 자살케 한 분이 확정된 흉악범 사형수를 법무부 장관에게 지시하여 형사소송법에 의거, 사형 집행을 하겠다는데 뜬금없이 나를 두테르테에 비교하는 어처구니없는 말을 하는 것은 번지수가 틀려도 한참 틀린 말입니다.

자신부터 문 대통령 지시로 보수·우파 궤멸 수사에 앞장섰던 지난날 적폐 수사를 반성하고 국민 앞에 석고대죄하는 것이 순서일 겁니다. 오히려 문 대통령이 두테르테처럼 수사 지시를 하고 귀하는 그 집행의 선봉장에서 정치 수사를 감행한 공로로 7단계를 뛰어넘어 검찰총장이 되었습니다.

조만간 부인의 주가조작 사건이 현실화하고 윤우진 관여 사건이 수사, 완료되면 본인이 검찰총장 시절에 장모와 부인과 윤우진을 감쌌다는 의혹도 국민으로부터 받을 수 있습니다. 그것을 대비하는 것이 최우선 아닙니까? 나를 두테르테에 비유한 것은 오폭(誤爆)입니다. 문 대통령이 두테르테이고 귀하는 두테르테의 하수인이었습니다.

✎ 오늘 부산의 하늘길을 여는 가덕도 공항 예정 용지를 방문하여 현황을 청취하고 박형준 부산시장과 부산 블록체인 특구를 방문하여 4차 산업 혁명의 핵심인 블록체인 기술의 발전시키는 토론회에 참석했습니다.
자갈치 시장 아재, 아지매들의 열렬한 환대는 참으로 감사했습니다.

2021. 09. 02.

✎ A당을 지지하면서 정작 투표에서는 B 당 후보를 찍는 것은 역선택 투표가 아니고 교차 투표라고 합니다. 지난 서울시장 보궐선거에서 여론 조사 경선할 때 민주당 지지층에서 오세훈 후보에게 21.7% 나경원 후보에게 8.7% 지지를 보내 주었는데 본선에 가서 오세훈 후보는 우리 당 지지율을 훌쩍 넘겨 득표율 57.5%로 압승했습니다. 그런 것을 역선택이라고 하지 않고 확장

성이라고 합니다.

1980년 레이건도 공화당 후보이지만 민주당 지지층의 교차 지원을 대폭 이끌어 두 번이나 대통령에 수월하게 당선된 일도 있었습니다. 현실적으로 불가능한 역선택을 내세워 반쪽 국민경선을 하자고 하는 시도는 어떤 형태로도 배격해야 합니다. 대선도 지지율 30% 전후의 우리 당 지지자들만으로는 선거에 이길 수 없습니다.

정상적이고 상식적인 사고로 경선 관리를 해 주시도록 거듭 요청합니다.

✎ 큰 선거에서 조직은 바람을 이길 수 없습니다. 그건 수없는 큰 선거에서 실증된 사례입니다.

여느 캠프처럼 국회의원, 당협위원장 줄 세워 경선하는 것은 2007년 박근혜·이명박 후보 경선이 마지막이었습니다. 코로나 선거, 비대면 선거, 모바일 투표 시대의 경선과 대선은 줄 세우기 구태 선거로는 이길 수 없습니다.

그래서 우리는 국회의원, 당협위원장들에게 줄서기 강요를 하지 않습니다. 오로지 당원과 국민만 보고 갑니다. 어제 네이버 트렌드는 제가 68이고 상대 후보는 39, 카카오 트렌드는 제가 49 상대 후보는 33으로 이미 대세는 제가 압도하고 있습니다.

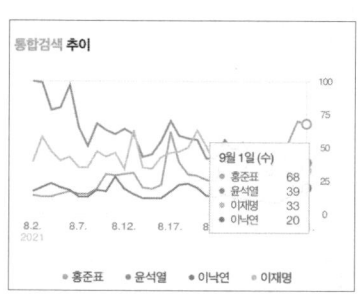

✎ 고리 원자력 5.6호기 건설 현장을 보고 유사시 대비하여 아이언돔을 설치하겠다고 약속했습니다.

2021. 09. 04.

✏️ **제가** 당 대표를 했던 2018년 지방선거를 앞두고 일부 후보자들의 요구로 역선택 방지조항을 넣어 여론 조사를 할 수 있다는 규정을 당규에 넣은 일이 있습니다. 그것은 좁은 지역의 선거에서 그럴 수도 있겠다는 판단으로 할 수 있다는 임의 조항으로 넣은 것에 불과합니다.

그러나 실제 지난 총선에서조차 100% 국민 여론 조사 경선으로 역선택 방지조항 없이 공천했고 지난 서울·부산시장 보궐선거에도 그랬습니다.

더구나 대선에서는 단 한 번도 역선택 방지조항을 넣은 일이 없고 당원 50%, 여론 조사 50%로 결정하기에 절반은 이미 역선택 방지조항이 들어가 있는 겁니다. 나머지 국민 여론 조사조차도 우리끼리만 하자고 한다면 대선도 우리끼리만 투표하자는 것밖에 되지 않습니다.

차라리 그러려면 국민 여론 조사는 빼고 민주당처럼 전 국민에게 선거권을 개방하여 투표인단을 모집하고 경선 투표를 하는 것이 어떻습니까? 민주당처럼 모바일 앱으로 신청받으면 경비도 얼마 들지 않는답니다.

✏️ **청부 고발사건**에 대응하는 윤 후보 측을 보니 참 보기 딱합니다. 소위 국회의원을 했거나 현역 국회의원들이 떼 지어 나서서 실체도 모르면서 여권 공작이라고 한 목소리로 대응하는데, 이진동 기자는 제보자가 여권이 아닌 국민의힘 전신인 미래 통합당 관계자라고 합니다.

또 추가로 폭로한 기사를 보면 총장 지시로 총장 부인, 가족 정보를 집중적으로 대검 범죄정보 수집관들이 수집했다는데 이건 검찰조직을 자기 가족 비호 수단으로 악용했다는 비난을 면키 어려운 것 아닙니까? 뉴스버스 보도를 보니 앞으로 이 사건 실체를 계속 밝힌다고 하는데, 이쯤 되면 윤 후보께서 국민 앞에 나와서 선제적으로 정직하게 사안의 진실을 밝히는 것이 정도로 보입니다.

관련자들이 휴가를 갔거나 잠적했다는 사실만으로도 국민의 의혹은 점점 더 커집니다. 내가 관여했다는 증거를 내놓으라는 식의 우격다짐만으로는 수습이 안 될 것 같습니다. 이 사건으로 당도 크나큰 상처를 입습니다. 박근혜·이재용은 묵시적 청탁설로 엮었고 박근혜·최순실은 경제 공동체론으로 엮지 않았습니까? 그 이론 대로하면 총장 최측근의 수사 공작은 묵시적 지시설로 엮일 수 있습니다. 수사 공작은 간첩 잡는 대공 수사 때나 하는 겁니다.

✏️ **윤희숙** 의원의 부친 토지 투기 의혹은 윤의원이 관여했는지가 쟁점이어서 처음부터 말을 하지 않았지만, 이준석 대표가 18살 유학 시절에 있었다는 부친의 농지법 위반 여부는 이 대표가 관여할 여지가 전혀 없는 사안입니다. 그걸 두고 이 대표를 공격하는 민주당은 참 잘못된 처사라고 아니 할 수 없습니다. 그러면 문 대통령의 사위가 이스타 항공 태국지사에 변칙 근무하는 문제는 통제할 수 있는 문 대통령의 책임이 아니라고 할 수 있습니까?

나는 민주당 정치인 중 부친의 친일 행적 논란이 있을 때 그 정치인들을 비난한 적이 없습니다. 다만 그들이 다른 사람들의 친일 논란을 비난하는 것은 잘못된 일이지요. 그런 걸 연좌제라고 합니다. 그만들 하십시오. 자기 눈에 대들보는 못 보고 다른 사람 눈의 티끌 탓하는 것과 다름없습니다.

2021. 09. 05.

✏️ **곧 드러날 일**을 공작정치 운운으로 대응하는 것은 기존 정치인들이 통상 하는 무조건 부인하고 보자는 배 째라는 식 대응입니다. 정치를 처음 시작하는 신인답게 깔끔하게 대응했어야 했습니다.

메시지 내용을 탄핵하다가 이제는 메신저를 탄핵하는 등 갈팡질팡 대응도 적절치 않습니다. 차라리 총장 시절 총장 찍어 내기가 하도 심해 그렇게라도 대응할 수밖에 없었다고 솔직하게 대응했더라면 상황이 달라졌을 겁니다. 국민도 이해하고 넘어갈 수도 있었습니다.

이제 진실게임에 들어가 버려 일이 커질 대로 커졌습니다. 비록 많은 주워 담기 어려운 말들을 해버렸지만, 지금이라도 진실을 고백하고 대국민 사과를 하십시오. 세상에는 비밀이 없고 한국 정치판도 참 맑아졌습니다. 정직하고 거짓말하지 않는 대통령을 국민은 원하고 있습니다.

✏️ **부당한** 것을 보면 참지 않고 잘못된 것을 보면 피아를 가리지 않습니다. 그것이 제가 살아온 방식입니다. 비록 오늘 일부로부터 비난받더라도 그런 것 두려워 할 말을 못 하진 않습니다. 오늘 서약식 당 행사에 불참하는 것은 공정성을 잃은 경선 관리는 부당하기 때문입니다. 당은 관료 조직이 아닙니다. 당원 동지 여러분! 국민 여러분!

다시 한번 추석 전 골든 크로스를 다짐합니다. 이재명 대적할 사람은 홍준표밖에 없습니다. 그리고 선거 관리는 공정이 생명입니다.

✏️ **이제** 윤석열 후보 한 사람만 남았다는데 그래도 미련이 남아 역선택 운

운하는 것은 오직 한 사람만을 위한 규정 개정을 하겠다는 겁니까? 그건 스스로 불공정을 자인하는 것밖에 되지 않습니다. 대세를 거스르는 어처구니없는 행동입니다. 대세를 거스르는 어떤 변형된 결정도 수용할 수 없습니다. 그건 당원과 우리 국민이 용납지 않을 겁니다. 후보들 3대 8 의견이면 그건 이미 결정된 겁니다. 이미 결정된 경선준비위원회 안을 받아들이시고 순리로 가십시오. 정치 조직은 관료 조직과 다릅니다. 찍어 누르면 따라온다는 것은 관료사회에서나 통하는 지도력입니다. 여기는 정당정치를 하는 곳이라는 것을 명심하십시오.

✏️ **선수가** 심판을 따르라고 할 때는 심판의 공정성이 전제되었을 때 하는 말입니다.

심판이 특정 선수의 편을 들 때 다른 선수들이 할 일은 그 심판을 피하거나 그 경기를 보이콧도 할 수 있다는 것은 상식에 속합니다. 공정성만 회복하면 그 누구도 심판의 판정에 이의를 제기하지 못합니다. 이미 끝난 게임의 법칙을 다시 특정 선수를 위해 고치겠다고 하는 심판을 어찌 믿고 어떻게 게임에 임하라는 겁니까? 당원과 국민이 보고 있습니다. 옳은 결정이 있기를 기대합니다.

✏️ **드디어 골든 크로스** 이루었습니다. 3.4% 차이로 1위 했습니다. 처음으로 골든 크로스를 이룬 여론 조사입니다. 20대, 30대, 40대에서 상대 후보보다 평균 14%나 앞서고 호남에서도 앞서고 전국 골고루 앞서고 충청지역과 60대에서만 지고 있지만 확장성 면에서는 상대를 압도한다고 합니다.

그러나 충청과 60대도 곧바로 돌아올 것으로 봅니다. 지지율 50%를 목표로 뛰겠습니다. 질풍같이 달려 나가겠습니다. 이재명 당할 사람은 홍준표밖에 없습니다.

✏️ **방금** 발표된 여론 조사입니다.

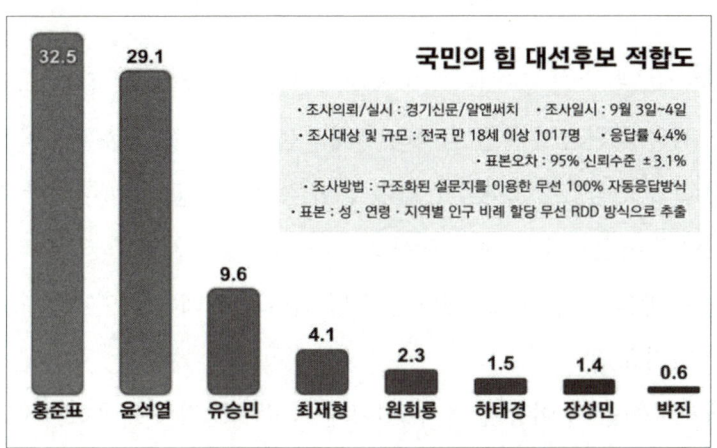

2021. 09. 06.

✏️ **골든 크로스** 여론 조사가 나온 첫날 저는 강원지역을 방문합니다. 정동진 모래시계 공원을 방문하여 정의가 강물처럼 흐르는 세상을 만들겠다는 각오를 다시 다지고 당원 동지 여러분들과 강원 도민들을 만납니다.
국민으로부터 고른 지지를 받는 대통령이 되고자 합니다. 보수·진보·중도로부터 고른 지지를 받는 대통령이 되고자 합니다. 특정 지역이 아닌 대한민국 전 지역에서 고른 지지를 받는 국민의 대통령이 되고자 합니다.
젊은 세대에게는 꿈과 희망을 주고 장년 세대에게는 평화와 안락을 주는 푸근한 아버지 같은 대통령이 되고자 합니다.
골든 크로스를 만들어 주신 당원 동지 그리고 국민 여러분!
정말 고맙습니다. 더욱 박차를 가해 경선에서 압승하고 국민의 대통령이 꼭 되겠습니다.

✏️ **청부 고발사건** 추이를 보니 자칫하면 당도 말려들 것 같은 느낌도 받습니다. 김웅 의원과 손준성 검사의 텔레그램 내용을 보니 총장의 묵시적 지시 없이 그게 가능했겠느냐 하는 의구심이 강하게 들고 그런 내밀한 것이 서로 오갔다면 사전교감 없이 불쑥 보낼 수가 있었을까요?
받아 놓고 방을 폭파하라고 했다는 것도 위법의 중대성을 인지했다고 보지 않을 수 없지요.
관련 당사자들은 더 이상 당에 누 끼치지 말고 공작정치 운운하시지도 말고 겸허하게 대국민 고백을 하고 수습 절차로 들어가시기를 바랍니다. 수사가 본격적으로 시작되어 전모가 드러나면 후보보다 당이 입을 상처가 더 클 수도 있습니다.

✏️ **넷플릭스**에서 드라마 'D.P.'를 봤습니다. 군내 가혹행위를 주제로 다룬 드라마인데, 허구지만 군내 가혹행위가 아직도 없다고는 할 수 없을 겁니다. 저도 군부대에서 방위소집을 1년 6개월 경험해 봤기 때문에 선임자의 가혹행위는 그때도 참 심했습니다.
군부대 출퇴근하면서 방위라고 군인 대접도 못 받고 매일 선임자에게 두들겨 맞고 종일 사역하고 군기교육대 들어온 사병들과 봉체조하기가 일쑤였습니다. 나라를 지키려고 간 군대에서 우리 젊은이들이 그런 일을 당한다는 건 참 가슴 아픈 일입니다. 그래서 일당백의 강군(强軍)을 만들기 위해 모병제와 지원병제로 전환을 검토한다고 공약했습니다.
젊은이들을 징병의 멍에에서 풀어줄 때가 이젠 되었다고 보기 때문에 그런 공약을 한 겁니다.

✏️ **정동진** 모래시계 앞입니다. 모래시계의 뜻은 권력의 유한성(有限性)을 말합니다. 가득 차 있던 모래가 시간이 지나면서 아래로 떨어지고 종국에는 텅 빈 상부만 남게 되면서 그 권력은 끝난다는 그런 뜻입니다.

2021. 09. 08.

✏️ **석유 부국**이었던 베네수엘라의 국민 10%를 국외 탈출케 하고 무상 포퓰리즘으로 자기 나라를 세계 최빈국으로 몰아넣은 우고 차베스처럼 경기도를 망치고 대한민국을 거덜 내려고 차베스의 무상 포퓰리즘과 똑같은 기본시리즈로 오늘도 국민을 현혹하는 이재명 후보는 이제 그 질주를 멈추어야 합니다.
잘못된 인성(人性)으로 가족 공동체를 파괴하고 이젠 허무맹랑한 기본시리즈로 국민 사이도 이간질하는 이재명 후보는 그만 각성하시고 자중하시기 바랍니다. 국가부채 1천조 원 시대가 되었습니다. 고스란히 그 빚은 우리 후손들이

갚아야 합니다. 자칫하면 소득의 절반을 빚 갚기 위해 국가에 바쳐야 하는 시대가 올 수도 있습니다. 정상적인 공약으로 대선을 치릅시다. 국민은 어리석지 않습니다. 경기도의 차베스 측에서 기껏 한다는 반박이 우방국 외교적 결례 운운입니까?

✏️ 진주의료원을 폐쇄한 것은 강성 노조의 패악 때문이라는 것은 국민이 이미 다 알고 있습니다. 무상급식을 반대한 것이 아니라 경남 교육청이 무상급식 예산을 수백억 원씩 지원받고도 도의 감사를 거부하는 바람에 감사를 받을 때까지 1년간 지원 중단을 했다가 감사를 받겠다고 해서 지원 재개한 사안에 불과합니다.

내용도 모르고 우기는 것이 꼭 차베스 같습니다. 수술실 TV 설치 반대를 기득권 옹호 운운하는 것을 보면서 저런 증오심에 가득 찬 사람이 대통령이 되면 나라가 어떻게 되겠나 하는 걱정이 앞섭니다.

인성(人性)이 삐뚤어지면 세상 모든 것이 삐뚤어지게 보이는 법입니다. 의료과실 문제는 증명책임을 전환하여 의사들에게 무과실 증명책임을 지우면 될 일을 모든 의사를 잠재적 범죄자로 간주하여 수술실에 CCTV를 설치하는 것은 오히려 중환자 수술 기피로 중환자 의료 공백이 생길 수도 있는데, 증오심을 갖고 그런 정책을 포퓰리즘으로 추진한 것은 잘못이라는 겁니다. 대통령을 하고 싶거든 우선 인성(人性)부터 고치십시오.

✏️ 적폐 수사를 지휘하면서 문재인 정치공작의 선봉장을 자처하던 분이 고발 사주 사건에 아직 직접 연루되었다는 혐의도 없는데 갑자기 중대 발표할 듯이 언론 앞에 나타나 주류 언론도 아닌 허접한 인터넷 언론이 정치공작

한다고 언론과 국민 앞에 호통치는 것은 든든한 검찰조직을 믿고 큰소리치던 검찰총장 할 때 버릇 그대로입니다.

네거티브 대응은 그렇게 하는 게 아닙니다. 오늘은 실언이 아니라 옛날 버릇이 나와 큰 실수를 한 겁니다. 여기는 군림하는 검찰이 아니라 국민을 받들어 모시는 정치판입니다.

2021. 09. 10.

✏️ **26년** 정치하면서 대통령 후보를 면접하는 것도 처음 봤고 또 면접하며 모욕주는 당도 생전 처음 봅니다. 공천관리위라면 이해가 가지만 공천이 아닌 경선관리위에 불과합니다. 세 명 면접관 중 두 명을 반대진영 사람을 앉혀 놓고 외골수 생각으로 살아온 분들의 편향적인 질문으로 후보의 경륜을 묻는 것이 아니라 비아냥대고 조롱하고 낄낄댄 22분이었습니다. 이런 행사는 더 이상 참여하기 어렵습니다.

그래도 재밌긴 했습니다. 대통령 선거는 전국을 돌아다녀야 하는 선거입니다. 지방 일정 분주한 후보들 발목 잡는 이런 행사는 더 이상 자제해 주십시오. 토론 없는 경선 관리는 무의미한 경선 관리입니다.

✏️ **곧** 대선을 앞둔 국정 감사가 시작됩니다. 문 정권의 실정과 비정을 최고조로 공격하여 정권 교체의 필요성을 국민에게 알려야 하는 중차대한 시기입니다. 국회의원들이 각 캠프에 나가 국회는 등한시하고 경선에만 몰입하여 국정 감사를 소홀히 할 수밖에 없는 상황이 되었습니다.

실제로 지난 부동산 비리 파동 때 관련자 대부분이 특정 캠프 분들이고 최근에 낯 뜨거운 고발 사주 의혹 사건 연루자로 보도되는 분들도 특정 캠프에 속해 있습니다. 각 캠프에 나가 있는 국회의원분들은 핵심 요원만 남고 모두 국회로 돌아가셔서 국정 감사에 전력해 주시기 바랍니다.

국회의원 머릿수로 경선하는 시대는 이미 지났습니다. 그게 나라와 국민·당원들을 위하는 길입니다. 경선은 당원과 국민에게 맡기시고 국정에만 전념해 주십시오. 그게 올바른 국회의원의 길입니다.

2021. 09. 12.

✏️ 박정희 전 대통령 생가에 왔습니다. 대통령이 되면 박정희 전 대통령의 고향인 구미에 업적에 걸맞은 박정희 기념관을 건립하겠습니다. 함께 해 주신 구미 시민, 당원 동지 여러분 고맙습니다. 구자근 의원님, 구미시의회 의장님, 시의원님, 구미갑 지역 당원 여러분들도 고맙습니다.

2021. 09. 13.

✏️ TK 50년 미래 5대 공약입니다.

 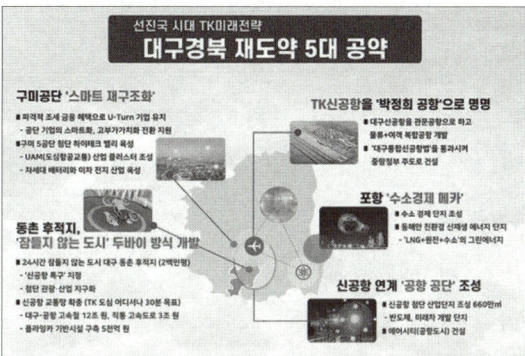

2021. 09. 15.

✏️ 참 딱한 사람들입니다. 자신들이 검찰 재직 시에 한 것으로 의심받는 검찰발 정치공작 사건을 탈출하기 위해서 당의 공조직을 이용하고 남의 캠프를 음해하고 나아가 슬하의 국회의원까지 법사위에 동원하는 것을 보니 그건 새 정치가 아니고 구태 중 구태정치입니다.

한 번만 더 내 캠프를 음해하면 그때는 각오하십시오. 그런 이전투구(泥戰鬪狗) 싸움에 내 캠프를 끌어들이지 마십시오. 치사하게 하지 맙시다. 당당하면 숨지 말고 사내답게 대처하십시오.

4

민심을
거역하는
당심은
없습니다

> 더 이상 우리 국민은 속지 않을 겁니다.
> 한번 속으면 속인 사람이 나쁜 놈이고
> 두 번 속으면 속은 사람이 바보고
> 세 번 속으면 공범이 됩니다.
> 우리 국민은 두 번이나 속는 바보가 아닙니다.

2021. 09. 17.

✎ **슬슬 견제가** 집중적으로 들어오는 것을 보니 제가 확실히 급반등하여 선두에 나서긴 나선 모양입니다. 추석 민심 후에는 경선 구도가 급격히 기울어질 겁니다. 저는 경선 후 본선도 감안해서 경선 준비하고 있습니다. 어차피 경선은 치열해질 것입니다만 여유와 낭만을 가지고 차분하게 대처하겠습니다.

오늘은 제가 경남지사 시절에 경남개발공사 경영 혁신 후 벌어 놓았던 350억 원을 투입하여 강남구 세곡동에 지은 경남 출신 서민 자제들을 위한 기숙사인 남명학사를 방문합니다. 경남 인재들이 남명 정신으로 나라의 기둥이 되라는 뜻으로 지은 남명학사에 선거법 위반 시비로 기념식수 하나 못하게 된 것은 깊은 유감입니다.

✎ **제가** 도지사 시절 건립했던 경남 유학생들을 위한 400명 수용 규모의 남명학사에 왔습니다.

2021. 09. 18.

✎ **추석**을 앞두고 임진각 망배단에 조병국 파주를 당협위원장, 당원 동지들과 함께 참배했습니다. 실향민들과 탈북민분들을 위로하고 제가 대통령이 되면 탈북민분들이 대한민국에 새롭게 정착할 수 있도록 국가적 차원에서 돕겠다고 탈북민 출신 이혜경 박사님에게 약속했습니다.

✎ **화천대유** 대장동 비리를 국민의힘으로 돌리려고 아무리 애를 써도 그 개발 비리를 주도하고 추진한 사람은 바로 그대입니다. 설령 우리 당 출신 정치인이 연루되었더라도 나는 대통령이 되면 가차 없이 연루자 모두 용서하지 않을 겁니다. 국민의 고혈을 빨아 배불리 처먹고 아직도 암약하며 더 큰 권력을 탈취하여 더 크게 해 먹을 것이 없느냐고 찾는 이들 모두를 샅샅이 색출하여 국민의 이름으로 처단할 겁니다. 대한민국이 그렇게 어수룩하지 않다는 것을 반드시 보여주겠습니다. 아직도 이런 권력 비리가 활개 친다는 것에 분노합니다.

가면을 벗을 때가 올 겁니다.

2021. 09. 19.

✏️ **추석 앞두고** 잠실 새마을 시장을 방문했습니다. 26년 전에는 제 지역구였는데 지금은 배현진 최고위원의 지역구가 되었습니다. 난전에 천막 시장이던 새마을 시장이 배의원의 노력으로 현대화된 시장으로 변모했습니다. 시장통에 가니 청년들이 무야홍이라고 하면서 사진을 찍자고 모여들어 요즘 청년들이 저를 폭발적으로 지지하는 것을 현장에서 실감했습니다. 꿈과 희망을 잃은 그들에게 다시 꿈과 희망을 찾아주는 대통령이 되겠습니다.

 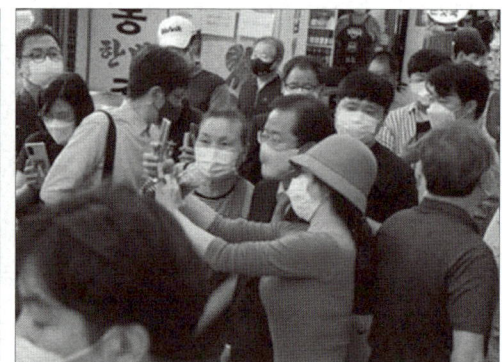

2021. 09. 20.

✏️ '적극적인 거짓말만 거짓말이고 소극적인 거짓말은 거짓말이 아닙니다.' 이재명 지사에 대한 선거법 위반 대법원 판결의 해괴한 논리입니다. 그 수사 기록 속에 화천대유 천화동인이 이미 기록되어 있었다고 하고 그 기록을 본 대법관 중 한 명이 무죄판결에 동조하고 난 뒤 퇴임해서 화천대유 고문으로

갔고 문 정권 출범에 일등 공신 특검도 그 회사 고문으로 합류하고 다수의 법조인도 연관되었다고 하니 가히 법조 카르텔이라고 할 만합니다.

천화동인, 화천대유는 주역 괘 13, 14에 나오는 말입니다.

사람과 재물을 모아 천하를 거머쥔다는 뜻인데 꼭 느낌이 모 후보의 대선 프로젝트 같습니다. 제대로 수사해 보면 서민들의 피를 빠는 거머리들이 대거 나올 겁니다. 오늘 열 일을 제치고 악취가 풀풀 나는 대장동 비리 현장에 한번 가볼 겁니다. 손바닥으로 하늘을 가릴 수는 없지요.

2021. 09. 21.

✏️ **공공 개발**이건 민간 개발이건 간에 언제나 공원용지나 도로 등 공공용지를 기부로 채납받습니다. 심지어 재건축에도 기부채납을 받습니다. 그런데 그걸 두고 공공으로 이익 환수했다는 어처구니없는 말로 국민을 현혹하는 이재명 시장은 대장동 개발 비리의 주역임을 숨길 수가 없습니다.

벌써 성남시 공무원들의 폭로가 쏟아지는 것을 보니 이재명 시장은 오래가지 못할 것 같습니다. 야당에서 특검법 제출하면 민주당은 차기 대선을 위해서라도 그걸 받아야 합니다. 그렇지 않으면 차기 대선은 대장동 비리 대선이 될 겁니다.

2021. 09. 24.

✏️ **부자**에게 자유를!
　　　서민에게 기회를!
지난 대선에 이어 이것이 홍준표 정신을 관통하는 구호입니다. 저는 그렇게 어렵게 살았어도 이재명 후보처럼 부자들을 증오해 본 일이 없습니다. 저도 열심히 노력해서 남부럽지 않게 살아 보고 싶었을 뿐입니다.
그러나 제가 어릴 적 부닥친 가난은 아무리 노력해도 우리 가족은 가난의 굴레에서 벗어날 수가 없었습니다. 한번 굴러떨어진 나락에서 헤어날 수가 없었습니다. 그래서 서민에게 끝없이 일어설 기회를 만들어 주는 나라를 만들어 보고 싶었습니다. 부자가 눈치 안 보고 자유롭게 소비활동을 하고 세금만 제대로 낸다면 부자답게 살 수 있는 나라가 되고 서민들이 국가의 도움을 받아 새롭게 일어설 기회를 끝없이 가질 수 있는 나라, 그리하여 정의가 강물처럼 흐르는 나라, 그런 나라를 한번 만들어 보고 싶습니다.
다 함께 잘사는 선진국 대한민국.
그것이 홍준표가 꿈꾸는 대한민국입니다.

2021. 09. 26.

✏️ **대장동 비리**는 점점 점입가경으로 가고 있습니다. 우리는 이재명 시장을 물고 이재명 시장은 살기 위해 우리 측 인사들 연루를 폭로하고 조금 더 있으면 박영수 특검과 연루되는 대장동 비리 관련 검찰 게이트도 곧 나올 기

세입니다.
대선이 점점 더 험악해집니다. 장물 분배의 향연으로 흐르고 있습니다. 그래서 흠 없는 사람만이 종국적으로 이번 대선에서 국민의 선택을 받을 수가 있을 것으로 보입니다. 대한민국의 미래를 결정하는 대선이 진흙탕 비리와의 싸움으로 흘러가는 것을 국민과 함께 우려합니다.

2021. 09. 27.

✎ **작계 5015**는 이미 언론에도 공개된 유사시 한·미 대북 작전계획입니다. 세부적인 내용은 군사 기밀이지만 그걸 언급하는 것 자체는 아무런 문제가 없습니다. 국회 국방위에서도 공개적인 토론이 여러 차례 있었고 많은 언론이 이미 다루고 있어서 대통령이 될 사람이라면 기본적으로 알고 있었어야 할 안보 상식입니다.
1994년 클린턴 정부가 영변 핵시설 폭격을 하려고 했을 때 YS는 이를 극력 저지하고 KEDO로 돌파하려 했으나 그건 오판이었습니다. 만약 그때 영변 핵시설 북폭이 있었다면 북한은 핵 개발하기 어려웠을 겁니다. 이렇게 대통령의 결단은 대한민국의 미래를 좌우합니다.

2021. 09. 29.

✎ **대장동 비리** 주범들의 검은 손길은 미치지 않은 곳이 없을 정도로 자신

들의 불법 비리를 방패막이하려는 시도를 곳곳에서 자행했습니다.

관할 검사장 출신, 검찰총장 출신, 특검 검사 출신, 민정수석 출신에 이어 이재명 피고인을 재판 중이던 대법관까지 손을 뻗치고 유력한 검찰총장 후보의 부친 집도 사 주는 이상한 행각의 연속입니다. 반드시 특검해야 합니다. 이 썩어 문드러진 대한민국 법조 부패 카르텔은 특검이 아니고는 밝힐 수가 없습니다. 이재명 게이트에서 법조 비리 게이트로 확대되면서 한국 대선판을 뒤흔들고 있는 대장동 개발 비리를 민주당은 더 이상 이 초대형 비리를 덮으려고만 하지 말고 특검을 받아야 합니다.

민주당에 촉구합니다. 조속히 특검을 수용하십시오. 무슨 일만 생기면 득달같이 입장을 발표하던 문재인 대통령의 침묵도 괴이합니다. 대통령이 특검 수용 촉구 발표라도 빨리하십시오. 그렇게 하지 않으면 비리 은폐 대통령으로 끝이 납니다.

2021. 09. 30.

✎ **남북 합작 평화 쇼**가 또다시 시작되는 것을 보니 선거철이 다가왔나 봅니다. 2018. 2. 평창 올림픽 남북 합작 평화 쇼가 시작되더니 그해 4월 문재인·김정은의 남북정상회담에 이어 6.12 북미 정상회담에서 미국까지 들러리 보증을 세워 국민에게 통일과 평화의 환상을 심어 주어 지방선거를 속여 뺏더니 대선을 앞두고 또다시 종전선언을 내세워 문재인·김정은의 대선 개입 쇼를 시작하고 있습니다.

더 이상 우리 국민은 속지 않을 겁니다. 한번 속으면 속인 사람이 나쁜 놈이고 두 번 속으면 속은 사람이 바보고 세 번 속으면 공범이 됩니다. 우리 국민은 두 번이나 속는 바보가 아닙니다. 문재인 대통령은 더 이상 이런 유치한 짓 말고 조용히 내려올 준비나 하십시오.

✏️ **대장동 비리**의 주범은 이재명 성남시장인데 우리 측 곽상도 의원과 대선 후보까지 연루되는 바람에 거꾸로 이재명 후보 관련이 희석되는 점은 참으로 유감입니다. 대장동 비리 연루자는 여야 불문하고 그 누구라도 엄하게 다스려야 합니다.
우리 당 대장동 비리 연루자들은 더 이상 당에 피해를 주지 말고 명확히 대 국민 해명을 해서서 대장동 비리의 주범이 국민을 더 이상 속이는 일이 없도록 신속히 조처하시기 바랍니다.

2021.10.01.

✏️ **국민의 분노**는 잘 알고 있습니다.
그러나 지금 국회에는 이스타 항공 횡령 사건으로 감옥에 있는 이상직 의원도 사퇴나 제명하지 않고 있습니다. 곽의원이 속 시원하게 사퇴해 주면 당이나 대선주자들이 부담이 없는데 무엇이 미련이 남아 미적거리는지 참 안타깝습니다. 자진사퇴를 설득하고 만약 이를 거부하면 제명 절차로 가도 늦지 않습니다. 곽의원의 용단을 기대합니다.

✏️ 오늘은 국군의 날입니다.

6.25 전쟁 때 38선을 돌파한 날을 기념하는 통일 염원의 날입니다. 해마다 국군의 날이면 여의도 광장에서 대통령 주재로 군사 행진하는 시절도 있었습니다만 북을 자극하지 않기 위해 중단한 지 참 오래되었습니다. 최근에 와서는 군의 사기도 떨어지고 군이 의도적으로 폄하되는 것을 볼 때는 참 가슴 아픕니다.

국군 용사 여러분! 그래도 여러분들이 건재하기에 5천만 국민이 안심하고 생업에 종사할 수가 있습니다. 국군 용사 여러분! 참으로 감사합니다.

✏️ 화천대유,

천화동인은 주역 13·14번째 나오는 괘인데 널리 인재와 재물을 모아 천하를 거머쥔다는 뜻이고, 무속인의 말이 가기 싫은 곳을 가거나 말재주가 딸릴 때 왼손바닥에 王 자를 새기고 가면 극복이 된다는 무속신앙이 있다고 합니다.

무슨 대선이 주술(呪術) 대선으로 가고 있습니까? 참 어이없는 일들만 벌어지고 있습니다. 김종인 위원장을 만날 때도 무속인을 데리고 갔다는 보도도 있었는데 일일 일 망언(亡言)으로 정치의 격을 떨어트리더니 다음 토론 때는 무슨 부적을 몸에 차고 나오시겠습니까? 안타깝습니다.

2021. 10. 03.

✏️ 제가

탄핵으로 무너진 당을 안고 당 재건을 위해 악전고투하고 있을 때, 문재인 대통령의 품에서 벼락출세하여 문 대통령과 한 팀이 되어 우리 당 궤멸에 앞장섰던 사람, 당을 쪼개고 나가 우리 당을 해체하라고 저주했던 사람, 특히 김정은을 국회에서 초청하자고 했던 사람까지 우리 당 대선 후보로 나와 같이 토론하면서 적반하장으로 나를 공격하는 것은 참으로 어이가 없는 일입니다.

아직도 갈 곳을 몰라 헤매는 분들, 엉뚱한 곳에서 헛된 힘을 쓰는 분들은 이제 저에게 돌아올 때가 되었습니다. 세상을 바로 봐주시기를 바랍니다. 불과 얼마 전까지 있었던 일들입니다. 제가 26년간 우리 당과 흥망성쇠를 같이 한 적장자입니다. 깨끗한 홍준표를 통해서만 정권 교체가 가능합니다.

✏️ 점으로 박사학위받는 것도 처음 봤고 무속인 끼고 대통령 경선 나서는 것도 처음 봤습니다. 늘 무속인 끼고 다닌다는 것을 언론 통해 보면서 무속 대통령 하려고 저러나 의아했지만, 손바닥에 부적을 쓰고 다니는 것이 밝혀지면서 참 어처구니없다는 생각밖에 들지 않습니다.

박근혜 전 대통령이 최순실 시켜 청와대에서 굿을 했다는 허무맹랑한 소문 하나로 여론이 급격히 나빠졌는데 이제 부적 선거는 포기하시기 바랍니다. 정치의 격을 떨어트리는 유치한 행동입니다.

2021. 10. 05.

✏️ 대장동 비리의 주역인 유동규가 비리로 구속이 되었다면 대장동 비리의 설계자인 이재명 전 성남시장은 공범으로 책임질 수밖에 없는 상황이 되었습니다. 그건 상식적인 국민 누가 봐도 명확합니다.

그런데도 온갖 험한 말로 우리 당에 대해 욕질하는 이재명 후보를 보면 무상연애, 형수 쌍욕을 어떻게 대처해 나갔는지를 보여주는 극단적인 일면입니다. 요약하면 뻔뻔함입니다. 얼굴은 두껍고 마음은 검다는 뜻의 면후심흑(面厚心黑)이라는 말이 있는데 그걸 지금 이재명 전 성남시장은 실천하고 있습니다. 저런 짓을 하고도 과연 대통령 후보를 계속할 수 있을까요?

✏️ **각종 민생비리**에 본인, 가족, 측근들이 연루된 후보들을 아직도 각 진영에서 서로 감싸고 지지하는 것은 참으로 유감스럽습니다. 정치 26년을 했지만 이렇게 비리 대선으로 가는 요즘, 같이 뛰고 있는 후보로서 대한민국의 현실이 참담하기 이를 데 없습니다.

미국은 묘령의 여성과 요트 타고 사진 한 장 찍힌 그것만으로도 후보를 사퇴하는데 지금 대한민국은 악취가 풀풀 나는 비리에 휩싸여도 대통령 후보 하겠다고 후안무치하게 떠들고 돌아다닌다는 것은 있을 수 없는 뻔뻔함입니다. 국민이 차분하고 현명하게 판단하실 것으로 굳게 믿습니다. 도덕적이고 흠없는 후보만이 국민의 신뢰를 모을 수 있습니다. 들뜬 마음으로 감정적으로 트럼프를 뽑았던 미국민이 4년 동안 얼마나 후회했습니까? 이미지만 보고 4년 전 문재인 대통령을 뽑았던 한국민이 지금 얼마나 후회하고 있습니까?

✏️ **누가** 소멸 위기에서 당을 지켰나?

누가 보수의 가치를 지켜왔나?

누가 보수의 적자, 국민의힘의 적자인가?

누가 두 대통령을 구해 내고 기득권을 교체하여 미래세대에게 길을 열어줄 것인가?

지난 대선 때 정말 힘들었습니다. 4%밖에 안 되는 지지율에 가는 곳마다 '적폐 세력'이라는 비난과 손가락질을 받으며 온갖 수모를 겪었습니다. 당을 해체하라는 여론이 빗발쳤지만 굴하지 않고 '자유와 기회의 나라'라는 우리 당의 정신을 알리고 흩어진 지지층을 다시 모으고자 모든 힘을 다해 국민의당의 위협 속에서도 제1야당의 자리를 지켜냈습니다.

대선 이후 80%에 달하는 문 대통령의 지지 속에서 온갖 소리 다 들어가며 엉터리 소득주도성장, 북한에 굴종적인 위장 평화 공세로부터 우리의 가치인 자유와 번영의 가치를 지키기 위해 싸웠고 그러다 보니 거친 말도 오갔고 여러번 걱정도 끼쳐드렸습니다. 그때 결심했습니다. 우리가 추구하는 '자유와 기회의 나라'가 더 나은 가치임을 젊은이들에게 설득하겠다고, 그래서 홍카콜라 유튜브 채널 달랑 하나만으로 전국을 수년간 발이 닳도록 다니며 미래 세대 청년들을 만나고 그들의 말을 들으며 함께 했습니다. 그들에게 이 국민의힘이 희망을 주는 당이 되어야겠다고요.

당원 지지자와 국민 여러분,

그 사이 문재인 정권의 실체를 많은 국민이 알게 되었고 우리를 다시 보기 시작했습니다. 제가 이전처럼 악을 쓰지 않고 지금처럼 웃으며 편안하게 얘기할 수 있어서 너무 좋습니다. 저 홍준표, 이제 조금은 여유가 있는 모습이 되어 여러분께 국가지도자로서의 더 나은 모습을 보여드리도록 할 것입니다. 그러나 그 보수정당이 사라질 위기 속에서, 적폐라는 손가락질이 두려워 아무도 감히 나서지 않던 시절,

그 엄혹한 시절에 우리 보수정당을 지켜온 사람이 누구입니까?

'자유와 기회의 나라'라는 우리의 가치를 누가 외쳐 왔습니까?

누가 대통령이 되어야 우리의 가치를 지키고 발전시키겠습니까?

누가 대통령이 되어야 적폐란 오명 속에 차디찬 감옥에 갇힌 두 대통령을 사면하고 명예를 되찾겠습니까?
바로 보수의 적자, 국민의힘의 적자인 저 홍준표입니다.
우리 국민의힘은 적폐란 오명은 많이 벗었지만, 아직 갈 길이 멉니다. 두 대통령도 감옥에서 구해 내야 하고, 부패 기득권세력이 아니라 대한민국을 개혁하고 청년과 약자에게 희망을 주는 정의로운 세력으로 거듭나야 합니다. 시대의 흐름을 선도하는 미래세력이 되어야 합니다. 이를 위해서는 좌우를 막론하고 기득권이 교체되어야 합니다. 세대가 바뀌고 시대가 바뀌어야 합니다.
저 홍준표, 많이 부족하지만 한 번도 기득권에 안주한 적 없습니다. 시대정신을 알고 우리 국민의힘이 미래를 위해 가야 할 길을 잘 알고 있습니다. 대한민국 보수를, 국민의힘을 지켜온 저 홍준표가, 이제는 미래세대를 위해 구시대의 문을 닫고 새로운 시대의 문을 열겠습니다. 저 자신을 던져 대한민국과 국민의힘의 기득권이 교체되고 젊은 세대들에게 길이 열리도록 든든한 뒷배가 되어주고 떠날 것입니다. 그것이 평생 비주류로 힘없는 이들을 위해 살아온 제 사명입니다. 그 길에 여러분이 함께 해 주십시오.

2021. 10. 06.

✏️ 오늘 14시에 이준석 당 대표님의 주관으로 특검 촉구 청와대 행진합니다. 저는 우리 대표님의 이러한 결정을 전폭적으로 지지합니다. 문 대통령은 퇴임을 앞두고 비리 은폐 대통령은 되지 말아야 합니다. 오늘 저는 대구 당원행사에 가야 해서 저 대신 조경태 선대위 위원장께서 대신 참석도록 했습니

다. 이해해 주시기 바랍니다. 우중에도 나라를 위해 불철주야 고심하시는 이준석 당 대표님!
존경과 사랑을 보냅니다.

2021. 10. 07.

✏️ jp 희망 편지 24

주식시장이 흔들리고 있습니다. 금융당국은 퍼펙트 스톰까지 걱정하고 있습니다. 정부는 주식시장 안정화를 위해서 빈틈없이 해 주시기 바랍니다. 주식 공매도 제도는 대부분 기관투자가만 이용하는 주식 외상 거래제도입니다. 동학 개미들에겐 불리할 수밖에 없는 잘못된 주식 거래 제도입니다. 더구나 주식시장의 폭락을 더더욱 부추기는 역기능도 합니다. 그래서 주식공매도 제도는 폐지로 바뀌어야 합니다. 우리 자본시장이 투기 거래장이 아닌 건전한 투자의 장이 되었으면 좋겠습니다.

2021. 10. 08.

✏️ 4강에 들게 해 주신 국민 여러분, 당원 동지 여러분!

진심으로 감사드립니다. 깨끗한 홍준표가 정권 교체를 이루고 나라를 정상화하겠습니다. G7 선진국 시대를 열어 청년들에겐 꿈과 희망을 주고 장년들에겐 여유와 안락을 주는 풍요로운 대한민국을 만들겠습니다. 아깝게 탈락하신

네 명의 후보님들에게도 격려와 안타까움을 전합니다. 모두 한 팀이 되어 이 무도한 정권을 교체합시다.

📝 jp 희망 편지 25.

노인복지청을 새로 설립하고자 합니다. 급격히 고령사회로 진행되는 지금 노인 복지를 담당할 독립된 관청이 없다는 것은 앞으로 닥쳐올 초고령 사회를 대비하는 준비로서는 미흡하다는 판단에서입니다. 최근 UN 발표에 의하면 100세 시대에 와서 청년은 18세부터 65세까지라고 합니다.

66세부터 79세까지는 장년으로 분류하고 노인은 80세부터라고 합니다. 이러한 추세에 비추어 우리도 노인을 70세 이상으로 상향 조정하는 것도 검토해야 할 때입니다. 우리나라가 선진국 시대에 이르도록 한 어르신들의 노고를 이제 생각해야 할 때입니다.

📝 **비리 후보**를 상대하려면 비리가 없는 깨끗한 후보가 나서야 합니다. 대장동 비리로 국민적 비난의 대상인 후보를 상대하는데 온갖 가족 비리, 본인 비리로 얼룩진 후보를 내세워서야 정권 교체가 되겠습니까?

당원 동지 여러분들의 현명한 선택을 기다립니다. 아직 한 달가량 남기는 했지만, 아직 당심이 민심과 거리가 있어서 이렇게 호소드립니다. 정권 교체의 절호 기회입니다. 아무런 의혹도 없고 민심의 더 많은 지지를 받는 깨끗한 후보를 선택해 주십시오. 오늘 2차 경선에서 저를 지지해 주신 분들뿐만 아니라 전 당원이 합심해서 반드시 정권 교체를 이루겠습니다.

2021. 10. 09.

✏️ **도대체** 범죄 공동체를 국민과 각 당의 당원들이 지지하는 이유를 이해하기 어렵습니다. 여당 경선도 그렇고 야당 경선도 그렇습니다. 범죄 공동체 의혹 받는 후보들을 지지하는 이유를 도대체 이해하기 어렵습니다. 연일 범죄사실이 보도되어도 그걸 국민이 믿지 않는 것인지 아니면 믿고 싶지 않은 것인지 도무지 가늠할 수가 없습니다.
대한민국의 미래를 끌고 갈 대통령은 도덕적으로 흠이 없고 수신제가가 되어 있고 나라를 끌고 갈 비전과 역량이 있어야 한다고 저는 확신합니다. 앞으로 한 달 동안 전력을 다해 국민과 당원들에게 호소하겠습니다. 대한민국의 미래를 담보할 사람은 깨끗하고 국정 능력이 풍부한 홍준표라고 호소하겠습니다.

2021. 10. 10.

✏️ **김만배**가 말했다는 천화동인 1호 배당금 중 600억 원은 그분 것이라는 말을 보면 단번에 비리의 실체에 접근할 수 있을 텐데 도대체 검찰은 왜 이렇게 증거 인멸의 시간만 주고 수사가 거북이걸음인지 알 수가 없네요. 그분이 과연 누구이겠습니까?
대장동 비리 설계자가 아니겠습니까? 뻔한 사실을 두고 전 국민을 속이는 수사는 하지 맙시다. 문 대통령은 비리 은폐 대통령이 되어서는 안 됩니다. 퇴임 후를 생각해서라도 신속하고 엄정한 수사 지시를 하도록 다시 한번 촉구합니다.

✏️ **범죄 공동체**라는 말에 윤석열 후보가 발끈했네요.

어제 그렇게 말한 것은 윤 후보 캠프에서 지난번 우리 캠프를 공작으로 끌어들이는 거짓 선전을 했고 또 이번에 확인되지 않는 경선 결과를 거짓 주장을 계속하는 반칙을 일삼고 있어서 한마디 한 겁니다. 캠프의 문제 인사들을 단속하세요. 그들의 거짓 음해에 놀아나지도 말고요.

같은 편은 동지입니다. 동지는 동지를 음해하지 않습니다. 나는 팩트 외는 공격하지 않습니다.

정치 수준을 떨어트리는 이상한 짓은 하지 맙시다. 그게 원팀 정신입니다.

✏️ **청와대**가 아니라 대장동 비리로 구치소에 가야 할 사람이 민주당 대선 후보가 되었네요. 아무튼 축하합니다. 우리로서는 참 고마운 일입니다. 대선이 범죄자 대선이 되어서는 안 되겠지요. 전과 4범이 대통령 된 일은 유사 이래 없었습니다.

✏️ **한국 사회**는 보수·진보·중도가 4:4:2 비율로 있다가 탄핵정국을 지나면서 3:3:4로 바뀌었다고 전문가들이 진단하고 있습니다. 최근 정권 교체 주기가 10년이었는데 5년 만에 정권 교체를 이루려면 20·30세대와 중도 확장성이 있는 후보가 본선에 나가야 합니다.

그동안 저는 끊임없는 소통과 노력으로 최근 20·30세대 1,500만 청년 유권자들로부터 여야를 통틀어 최고의 지지를 받고 있고 호남의 사위인 덕에 호남으로부터도 두 자리 숫자 이상 지지를 받고 있습니다. 나아가 중도층으로부터도 가장 높은 지지를 받고 있어서 본선 경쟁력은 당내 최고라고 할 수 있습니다.

오늘 호남권 토론회를 광주에서 가졌습니다. 광주 KBS 앞에 모여든 수백 명의 호남의 열성적인 지지자 여러분들께서 빗속에서 무대홍을 외쳐주고 두 시간 토론이 끝난 후에도 빗속에서 끝까지 기다려주면서 무야홍을 외쳐주신 지지자 여러분! 정말 눈물이 나게 고맙게 생각합니다. 그 고마움 잊지 않고 반드시 분골쇄신하여 정권을 찾아 오겠습니다. 무야홍을 넘어 이젠 무대홍입니다.

2021. 10. 13.

✎ **온갖 의혹에 쌓인** 이재명 후보가 민주당 후보가 되었지만, 결선 투표 하지 않고는 하나 된 팀이 되기는 어려울 것으로 보입니다. 어젯밤 늦게까지 SBS 예능프로인 '돌싱포맨'을 녹화했습니다. 옛날 우리 때는 남녀가 모두 서로 참고 살았지만, 개성이 강한 요즘에는 서로의 행복을 위해 일찍 갈라서는 것이 좋다는 의식이 강해서 이혼자들이 참 많이 늘어났습니다. 이혼자들의 애환과 서러움을 토크로 녹여보는 돌싱포맨 프로를 녹화하면서 이제 우리도 돌싱 대책을 조속히 준비해야겠다는 생각이 들었습니다. 오늘은 제주 방송 주관으로 4강 2차 토론에 들어갑니다. 때로는 서로 날카롭게 검증하고 때로는 서로 화합하는 아름다운 경선이 되도록 노력하겠습니다. 경선 후에도 한 팀이 될 수 있는 맏형다운 경선이 되도록 노력하겠습니다.

✎ **보수**의 여전사 이언주 전 의원도 공동선대위원장으로 합류했습니다. 널리 인재를 모아 꼭 정권 교체를 이루도록 하겠습니다.

2021. 10. 14.

📝 **참 오만무례**합니다. 들어온 지 석 달밖에 안 된 사람이 뭐 정신머리 안 바꾸면 당 해체해야 한다? 나는 이 당을 26년간 사랑하고 지켜온 사람입니다. 그간 온갖 설화도 그냥 넘어갔지만 이건 넘어가기 어렵습니다. 뻔뻔하고 건방지기 짝이 없습니다. 문 대통령과 한편이 되어 보수 궤멸에 선봉장이 된 공로로 벼락출세를 두 번이나 하고 검찰을 이용하여 장모 비리, 부인 비리를 방어하다가 사퇴 후 자기가 봉직하던 그 검찰에서 본격적인 가족 비리, 본인 비리를 본격적으로 수사하니 그것은 정치 수사라고 호도합니다.

넉 달이 된 초임 검사가 검찰총장 하겠다고 덤비면 우스운 꼴이 되듯이 정치 입문 넉 달 만에 대통령 하겠다고 우기는 모습이 철없이 보이기도 하고 어처구니없기도 합니다.

내 여태 검찰 후배라고 조심스레 다루었지만, 다음 토론 때는 혹독한 검증을 해야 하겠습니다. 그 못된 버르장머리 고치지 않고는 앞으로 정치 계속하기 어렵겠습니다.

📝 **한 나라**의 대통령을 한다는 것은 참으로 힘든 일입니다.

코로나 이후 무너진 경제를 회복시켜야 하고, 좌우로 갈라진 나라를 하나로 통합시켜야 하고, 미·중 패권전쟁 속에서 한국의 생존전략도 마련해야 하고, 북핵의 위기 속에서 5천만 국민의 생명과 재산도 지켜야 하고, 4차 산업 혁명 속에서 나라의 경제 패턴도 바꾸어야 하고, 세계 최저 수준의 출산율 문제도 챙겨야 하고, 초고령 사회화로 급속히 진입하는 문제도 풀어야 합니다.

그런데 온통 나라는 비리로 가득하여 자고 일어나면 부패의 그림자만 점점 더 커지고 있습니다. 나라가 좀 더 밝아지고 깨끗해졌으면 합니다. 더 이상 혼란스럽지 않았으면 합니다.

2021. 10. 15.

🖊 **김만배** 씨에 대한 구속영장 기각은 검찰의 부실 수사 탓도 있겠지만, 그동안 수백억 원을 들여 쌓아놓은 법조 카르텔이 더 큰 역할을 했다고 봅니다. 문 대통령의 지시로 다급하게 영장 청구한 것도 수사가 어쩐지 어설프게 보입니다.

유동규 압수 수색할 때 현장에서 보인 검사의 태도는 실체적 진실을 밝히려는 자세라기보다는 어쩔 수 없이 시키니까 한다는 식의 모호할 뿐만 아니라 피의자와 짜는 듯한 태도였고 김만배씨 경우에도 똑같은 수사 태도로 보입니다. 모든 증거가 모인 성남시청 압수 수색을 아직도 하지 않는 것은 이재명 후보를 배려하는 증거 은닉과 인멸 기회를 주는 것으로밖에 볼 수 없고 사건을 검경이 나누어 따로따로 수사하는 것도 시간 끌기에 불과한 부적절한 수사입니다. 그래서 특검이 필요한 겁니다. 특검을 거부하는 자 그가 바로 대장동 비리의 주범입니다.

🖊 **대구·경북지역** 전·현직 총학생 회장단의 지지 선언에 이어 부산지역 전·현직 총학생회 회장단도 지지 선언한다고 합니다.

2030이 홍준표 대통령을 원하고 있습니다. 더러운 후보를 상대하려면 깨끗한 후보만이 본선에서 압도할 수 있습니다.

여야 후보가 같이 온갖 의혹에 휩싸이면 범죄자 대선이 되고 국민들이 선택을 주저 할 수 밖에 없습니다.

검사·국회의원·도지사·원내대표·당 대표를 지내면서 40여 년 공직 생활했지만, 추문(醜聞)이나 부패에 휩쓸린 적이 한 번도 없었습니다.

이 땅의 6070 어르신들도 이젠 우리의 미래인 청년들의 목소리를 가납해 주시기 바랍니다. 깨끗한 힘! 그게 바로 국민의힘입니다.

✎ 차기 대선에서 이재명 후보와 가장 큰 차별성은 바로 우리 후보의 도덕성 문제입니다. 그래서 오늘은 보시는 사람에 따라서는 부담스러울 수도 있는 후보의 도덕성 문제를 집중하여 부각한 겁니다.

대선은 없는 것도 만들어내는 아수라판입니다. 그 아수라판에서 이기려면 무엇보다도 후보가 깨끗하고 정직해야 후보 위험이 없습니다. 그래야 부도덕한 이재명 후보를 이길 수 있습니다. 오늘은 네거티브가 아닌 후보 도덕성 검증 토론을 했습니다.

2021.10. 16.

✎ 청년들은 내 아들·딸 같이 생각하고 장년들에게는 맏형 같고 청소년들에게는 인자한 할아버지 같은 그런 대통령을 해 보고 싶습니다. 힘들고 어려울 때 기둥이 되어주고 기쁠 때 같이 웃음을 나눌 수 있는 그런 이웃집 아저씨 같은 대통령이 되고 싶습니다.

당내 토론은 가능하면 부드럽게 하고 본선 토론 때는 매섭게 추궁하는 그런 후보로 국민들에게 다가갈 겁니다. 아무래도 당내에서는 제가 맏형이니까요. 어제 토론은 그런 기조의 출발입니다.

2021. 10. 17.

✏️ 이재명 후보와 윤석열 후보 간에 대장동 비리를 두고 서로 물고 뜯는 양상은 참 보기 사납습니다. 내가 보기에는 이재명 후보는 대장동 비리의 주범으로 청와대가 아닌 감옥으로 가야 할 사람으로 보이는데, 거꾸로 아직은 추측에 불과한 소문을 근거로 윤석열 후보를 공격하는 것은 자신이 다급한 상황에 몰렸다는 것을 방증하는 그것으로 보입니다. 곧 대장동 비리 설계에 관여한 남욱 변호사가 귀국한다고 하니 믿기 어렵지만, 검찰수사가 성역이 없는 수사인지 한번 지켜보겠습니다.

✏️ 이제 jp 희망 캠프는 최재형 전 감사원장님의 참여로 깨끗한 캠프가 완성되었습니다.
함께 경선했던 절반인 네 분이 청정 캠프에 합류한 것입니다. 게임체인저가 되실 최재형 후보와 함께 비리 캠프를 물리치고 경선 승리를 한 후 드림팀을 만들어 본선에서도 깨끗한 캠프의 힘으로 이재명 비리 캠프를 제압하겠습니다. 깨끗한 힘! 그것이 국민의힘입니다.

✏️ 이재명 후보의 피장파장 전략은 참 대단한 정치 기술입니다. 아무래도

같은 비리 후보라야 대선 치르기가 쉽다고 보는 것 같습니다. 오로지 윤석열만 야당 후보로 보고 치고받고 하는 그 전략이 과연 주효할지 내 한번 두고 보겠습니다.

우리 당원과 국민이 그렇게 이재명의 물타기 전략에 어리석게 당하지 않는다는 것을 이번 최종경선에서 보여줄 것으로 저는 확신합니다. 비리 후보를 상대하려면 깨끗한 후보가 나가야 한다는 것을 이미 우리 당원과 국민은 다 알고 있습니다. 비리 후보를 깰 사람은 깨끗한 저밖에 없을 겁니다.

2021. 10. 18.

✎ 지난 8월까지만 해도 윤석열 후보만이 유일한 정권 교체의 대안이었습니다. 그러나 윤 후보가 정치 입문 이후 각종 망언을 쏟아내고 장모·부인 비리 의혹에 본인 비리 의혹까지 겹치자 2030을 중심으로 급속히 저에게 압도적인 지지가 몰리기 시작하더니 4050까지 그 지지세가 확산하면서 추석 전후로 골든 크로스를 이루었고, 이젠 깨끗한 홍준표만이 비리 의혹의 중심인 이재명을 이길 수 있다는 국민과 당원들의 목소리가 커지고 있습니다.

윤 후보를 야당 후보로 만들어 대장동 비리 의혹에 끌어들여 물타기 대선을 하려는 이재명 후보의 책략은 누가 봐도 뻔한 범죄자끼리 대선을 획책하는 기만전술이 아닙니까? 그래서 차기 대선은 깨끗한 후보 대 더러운 후보로 프레임을 짜야 우리가 압승할 수 있습니다. 그게 홍준표 캠프의 C vs D(clean vs dirty) 운동입니다. 홍준표만이 그걸 할 수가 있습니다.

✏️ **미국의** 포린 폴리시, 프랑스의 <르몽드>지도 '오징어게임' 같이 진행되는 한국 대선이라고 합니다. 여야 모두 부패에 휩싸인 한국 대선을 비난하고 있습니다. 참으로 부끄럽고 부끄럽습니다.

차기 대선이 범죄자 대선이 되고 누가 덜 부패한지를 선택하는 대선이라면 대한민국의 미래는 없습니다. 차기 대선은 깨끗한 후보와 더러운 후보의 대결이 되어야만 정권 교체가 됩니다. 국민 여러분과 당원 동지 여러분들의 분발을 촉구합니다.

2021. 10. 19.

✏️ **이재명** 후보가 역컨벤션 효과가 나는 것은 비리 후보이기 때문입니다. 우리도 후보 선출 후 비리 후보로 낙인이 찍히면 이재명 후보와 피장파장인 비리 대선이 되고 범죄자 대선이 되어 외신에 조롱거리가 될 수밖에 없습니다. 이미 미국의 포린 폴리시, 프랑스의 <르몽드>지에서는 한국 대선을 오징어게임에 비유하면서 한국의 정치문화 수준을 조롱까지 하고 있습니다.

깨끗한 후보 대 더러운 후보 구도로 가야만이 정권 탈환을 이룰 수 있습니다. 깨끗한 홍준표만이 더러운 이재명을 잡을 수 있습니다. 이른바 Clean vs Dirty 구도입니다.

2021. 10. 21.

✏️ **지도자**의 잘못된 역사 인식은 국가의 운명을 가름할 수도 있습니다. 1960년대 초 아시아에 두 가지 큰 사건이 있었는데 하나는 박정희 장군의 쿠데타였고, 다른 하나는 미얀마 네윈 장군의 쿠데타였습니다. 쿠데타로 집권한 두 장군은 각자 나라를 이끌 방향으로 박정희 장군은 자유 민주주의로 향했고 네윈은 국가 사회주의로 갔습니다.

그 결과 60년 후 한국은 선진국 시대를 열었고 버마에서 국호를 고친 미얀마는 아직도 세계 최빈국 중 하나로 남아있습니다. 최근 윤석열 후보의 전두환 정권 옹호 발언은 참으로 위험한 역사 인식입니다.

히틀러시대 독일도 대단한 경제발전이 있었던 때입니다. 그러면 윤 후보는 히틀러 시대도 찬양합니까? 참으로 어리석고 아둔한 발상입니다. 아직은 지도자 수업이 전혀 되어 있지 않은 칼잡이에 불과합니다.

✏️ **대체** 어찌해야 하겠습니까.

김종인 위원장이 무릎을 꿇고, 이준석 당 대표가 취임 첫날 광주를 방문했습니다. 당 의원들이 호남특위를 발족해서 봉사활동까지 했습니다. 5.18 유족회 초청도 받았던 국민의힘입니다.

제 처가가 호남인지라 마음의 빚이 왜 없겠습니까. 전두환의 공과를 따진다니. 전두환이 공과를 따질 인물입니까. 박근혜 정부만 해도 1천7백억 원가량의 전두환 추징법을 통과시킨 바 있습니다. 5.18 유공자는 괴물 집단이라 발언한 의원을 당에서 제명 처리하기 위해 노력한 바 있습니다.

저는 양심상 이번 언급을 그냥 넘어갈 수 없습니다. 왜곡된 역사 인식으로 대통령직을 수행할 수 있겠습니까? 제가 당 대표였다면 제명감입니다. 어차피 사과할 일을 가지고, 깨끗하게 사과하면 될 일을 가지고, 무책임한 유감 표명으로 얼버무리는 행태가 한두 번입니까? 우기고 버티는 것이 윤 검사의 기개입니까? 참 어리석습니다.

국민 여러분, 당원 동지 여러분, 냉철하게 지적하고 올바른 선택을 해 주셔야 합니다.

홍준표의 당원연가(黨員戀歌)

당원 동지 여러분!

지난 5년 동안 얼마나 분노의 세월을 보냈습니까? 탄핵의 광풍 속에서 당 지지율이 4%로 추락하여 당을 해체하라는 국민의 원성 속에서도 우리는 꿋꿋이 견뎌내었고, 위장 평화의 광풍 속에서도 우리는 견뎌내었습니다.

지난 총선의 참패 속에서도 시련을 딛고 청년 당 대표를 선출하여 그동안 우리를 외면했던 2030의 열화 같은 성원 속에 오늘의 국민의힘을 이루어냈습니다. 이제 우리는 정권 교체 10년 주기를 5년으로 단축하기 위해 우리 당 대선 후보를 곧 선출합니다.

민주당 이재명 후보를 잡으려면 무엇보다도 도덕성 문제가 집중될 이번 대선에서는 반드시 깨끗한 후보가 나가야만 승리할 수가 있고 2030 청년 세대와 호남에서 20% 이상 지지를 받는 후보가 나가야만 승리할 수 있습니다.

깨끗한 후보, 확장성 있는 후보, 호남에서도 20% 이상 지지를 받는 후보를 선택해야만 정권 교체가 담보됩니다. 그래서 홍준표가 본선에서 필승할 수 있는 후보라고 저는 감히 자신 있게 말합니다.

토론 능력도 정책 능력도 국정 수행 능력도 도덕성도 이재명 후보를 압도할 수 있는 홍준표를 선택해 주십시오. 홍준표가 여러분의 응어리진 한을 꼭 풀어 드리겠습니다. 26년 오로지 당원 동지 여러분들과 함께한 홍준표가 당원 동지 여러분께 호소드립니다. 반드시 정권 교체로 보은하겠습니다.

2021. 10. 22.

✏️ **대장동 비리**를 두고 이재명·윤석열 후보가 서로 감옥 가라는 논쟁을 계속하고 있습니다.

참 창피하고 부끄럽습니다. 대선을 치르자는 건지, 서로 비리 연루자라고 같이 죽자는 건지 역사상 가장 추악한 대선 후보들끼리 논쟁입니다. 이번 야당 경선을 끝으로 야당은 대장동 비리 논쟁에서 일방적 공격 자세로 나갈 수 있어야 합니다. 이번 대선의 초미의 관심사가 될 대장동 비리 사건이 이재명 후보의 물타기로 흐려지는 것은 참으로 유감입니다.

✏️ **국민**과 당원을 형편없이 취급하는 이런 후보는 후보를 사퇴하는 게 맞지 않나요? 갈수록 태산입니다. 해명도 지난 王 자 논란 때와 똑같이 거짓말하고 있습니다. 자정에 올렸다가 새벽 1시 30분에 내렸는데 그 시각에 실무자와 집에서 개와 같이 있었다는 겁니까?
네티즌들이 개 눈동자에 비친 모습은 윤 후보로 보이고 사과를 주는 손은 여자 손 같다고 합니다. 대선 경선을 이런 유치한 조롱과 장난질로 하면 절대 안 됩니다. 같이 경쟁하는 제가 부끄럽습니다. 어쩌다가 이렇게까지 되었는지 본인이 몰락하는 것은 탓할 수 없으나 가까스로 살려 놓은 당까지도 이젠 같이 물고 늘어지는군요. 본선까지는 다섯 달이나 남았는데 이젠 그만하시지요.

✏️ 王 자 부적 선거에 이어 개 사과까지 갈 데까지 간 야당 경선입니다. 이쯤 해서 밑천도 다 들통났으니 결단하시지요. 야당 경선을 국민적 조롱감으로 만들고 모처럼 불기 시작한 야당 붐에 찬물 그만 끼얹고 그만두시고 매일매일 토리와 부인과 같이 인도 사과 게임이나 하십시오.

✏️ 홍준표 캠프는 열린 캠프, 해불양수(海不讓水) 캠프입니다. 그 누구라도 사양치 않습니다. 정권 교체의 뜻만 같다면 진영을 상관하지 않습니다. 또 어느 캠프에 속했던지 묻지 않습니다. 모두 하나가 되어 정권 교체에 나서야 합니다. 그래서 우리 캠프는 열린 캠프입니다. 모두 모두 오십시오. 두 손 벌려 환영합니다.

✏️ 경선 결선 투표에 임하는 입장문

존경하는 국민 여러분! 국민의힘 당원 동지 여러분!
대선예비후보 경선 결선 투표에 즈음하여 당의 승리와 정권 탈환을 위한 저의 견해를 밝히고자 합니다. 지난 8월까지만 해도 우리 당에서 정권 교체의 유일한 대안은 윤석열 후보뿐이었습니다. 그러나 추석 2주 전부터는 제가 야권후보 적합도에서 꾸준하게 1위를 달리고 있습니다.
부도덕하고 부패한 이재명 후보를 이기기 위해서는 우리 당에서는 깨끗한 후보가 나가야 합니다.
본인, 부인, 장모 등 이른바 '본부장 비리' 의혹 후보로는 모처럼 맞이한 정권 교체의 호기를 놓칠 수밖에 없습니다. 지금 민주당이 유독 윤석열 후보만 공격하는 것은 비리 후보끼리 대선 구도를 만들어 '이재명 물타기 대선'을 획책하려는 의도입니다.

윤석열과 이재명 후보의 '비리 쌍둥이', '비리 페어(pair) 대선'으로 몰아가 국민께 비리 의혹 후보 선택을 강요하는 것입니다. 이재명과 윤석열은 이른바 적대적 공생관계에 있습니다. 실제로 민주당은 이른바 윤석열 후보 연루 고발 사주 사건, 윤 후보 부인의 주가조작 사건의 수사를 다 해놓고, 윤 후보가 경선에서 이기면 이를 터트릴 준비를 하고 있습니다. 나아가 이재명 후보의 치명적 약점인 성남 분당구 대장동 비리 사건을 박영수·김만배·윤석열 3자를 묶어 오히려 '이재명 게이트'가 아닌 '윤석열 게이트'로 만드는 프레임을 짜고 있습니다.

윤석열 후보는 온갖 구설수와 비리로 대선 본선까지 버티지 못할 수도 있고, 설령 대선에서 승리하더라도 정상적인 국정 운영이 불가능할 것입니다. 비리 없는 후보, 국정 능력이 풍부한 후보, 정치력이 있는 후보만이 이런 민주당의 공작을 헤쳐 나갈 수 있고 대선 승리를 보장할 수 있습니다.

우리 국민의힘은 자유와 헌신, 도덕성과 명예라는 정통보수의 가치를 지키며 대한민국 70년을 이끌어온 대한민국의 중심 정당입니다. 우리 당은 당의 자랑스러운 역사를 계승하고 당의 영광과 당원의 자긍심을 지키며 당의 미래를 책임질 후손들에게 전혀 부끄럽지 않은 결정을 해야만 합니다.

충분히 승리할 수 있는 준비되고 깨끗한 후보를 두고, 비리 의혹으로 민주당 정권에 발목이 잡혀 있는 폭탄 후보를 선택해서는 안 됩니다. '후보 리스크'가 큰 사람을 선택하여 대선 전체를 위기에 빠뜨리는 위험을 자초할 이유가 없습니다.

존경하는 국민 여러분! 사랑하는 당원 동지 여러분!

간곡히 호소드립니다. 지난 탄핵 대선과 지방선거에서 온 힘을 기울여 함께 해 주신 동지 여러분께 혹여 저의 소홀함이 있다면 지금이라도 용서를 구하고자 합니다. 저는 오늘의 순간을 위해 26년간 당을 지켜왔고, 지난 4년을 대선 준비에만 매진해 왔습니다. 준비되고 든든하고 깨끗한 홍준표만이 정권 교체를 이루고 나라를 정상화시키고 나아가 선진국 시대를 열 수 있습니다. 대통령이 되어 즐풍목우(櫛風沐雨)의 각오로 진충보국(盡忠報國)하겠습니다. 국민과 당원 동지들의 압도적인 지지를 부탁드립니다.
감사합니다.

2021.10.23. 국민의힘 대선 예비후보자 홍준표

✏️ [G7 선진국을 향한 '경제 대개혁' 공약]

우리 대한민국은 지난 1년 반 동안 코로나 사태를 겪으면서 자영업자부터 중소기업, 대기업에 이르기까지 경제 전체가 위기를 넘어 총체적인 한계상황에 직면해 있습니다. 더구나 지금 대내외에 동시다발적으로 부상하는 경제 리스크가 맞물리면서 '퍼펙트 스톰 (초대형 복합 위기)'이 올 수도 있다는 우려가 퍼지고 있습니다.

제가 대통령이 되면 위기 대응과 경제회복을 최우선 과제로 채택하고 당선 즉시 최고의 전문가들을 모아 선제적으로 대응하겠습니다. 또한 선진국형 경제체제와 시장구조로 개편, 국민소득 5만 달러의 7대 경제 강국으로 우뚝 설 수 있도록 하겠습니다. 기업을 경영하기 좋은 나라, 혁신과 창조를 선도하는 나라, 자유롭고 기회가 넘치는 풍요로운 선진 대한민국을 만들겠습니다.

이 목표를 달성하기 위한 구체적인 실천 방안을 말씀드리겠습니다.

1. 당선 즉시 '비상경제위원회'를 만들어 제가 위원장을 맡겠습니다.
   - 인수위 출범과 동시에 민간과 연구소 전문가들을 모아 비상경제위원회를 설치하고, 취임 전이라도 현 정부와 협력하겠습니다.

   부동산, 가계부채, 코로나 극복 등의 긴급현안에 대해 선제적으로 대응해 나가겠습니다.

2. 코로나19로 인해 절망과 실의에 빠진 서민과 자영업자들에 대한 광범위한 지원책을 마련하겠습니다.
   - 대출 상환 추가 유예, 영업 재개 자금 지원, 신용 대사면 등을 통해서 조기에 다시 일어설 수 있도록 기회를 제공해 드리겠습니다.

   * 192.5조 원 대출만기 연장, 이자 2천억 원과 원금 11.7조 원은 상환유예 중
   - 소액 금융채무 불이행자와 대학 학자금 연체자는 취업이 될 때까지 연체 기록 등록에서 제외하겠습니다.

   * 2천만 원 이하 불이행자 46.6만 명, 6개월 이상 학자금 연체자 14만 명

3. 주식 공매도는 폐지하겠습니다.
   - 현재 공매도 제도는 개미들에게는 불리하고 외국인과 기관들만 이익을 보는 기울어진 운동장입니다. 부분적인 제도 보완이 아니라 아예 완전히 폐지하겠습니다.

4. 역대 최대 규모인 시중 유동자금을 경제재도약을 위한 생산적 투자로 전환하여 경제 선순환을 이루겠습니다.
   - 시중 자금 중에서 즉시 현금화가 가능한 통화량(M2)이 약 3,500조 원으로 역대 최대 규모입니다.

   * 민관 주도로 100조 원 규모의 (가칭)'선진 대한 민국 미래 펀드'를 조성하여, 부동자금에 새로운 투자처를 제공하겠습니다.

* 文 정부 '한국판 뉴딜펀드'는 2025년까지 20조 원 규모

5. 7대 미래 혁신산업에 대한 집중투자로 경제 강국의 토대를 만들겠습니다.
   - AI·블록체인 기술, 바이오테크, 메모리 반도체, 미래형 모빌리티 플라잉카, 우주산업, 수소경제와 원전산업, 지식 콘텐츠 등을 집중하여 육성하겠습니다.

6. 선진국 수준의 기업을 경영하기 좋은 나라를 만들겠습니다.
   - 경제전반의 혁신을 위해서 규제를 네거티브 시스템으로 대전환하겠습니다.
     - 국내 자본 유출 방지와 외국 자본 유치를 위해서 다른 선진국들에 비해 높은 법인세 최고세율을 내리겠습니다.
   * 現 최고세율 25%(지방소득세 포함 27.5%)이며, OECD 평균은 21.9%
     - 올해 기준으로 90종, 21조 2천억 원 규모에 달하는 준조세 형식의 부담금을 전면 개편하겠습니다.
   - 기업활동을 지나치게 제약하는 중대재해기업처벌법, 집단소송법 등을 폐지·보완하겠습니다.
   - 100년 기업 육성을 위해 가업승계에 대한 지원을 강화하겠습니다.

7. 강력한 중산층 육성 정책으로 '중산층 국가'를 만들겠습니다.
   - 부동산 문제 해결과 일자리 창출을 통해 소득 불균등, 양극화, 자산 불균등 문제를 해결함으로써 현재 60% 수준인 중산층 비중을 홍준표 정부 임기 내에 65% 이상으로 높이겠습니다.

<부동산 대개혁>

1. 현 정권의 부동산 규제를 철폐하고 공급 확대로 전환하겠습니다.
   - 주거 정책은 임대가 아닌 소유가 기본정책이 되도록 하겠습니다. 모두의

소망인 내 집 마련의 꿈을 쉽게 이루도록 하겠습니다.
- 작은 집에서 큰 집으로 넓혀가고 내 명의로 등기를 할 수 있도록 지원하겠습니다.

- 부동산 공급을 획기적으로 늘리는 방안을 도입하겠습니다.
  - 청년과 신혼부부에게 토지임대부 쿼터 주택을 공급하겠습니다.
  - 서울의 용적률은 145%에 불과해 일산보다도 낮습니다. 서울 도심 재개발 재건축 시 용적률을 1,500%까지 상향 조정하여 주택공급을 획기적으로 늘리겠습니다.

- 위헌적인 종합부동산세는 폐지하여 재산세에 통합하고 전체적인 보유세 부담 수준을 덜어 주겠습니다.

- 국민의 주거 수준을 향상하고, 주택공급을 늘리기 위하여 기존 노후주택의 재건축을 활성화하겠습니다.
  - 이를 위해 재건축 대상 주택에 5년 이상 거주했을 경우, 1가구 1주택 소유 조합원에 대해 재건축부담금을 면제하겠습니다.
  - 건전한 부(富)의 축적을 장려하기 위하여 1주택 소유자가 10년 이상 장기 보유한 주택을 매각하고 신규 주택을 매입할 때 양도소득세를 면제하고 취득세를 일부 감면하겠습니다.

✎ **존경하는** 국민의힘 국회의원 동지 여러분! 당협위원장 동지 여러분! 오늘로써 경선이 대전환점에 도달했습니다. 이젠 각종 여론 조사에서 오로지 홍준표만이 이재명을 이길 수 있다는 것이 입증되었습니다. 저는 여러분들의 당에 대한 애착과 사랑 그리고 정권 교체의 열망을 굳게 믿고 있습니다. 우리가 후보를 선출하더라도 대선까지는 앞으로 험난한 4개월이 남았습니

다. 지금 각종 의혹에 흔들리는 후보를 그때까지 끌고 갈 수 있겠습니까? 이 좋은 기회에 지금 양자 대결에서도 지는 후보를 데리고 대선을 치를 수 있겠습니까?

온갖 역경을 이겨내고 호남과 2040의 열광적인 지지를 받는 홍준표만이 이 험난한 대선을 치를 수 있다고 저는 감히 자부합니다. 이번 대선 경선에 부디 중립을 지켜 주십시오. 당원들의 자율에 맡겨 당원들이 주인인 당의 명예를 지켜 주십시오. 저는 해불양수(海不讓水)라는 말을 굳게 믿고 사는 사람입니다. 그것은 대업을 이루는 가장 바람직한 길이기 때문입니다. 경선이 끝나면 어느 캠프에 있었는지 묻지 않고 모두가 하나가 되어 정권 교체에 나설 겁니다. 부디 당원들의 자율 투표에 맡겨 주시고 이젠 당원과 국민의 시대가 활짝 열렸다는 것을 우리 함께 보여줍시다.

저는 국회의원, 당협위원장님들의 건강한 양식을 믿습니다. 꼭 정권을 찾아오겠습니다.

국민의힘 예비후보 홍준표 올림

✎ 이제 50%를 넘겼습니다. 압도적으로 이기는 후보를 두고 이래도 엉뚱한 곳에서 후보를 찾으시겠습니까?

✎ 노태우 전 대통령께서 오랜 투병 끝에 서거하셨습니다. 노 전 대통령 시절 가장 잘한 정책은 북방정책과 범죄와의 전쟁이었다고 저는 생각합니다. 보수 진영의 코페르니쿠스적 전환

이었던 북방정책은 충격적인 대북 정책이었고 범죄와의 전쟁은 이 땅의 조직 폭력배를 척결하고 사회 병폐를 일소한 쾌거였습니다. 노 전 대통령님의 영면을 기원합니다.

✏️ ['안보 국방의 대전환' 공약]

"굴종 평화에서 무장평화로"

"핵 균형 무장평화로 선진강국의 토대를 만들겠습니다."

G7 선진국 시대를 열기 위해서는 선진 경제와 강한 안보가 뒷받침되어야 합니다. 지금 우리 국방은 매우 유약해졌고, 안보는 흔들리고 있습니다. 대북 정책이 국방정책에 우선되면서 국격은 크게 무너졌고 국익은 훼손되었습니다. 더욱이 북핵과 미사일이 점점 고도화되면서 허용 한계선을 넘어서고 있습니다. 이제 북한의 대남 핵 위협은 현실의 당면한 문제로 바뀌고 있습니다. 이제 한·미 간 군사 협력을 정상화하고 강한 안보, 무장평화, 핵 균형, 남북 불간섭으로 선진강국 안보의 토대를 닦겠습니다. 이를 위한 7대 방안을 말씀드리겠습니다.

1. 대북 정책의 기본은 '남북 불간섭과 체제 경쟁주의'로 전환하겠습니다.

- 이승만 정부의 반공, 박정희 정부의 승공, 노태우 정부의 북방정책, 김대중·노무현 정부의 햇볕정책, 문재인 정부의 종북 정책을 넘어 '남북 불간섭과 체제경쟁 주의'로 대전환하겠습니다.
- '91년 남북기본합의서의 원칙에 따라 상호존중, 불간섭, 불가침의 3대 원칙을 견지하겠습니다.
- 남북 간 체제경쟁을 통해 자연스럽게 더 나은 체제로 흡수·통합되는 독일식 통일 정책을 추진하겠습니다.

2. 취임 즉시 9.19 남북군사합의를 파기하겠습니다.
- 2018년 9.19 합의 이후 미사일 발사 26차례, 2017.5 이후 북한 무력 도발은 40회로 9.19 군사합의는 이미 사문화되었습니다.
- 휴전선과 NLL의 인근의 정찰비행, 훈련 등을 제한하면서 우리 안보의 큰 구멍을 만들고 있습니다.
- 무너진 전방 GP를 복원하고 대전차 방어체계를 복구하는 한편 전방사단 증강, 정찰비행 재개, 한·미군사 훈련 정상 실시로 NLL과 휴전선 방어를 더욱 튼튼히 하겠습니다.

3. 남북 군사력 균형을 회복하고 무장평화를 추구하겠습니다.
- 지금도 북핵을 포함하면 남북 군사력 지수는 북한이 2배 이상 우위에 있습니다. 확장 억지 강화 수준을 넘어 전술핵 재배치를 비롯한 한·미 핵 공유를 통해 남북 군사력 균형을 맞추겠습니다.

  * 북핵 포함 때 북한 1702 > 남한 840

- 중장기적으로 우리 탄도탄과 SLBM에 핵탄두 장착을 추진하고, '한·미 원자력협정'을 개정하여 '파이로프로세싱'을 추진함으로써 잠재적 핵 능력을 강화하겠습니다.
- 독일 슈미트의 이중결정 모델을 원용하여 한·미 핵 공유 협정 체결과 북한 비핵화를 동시에 달성하는 '이중결정 북한 비핵화 로드맵'을 마련하여 추진하겠습니다.

4. 선진국 국방추세에 걸맞게 육·해·공·해병특수 군의 4군 체제를 확립하겠습니다.
- 국가전략기동군인 해병 특수군을 신설하여 북한의 특수작전군(특수 8군단)과 대적하게 하고 유사시 상륙 침투 기습 역량을 대폭 강화하겠습니다.

- 미래 전자전 시대에 걸맞게 모병제를 단계적으로 도입하여 전문 군사력을 강화하겠습니다. 5년 임기 중 모병제 전환 완료를 목표로 추진하겠습니다.

5. 국방과학연구소(ADD)의 역량을 극대화하겠습니다.

- 국방 기술과 첨단 무기체계 개발은 민관이 함께 해야 합니다. ADD를 민간에 대한 지원 중심으로 만들어 놓은 현재의 연구개발 체계를 개편하고 인력 예산 지원을 대폭 강화하겠습니다.
- 전자전 시대의 첨단과학 기술군 건설의 중심으로 육성하겠습니다.
  - 전자기펄스(EMP)탄 실전 배치
  - 미국 키홀드 군사첩보 위성의 전자 정보 협력 능력 강화
  - 작계 5015의 선제타격 능력 극대화를 위한 감시 타격 역량 확대
  - 북한 장사정포 미사일 방어를 위한 한국형 아이언돔 개발
  - 비밀 첨단 무기체계 적극 개발 등을 추진하겠습니다.

6. 사이버전 대응 역량을 강화하겠습니다.

- 어제 KT 통신망 마비 사태처럼, 전자정보망에 대한 디도스 공격 피해는 상상을 초월합니다. 확고한 사이버안보 태세를 확립하여 국민 생활의 안전을 지키겠습니다.
- 나날이 확대되는 북한의 사이버 공격에 대비하기 위해 국가 사이버 체계를 정비하고 사이버전 능력을 키우겠습니다.

7. 국방대 개혁으로 선진군대, 효율적인 군대를 만들겠습니다.

- 선진국 군대에 걸맞도록 잘못된 병영문화를 혁신하고, 국가의 헌법적 가치를 수호하는 군으로 대전환하도록 하겠습니다.
- 국방 군수 획득 분야에 '블록체인 관리체계'를 도입, 관리 혁신을 이룩하고 비리와 비효율을 없애겠습니다.

- 군 인력 감소 추세에 대비, 이스라엘 방식으로 비전투 부분은 과감하게 민간에 개방하고 예비역 중심 민간군사기업의 참여를 확대하겠습니다.

['외교 대전환' 공약]

"국익 우선주의(Korea First) 외교로 G7 선진국 시대를 열겠습니다."

지금 한국 외교는 길을 잃고 고립되어 있습니다. 문재인 정부는 날로 격화되고 있는 미·중 전략 경쟁에서 일관된 원칙 없이 전략적 모호성을 내세워 '줄타기 외교'를 해 왔습니다. 그 결과 미·중 양국 모두로부터 신뢰를 잃어버림으로써 외교적 딜레마를 자초했습니다. 일본과는 국내 정치에 '반일 감정'을 이용한 결과 최악의 관계에 있습니다.

나는 대통령이 되면 '국익 우선'(Korea First)의 대원칙 아래 한·미, 한·중, 한·일 등 무너진 대외관계를 정상화함으로써 나라의 자긍심을 회복하고 G7 선진국 도약의 기초를 마련할 것입니다. 코로나 이후 시대의 국제질서 재편 과정에 적극적으로 참여하여 글로벌 협력 외교를 통해 기후변화, 환경, 감염병 같은 신흥안보 도전 대응에 주도적 역할을 하겠습니다. 이를 위한 7대 방안을 말씀드리겠습니다.

1. 국익 우선주의 (Korea First)를 외교 정책의 기본으로 하겠습니다.
- 한·미·일 자유주의 가치동맹을 공고히 하고, 대외적으로 국가이익을 최우선으로 하겠습니다.
- 미·중이 패권 갈등을 넘어 세계 질서의 안정과 인류 공통의 위기 해결을 위해 협력해 나가도록 노력하겠습니다. 동시에 우리 국익과 안보를 강화하는 기회로 만들어 가겠습니다.

2. '2050 외교·안보 대전략'을 마련하겠습니다.

- 한반도를 둘러싼 안보 환경은 급변하고 있습니다. 기후 환경 등 글로벌 도전에 대한 스마트한 대응이 필요합니다. G7 선진국에 걸맞은 외교와 안보 전략을 세우고 이를 실천해 나가야 합니다.
- 대통령 직속으로 국내외 전문가를 모아 '2050 외교·안보 회의'를 만들어서 2050년 글로벌 주도국가로서 세계 질서를 주도하는 외교·안보 대전략을 수립하도록 하겠습니다.

3. 한·미 동맹을 회복하고 강화하겠습니다.

- 대통령에 당선되는 즉시 조 바이든 미 대통령과 첫 정상회담을 갖고 한·미 양자 또는 다자(한·미·일·호주) 형태의 '아시아판 핵 기획그룹'을 설치하여 전술핵 재배치를 비롯한 나토식 핵 공유 체제 구축 약속을 받아내겠습니다.
- 미국 측과 함께 새로운 한·미관계를 그려 나갈 '한·미워킹그룹'을 만들고 지난 5년간의 한·미관계를 철저히 점검하겠습니다. 부적절하거나 잘못된 일을 분명하게 바로잡고 미국 조야에 우리의 안보 대북 정책을 설명하고 설득하겠습니다.
- 쿼드 등 다자안보 협력체, 미국 주도의 민주주의 연합체, '파이브 아이즈' 등 정보 공동체 등에 적극적으로 참여하는 대신 핵 공유 협정 체결, 한·미 원자력협정 개정(파이로프로세싱) 등을 요구하겠습니다.
- 최단기간 한·미관계를 정상화하여 양국 대통령부터 국군과 주한미군의 최말단 사병에 이르기까지 더할 나위 없는 한·미 동맹을 실질적으로 만들어 가겠습니다.

4. 한·중 관계를 안보와 경제 분야에서 정상적인 국가 관계로 발전시키겠습니다.

- '사드 3불' 정책은 인정하지 않고 공식 파기를 선언할 것입니다. 3불 약속은 우리 안보 주권을 제약하는 것이며, 한·미·일 안보협력에 대한 중대한 침

해이기 때문입니다.
- 시진핑 주석과 정상회담을 갖고 문재인 정부 동안에 굴절된 비정상적인 관계를 바로잡겠습니다. 이를 통해 양국 간 경제협력과 공통의 위기 대응 협력을 강화하겠습니다.
- 편향된 친중 사대에서 벗어나 우리의 국격과 국민의 자존을 회복하고, 국익 중심의 대중 외교를 펴나갈 것입니다. '양보하지 않는 대중 외교'를 통해 부당한 제재와 보복에 맞서고 피해의 공평 부담을 위한 노력을 해 나갈 것입니다.
- 국교 정상화 이후 30년 동안 경제 영역에 국한된 한·중 관계를 포괄적으로 발전시켜 나가겠습니다. 그간 언급하지 못했던 중국발 미세먼지, 중국 동해안 원전 문제 등 양국이 공통으로 직면한 환경, 경제, 교류 문제 등의 해결을 위한 소통과 대화를 회복할 것입니다.

5. 한·일 관계는 상호 이익이 되는 미래 지향적 관계로 만들겠습니다.
- 한·일 양국은 아시아 지역의 평화와 안정, 자유주의 국제질서의 발전, 안보 위협에 대한 공동 대처의 상호 이익을 가지고 있습니다. '과거는 묻고 미래로 나아간다'라는 관점에서 한·일 양국의 공통이익에 기초한 관계를 만들어 가겠습니다.
- 일본 기시다 총리와 '한·일 간 미래 협력을 위한 포괄적 파트너십 공동 선언'을 추진하겠습니다. 여기에는 안보와 경제, 역내 협력 등 새로운 한·일 관계의 개막을 선언하겠습니다.
- 한·일군사정보보호협정(GSOMIA)은 유지할 것입니다. 더 나아가 역내 안보 위협에 대응하기 위한 한·미·일 3자 장관급 전략 대화 및 협력 체제를 본격적으로 구축하겠습니다.

- 과거의 아픈 역사는 기억하고 재발하지 않도록 하는 것이지 미래와 연결 지어서는 안 됩니다. 위안부와 강제노역 등 과거사 문제가 외교적으로 조기에 해결되도록 적극적으로 노력하겠습니다.

6. 글로벌 협력 외교를 강화하여 국제사회에 이바지하겠습니다.
- 감염병, 기후변화, 환경 등 복합 위기는 물론, 인권과 개발 협력 등의 글로벌 이슈에 통합적으로 대응하는 선진 협력 외교 체제를 구축하겠습니다.
- 우리 국력과 군사력에 걸맞게 국제적 협력과 기여, 국제 평화유지활동(PKO)을 확대하겠습니다.

7. 재외동포청을 신설하여 재외국민과 동포들의 권익을 증진하겠습니다.
- 700만 재외국민을 하나로 단결시키기 위해 재외동포재단을 재외동포청으로 확대 개편하겠습니다.
- 재외동포를 영사로 발탁하는 등 재외국민과 긴밀한 유대관계를 구축하고, 재외국민의 원활한 참정권 행사를 위해 우편투표 제도 도입 등 방안을 마련하겠습니다.
- 대한민국이 재외국민과 함께 있음을 느낄 수 있도록 영사 교민 서비스를 확대하고, 케이팝과 한류를 바탕으로 전 세계를 상대로 문화외교·공공외교를 강화해 나가겠습니다.

2021. 10. 28.

✏️ 김종인 전 비대위원장은 그걸 두고 파리떼라고도 했습니다. 파리떼는 썩은 곳에만 몰려듭니다. 결국 민심이 천심입니다. 이준석 당 대표 선거 때도 그

랬습니다. 당원과 국민은 바보가 아닙니다. 아직도 패거리 구태 정치인을 주워 모아 이길 수 있다고 믿는 사람이 바보입니다.

✎ **이재명** 후보의 음식점 허가 총량제라는 것은 헌법상 영업의 자유를 본질적으로 침해하는 위헌적 발상이고 기득권 보호를 위한 구시대적 관권 행정에 불과합니다. 기회의 평등을 부르짖으며 새로운 참여의 기회를 원천적으로 박탈하겠다는 반헌법적 작태라고 아니 할 수 없습니다. 역시 이재명식 포퓰리즘 증오 정치의 발현입니다.

✎ ['서민복지 대전환' 공약]

"어렵고 힘든 사람들에게 더 많은 복지 지원을 하겠습니다."

 대한민국은 국민 모두의 노력과 희생을 바탕으로 오늘의 경제 대국을 이루었습니다. 이제 G7 선진국 시대 진입을 위해서는 경제성장과 복지 확대의 두 바퀴를 더욱 힘차게 돌려야 합니다. 복지는 후대에 부담을 전가하지 않고 우리가 감당할 수 있는 수준으로, 어려운 사람들을 집중적으로 돕는 방식이어야 합니다. 온 국민에게 일정 금액을 나눠주자는 기본소득 정책은 현실성이 없고 지속할 수 없습니다. 가장 질 나쁜 분배 포퓰리즘에 불과합니다.

부자에게는 자유를, 어려운 사람에게는 다시 일어설 기회를 주어야 합니다. 경제의 파이를 키워 복지 재원을 늘리고 일할 수 있도록 돕는 '일하는 복지, 생산 복지'로 나가야 합니다. 이것이 바로 '서민 두 배 복지' 정책입니다. 홍준표 정부는 여러분이 언제든 기댈 수 있는 든든한 담벼락이 되겠습니다. 이를 위한 7대 공약을 말씀드리겠습니다.

1. 복지체계를 서민 중심으로 대전환하고 복지구조를 조정하여 효율을 크게

높이겠습니다.

- 2017년 10조 원이 넘었던 고용보험기금 적립금은 지금 한 푼도 남지 않았습니다. 취임 즉시 '서민복지 대전환 위원회'를 설치하고 문 정권이 털어먹은 '복지 쌀독'을 조사하고 복지재정 전반을 점검하겠습니다.

    * 경남도 재정점검단 운영

- 복잡한 복지지출을 구조 조정하고, '복지 블록체인 관리체계'를 도입하여 복지효율을 크게 높이겠습니다.

- 공공정보를 통합하고 AI를 도입, 개인에게 꼭 맞는 맞춤형 지원체계를 만들겠습니다.

2. 노인 복지 정책을 전담할 '노인복지청'을 설치하겠습니다.

- 현재 65세 이상 고령인구가 853만 명으로 전체 인구의 16.5%입니다. 2025년엔 약 1천만 명, 20%가 넘는 고령화 물결에 직면합니다. 다음 대통령 임기 중에 닥쳐올 일입니다.

- 노인복지청을 신설하여 앞으로 닥쳐올 초고령 사회를 대비하고, 노인 세대 정책을 고령화 시대에 맞게 종합적으로 재설계하겠습니다.

- 노인 일자리 확대를 위해 주 4일 또는 시간 선택제 등 유연한 근무방식을 활성화하겠습니다.

    이들에게도 근로조건이 보장되고 차별 없도록 하겠습니다.

- 대도시 근교에 '토지 임대부 방식' 실버타운을 조성하여 안락한 노후를 보낼 수 있도록 하겠습니다.

3. 건강보험으로 인한 은퇴자들의 경제적 부담을 줄이겠습니다.

- 지역가입자의 건강보험료 부과 기준을 재산에서 소득 중심으로 단계적으로 개편하겠습니다. 부과 기준의 하나인 자동차 소유는 폐지하겠습니다.

- 직장가입자보다 상대적으로 많은 보험료를 내는 은퇴자의 경우는 취임 즉시 부과 체계 개편을 통해 보험료 부담을 확 낮추겠습니다.
- 요양병원 환자와 가족의 의료비 부담을 줄이기 위해 병간호 비용을 건강보험에서 보장하도록 하겠습니다.

4. 생계형 자영업자의 수수료 부담을 덜겠습니다.

- 자영업자의 배달 플랫폼 이용 수수료, 온라인 신용카드 수수료를 확 낮추겠습니다.
- 배달 플랫폼(배달의 민족, 요기요 등)이 급성장하지만, 가게주인이나 소비자의 부담이 너무 큽니다. 수수료가 적정하게 책정될 수 있도록 지원하고 민관협의기구를 제도화하겠습니다.
- 경제 혈맥인 소상공인과 자영업자에 대해 부가가치세 간이과세 범위를 확대하겠습니다.

    * 現, 연 매출 8천만 원 미만의 소규모 사업자에게 1.5~4% 세율 적용

- 생계형 자영업자도 고용보험을 적용하고 보험료를 지원하겠습니다.

5. 일하는 사람들에 대한 근로장려금을 대폭 늘리겠습니다.

- 일하는 서민에게 더 많은 혜택이 돌아가도록 근로장려금(EITC) 제도를 강화하겠습니다.
- 60세 이상 고령자를 신규 고용하는 기업에 1인당 고용장려금을 두 배 (월 20만 원) 인상하겠습니다.

6. 대학생 등록금 후불제를 실시하겠습니다. 학비가 없어 공부 못 하는 일은 없도록 하겠습니다,

- 국가가 무이자로 대출을 해 주고, 학생은 졸업 후 일정한 소득이 발생한 때부터 원금을 상환하는 무이자 대출 제도를 시행하겠습니다.

* 경남도지사 남명학사 건립
- 원금상환은 취업 후 소득수준에 따라 상환하되, 일정 소득수준에 따라 상환 방법을 다양화하겠습니다.
  * 대학생이나 전문대생 215만 명, 5년간 추가 재정 소요 1조 3,435억 원
- 대학 학자금 연체자는 취업이 될 때까지 연체기록 등록을 보류하겠습니다.
  * 6개월 이상 학자금 연체자 14만 명

7. 장애인을 배려하고, 평생교육이 제공되는 사회를 만들겠습니다.
- 장애인의 대학 교육, 평생교육 기회를 확대하여 필요한 교육활동을 지원하고 사회에 적응할 수 있는 토대를 만들겠습니다.
- 65세 이상도 장애인 활동 보조 서비스나 장기 요양 서비스 등의 돌봄 서비스를 받을 수 있도록 하겠습니다.

2021. 10. 29.

✏️ ['정치 대개혁' 공약]

"선진국 시대를 열기 위한 정치·행정 대개혁을 시작하겠습니다."

우리는 이제 선진국 문턱에 진입하고 있습니다. G7 선진국을 완성하기 위해서 우리 사회 모든 분야의 선진화를 이루어야 합니다. 경제가 일류로 올라갔더라도 정치가 삼류에 머물고 있으면, 우리 수준은 삼류 국가에 지나지 않습니다.

국민이 가장 걱정하는 분야가 바로 정치입니다. 87년 민주화 이후 세상과 사람이 바뀌었음에도 우리의 헌법과 정치체제는 그대로 유지되고 있습니다. 중

진국 시대의 헌법으로는 선진국 시대를 열 수 없습니다.

또한 정치제도와 정치문화 모두 대개혁을 해야 할 때입니다. 정당정치는 당원과 국민의 뜻을 받들지 못하고 있습니다. 정당의 주인인 당원들이 국회의원과 당협위원장의 동원 대상으로 이용하는 후진성은 여전합니다.

최근 젊은 리더십, 청년들의 정치참여로 당의 변화는 시작되고 있습니다. 이런 변화를 시작으로 정치문화를 바꾸고 법률과 제도로 정착시켜야 합니다.

정치가 바로 서야 나라가 바로 섭니다. 대통령이 되어 정치 대개혁의 밀린 숙제를 시작하겠습니다. 권력 체계, 정치체제, 정부 구조까지 선진국 시대를 열기 위한 정치·행정 대개혁을 시작하겠습니다.

이를 위한 7대 공약을 말씀드리겠습니다.

1. 우리 당의 정치 대혁신에 앞장서겠습니다.

- 국민의힘은 민주정당이며, 당원이 명실상부한 당의 주인이 되고, 당의 모든 권력이 당원한테서 나오는 것임을 분명히 하겠습니다.
- 총선과 지선 등 모든 선거 공천과 당의 중요 결정에 당원들의 권한을 높이고 권리행사와 참여를 보장하겠습니다.
- 당 강령에 명시된 청년 의무 공천을 확대하고 피선거권 나이도 낮춰 젊은 정당, 노장과 조화를 이루는 국민정당으로 거듭나도록 하겠습니다.

2. 대통령 발의 개헌안을 마련하고 2024년 총선 공약으로 추진하겠습니다.

- 정치적 안정을 담보하기 위한 대통령 4년 중임제와 상하원제를 도입하겠습니다.

  * 상·하원 정원은 각각 50명과 150명으로 하고 비례대표제는 폐지
- 국회의원 불체포 특권 폐지, 국회의원 국민소환제 도입을 추진하겠습니다.
- '정치 대개혁 위원회'를 구성하고 개헌안 마련, 정치 개혁 방안 추진해 나

가겠습니다.

3. 분권과 분산으로 작은 정부를 지향하겠습니다.
- '정부 선진화위원회'를 만들어 행정부 각 부처 업무의 정밀 평가를 시행하겠습니다.
- 분권과 분산의 기조하에 정부 부처를 통폐합하여 13~14개 내외로 줄이겠습니다. 민간의 활력을 저해하는 공공부문을 과감하게 민영화하고 구조를 조정하겠습니다.
- 인공지능, 블록체인을 행정 시스템에 도입하여 공공부문을 구조 조정해 국정 효율을 더욱 높여나갈 것입니다.

4. 국정을 부처 중심으로 운영하고 청와대는 비서실과 미래전략실을 두겠습니다.
- '청와대 정부'라는 비판에서 벗어나 내각이 책임지고 일하는 정부를 만들겠습니다.
- 청와대 기능과 직제도 대폭 개편하겠습니다. '비서실'과 '미래전략실'의 2실장 체제로 하고, 미래전략실이 국가 중장기과제와 미래전략 업무를 담당하도록 하여 대통령이 직접 챙기겠습니다.

5. 선진국 시대에 걸맞게 국가 사정기구를 개편하겠습니다.
- 검찰 중심의 수사 기능을 국가수사국 중심으로 개편하고자 합니다. 국가수사본부를 경찰로부터 독립시키고 한국형 FBI로 만들어 모든 수사 기능을 국가수사국으로 통일하고자 합니다.
- 고위 공직자 범죄수사처는 폐지하고 검찰은 공소 유지를 위한 보완 수사 기능만 행사하도록 하겠습니다.
- 사정기관을 검찰, 국가수사국, 경찰청으로 기능별로 배치하고 직급도 동등

하게 하겠습니다.

6. 전국 행정구역을 40개 내외의 자치단체로 재편하겠습니다.
- 현행 중앙-광역-기초의 3단계 행정조직 체계를 중앙-지방 2단계로 개편하겠습니다.
- 현 3~5개의 기초자치단체를 묶어 행정중심지를 지역의 행정 문화 경제 의료 복지의 거점으로 만들어 지방소멸을 막겠습니다.

7. 정부 세출 조정과 공공부문 구조 조정으로 나라의 빚을 최대한 줄여 나가겠습니다.
- 국가 채무가 1천 조를 돌파했습니다. 다시 정부부터 허리띠를 졸라매고 정부 살림을 줄이겠습니다. 적자재정을 균형재정으로 바꾸겠습니다.
- 재정점검단을 만들어 중앙정부와 지방정부, 공공기관의 재정진단을 하고, 적정 채무 한도를 정해 '중장기 정부 재정 운영 계획'을 새로 짜겠습니다.

2021. 10. 31.

✏️ **막판까지** 혼탁하지만, 저의 캠프에서는 사실이 아니면 메시지를 내지 말라고 주문하고 있습니다. 경선이 끝나면 후배들과 같이 원팀으로 대선에 나가야 하기 때문입니다. 오늘은 서울에서 대국민 호소문을 발표하고, 내일은 14시에 대구 수성못 상화 동산에서 TK 시·도민들에게 호소문을 발표하고, 모레는 11시에 부산역 광장에서 부·울·경 시·도민들에게 호소문을 발표합니다. 이제 이재명을 이길 후보는 홍준표만이 유일합니다.
국민 여러분! 당원 동지 여러분!

함께 힘을 모아 나라를 정상화하고 G7 선진국 시대를 여는 역사적인 여정에 적극적으로 동참해 주시기를 간절히 바랍니다. 감사합니다.

✏️ 국민과 당원들께 드리는 호소문

"홍준표만이 안전하고 확실하게 정권을 되찾아 올 수 있습니다"
"정권 탈환, 나라 정상화, G7 선진국 건설 홍준표가 해 내겠습니다"
존경하는 국민 여러분, 사랑하는 당원 동지 여러분!
내일부터 우리 당의 후보를 뽑는 최종경선 투표가 시작됩니다.
여러 여론 조사를 보면 대세는 저 홍준표로 굳었습니다. 마지막 순간까지 방심하지 않고 최종 승리를 이루겠습니다. 지난 8월 중순까지는 윤석열 후보가 정권 교체를 이룰 수 있는 유일한 대안이었습니다. 그러나 이젠 홍준표만이 이재명 후보를 가장 안전하고 확실하게 100% 꺾을 수 있는 후보입니다. 문 정권이 설치한 의혹의 시한폭탄을 주렁주렁 달고 있는 후보로는 결코 대선 승리를 장담할 수 없습니다.

흠 없고 깨끗하며 준비된 후보를 두고 현 정권에 발목이 잡힌 후보를 선택하는 위험을 감내할 이유가 없습니다. 이번 대선은 전통적으로 우리 당이 취약한 지역·계층에서 표를 더 얻어올 수 있는 후보만이 승리를 보장할 수 있습니다. 20·30세대, 호남, 중도층의 지지를 끌어내고 본선에서 확실하게 이길 후보는 역시 저 홍준표뿐입니다. 분명히 이기고, 안전하게 이기며 확실하게 이길 후보는 저 홍준표라는 말씀을 거듭 올립니다.

사랑하는 당원 동지 여러분!
우리 당이 어떤 당입니까? 지난 70년 대한민국의 오늘을 만든 중심 정당입니다. 도덕성, 공정과 정의, 공동체에 대한 헌신을 기본 가치로 하는 가치 정당입니다. 우리 당의 대선 후보는 시대정신을 품고 당의 이념과 가치를 가장 잘 구현하는 모범이 되어야 합니다. 또한 지금의 험난한 시대를 능히 감당할 경륜과 리더십, 추진력을 갖추어야 합니다. 그런 후보가 우리 당에서 누가 있습니까? 감히 저 홍준표라고 생각합니다.

저는 지난 26년간 당을 지켰고 우리 당원과 희로애락을 함께 해왔습니다. 평당원에서 당 대표까지 당을 위해 일했습니다. 탄핵 대선 때는 별다른 준비도 없이 급히 차출되어 후보로 나섰고 소멸 직전의 당을 24%의 지지율로 살려냈습니다. 2018년 지방선거에서는 남·북·미 정상회담이 열리는 위장 평화 바람에 휘말려 참패했지만, 깨끗하게 당 대표에서 물러나 책임을 졌습니다. 지난 총선에서는 막장 공천에 휘둘려 경남을 떠돌다 대구 수성을에서 기적적으로 살아 돌아왔습니다. 저를 성원해 주신 것도 또 잘못의 책임을 물은 것도, 모두가 당의 주인인 당원 동지들의 사랑 덕분이었습니다.

지난 시간 혹여 저의 소홀함이나 부족함 때문에 마음 상하셨거나 섭섭하셨던 모든 분께 다시 한번 진심으로 사과를 드립니다. 그리고 박근혜 전 대통령의 출당 조치에 대해서도, 비록 그것이 문 정권의 좌파 개헌을 막기 위한 어쩔 수 없는 조치였다 해도 당원 여러분의 마음을 아프게 한 데 대해 진심으로 용서를 구합니다.

제가 대통령이 되어 특별사면권을 갖는 즉시 두 전직 대통령을 사면하겠습니다. 이제 우리 당에도 젊은 변화의 바람이 불고 있습니다. 당의 혁신이 당원들로부터, 아래로부터 시작되고 있습니다. 당심이 민심에 부응하면서 나이와 세대, 지역의 지평도 크게 확장되고 있습니다. 우리 당이 수권의 능력을 갖추고 국민의 사랑을 받아 가는 확실한 증거입니다.

특히 당 대표의 젊은 리더십은 당의 변화를 올바른 방향으로 이끌고 있습니다. 여기에 경륜과 능력을 갖춘 대선 후보가 합쳐지면 정권 탈환의 가능성은 더욱 높아질 것입니다. 저 홍준표가 이런 조합에 가장 어울리고 꼭 맞는 대선 후보라고 감히 자부합니다.

존경하는 국민 여러분, 사랑하는 당원 동지 여러분,

이제 우리는 선진국으로 들어가야 합니다. 지난 20년간 선진국 문턱에서 번번이 좌절했습니다. 박정희 대통령이 조국 근대화와 중진국의 기틀을 닦았다면, 저 홍준표는 조국 선진화와 G7 선진국의 원년을 이루겠습니다. 2024년 총선 공약을 통해 중진국 헌법 대신, 선진국 시대에 걸맞은 개헌을 추진하겠습니다.

우리 정치 경제 안보 사회 문화 등 모든 부분을 어느 하나 빠짐없이 선진국 수준으로 바꾸고 끌어올리도록 하겠습니다. 누적된 국가적 과제를 제때 해결하고 청년과 미래세대에 부담을 떠넘기는 일은 절대로 하지 않겠습니다. 무너진 나라를 바로잡겠습니다. 이 정권이 저질러 놓은 실정을 철저히 조사하여 밝히고 부정과 비리를 엄하게 다스리겠습니다.

지난 탄핵 대선에서 약속했던 공정과 정의의 세탁기를 확실하게 돌리겠습니다. 특히 성남 분당구 대장동 비리 사건은 기존 권력형 비리와는 차원이 다릅니다. 국가체계와 시스템을 사익 추구의 기회로 바꾼 역사상 가장 나쁜 시스템 범죄입니다. 설계자와 수익자를 찾아 여야 없이 소탕하겠습니다.

저 홍준표, 이승만, 박정희, 김영삼을 잇는 나라의 지도자로 청사에 기록되고 싶습니다. 대한민국 선진화의 기틀을 닦은 대통령, 이것 이외에 어떤 다른 욕심이나 바람도 없습니다. 저는 세 분 후보님과 함께 원팀으로 정권을 탈환하고 함께 손잡고 선진국 시대를 여는 담대하고 가슴 벅찬 여정에 나서겠습니다. 남은 4개월 대선 준비 더 잘해서 이재명 후보를 꺾고 반드시 대통령이 되겠습니다.

존경하는 국민 여러분, 사랑하는 당원 동지 여러분!

일당 800원 야간 경비원의 아들, 까막눈 어머니의 아들이 대통령에 나섰습니다. 제가 가장 존경하는 제 어머니처럼, 가난하고 못 살아도 정직하고 착하게 살면 누구나 복을 받는 그런 세상을 꼭 만들겠습니다.

저의 도전, 여러분들이 제 꿈과 소망을 이루어주실 것으로 굳게 믿습니다. 홍준표를 뽑은 여러분의 선택이 옳았음을 확실하게 증명하겠습니다. 훗날 그때 홍준표 뽑기를 참 잘했다는 이야기가 나오도록 분골쇄신하겠습니다. 정권 탈환, 나라 정상화, G7 선진국 시대 건설 홍준표가 반드시 해 내겠습니다. 대단히 감사합니다.

2021.10.31. 국민의힘 대통령 선거 예비후보자 홍준표

2021. 11. 01.

✏️ 이번 경선은 철저하게 거꾸로 전략으로 일관했습니다. 집토끼부터 잡고 산토끼를 잡는 전통적인 선거전략에 배치되는 거꾸로 선거전략을 구사했고 민심부터 잡고 민심의 힘으로 당심을 잡는 거꾸로 선거전략을 구사했습니다. 지난 8월 중순까지는 윤석열 후보만이 유일한 정권 교체의 대안이었으나 추석 2주 전부터 2030의 열화 같은 지지를 바탕으로 골든 크로스를 이루고 난 뒤부터 정권 교체의 대안으로 제가 등장해 이번 10월 4주차 10개 여론 조사에서 모두 경선 상대 후보에게 많은 차이로 승리하고, 이재명 후보를 이기는 유일한 후보로 자리매김하였습니다.

우리 당의 당원들이 그간 상대 후보를 지지해 온 것은 정권 교체를 할 수 있는 유일한 후보로 보고 지지했으나 이제는 정권 교체의 유일한 대안이 홍준표로 바뀌었으니 당심도 돌아왔을 것으로 저는 굳게 믿습니다. 원팀으로 반드시 정권 교체하겠습니다. 자유 대한민국을 지킨다는 굳은 각오로 홍준표를 찍어 주시기 바랍니다. 마지막으로 국가와 국민에게 헌신할 기회를 주십시오. 꼭 저를 믿고 여론 조사에 임하시고 저에게 투표해 주십시오. 즐풍목우(櫛風沐雨)의 각오로 진충보국(盡忠報國)하겠습니다. 감사합니다.

[대구·경북 시·도민과 당원들께 드리는 호소문]

"대구·경북의 압도적 지지로 홍준표의 승리에 마침표를 찍어 주십시오"
존경하는 대구·경북 시·도민 여러분, 사랑하는 당원 동지 여러분!
오늘부터 우리 당의 대선 후보를 뽑는 결선 투표가 시작되었습니다. 여러 여론 조사를 통해 대세는 저 홍준표로 굳어지고 있습니다. 민주당 이재명 후보를 100% 제압하고 정권을 확실하게 되찾아 올 후보는 저 홍준표뿐이라는 말씀을 드립니다.

대구·경북 시·도민과 당원 여러분의 손으로 승부를 매듭지어 주십시오. 영남의 한(恨)을 풀고, 원(願)을 이루도록 하겠습니다. 지난 4년을 새롭게 준비하고 오직 오늘을 위해 달려왔습니다. 저의 간절한 꿈, 대구·경북의 미래, 대한민국 선진국 시대를 위해 홍준표를 꼭 찍어 주시길 머리 숙여 요청합니다.

50여 년 전 18살의 나이로 동대구역에서 야간열차를 타고 혈혈단신 상경했던 한 소년이 있었습니다. 고학으로 공부해서 검사가 되고 국회의원이 되고 당 대표를 두 번이나 지냈습니다. 고향으로 돌아와 지난 탄핵 대선 때에 이어 다시 대통령을 하고자 여러분 앞에 섰습니다.

대선 경선 지지를 호소하기 위해 이곳 상화 동산에 다시 서니 참으로 만감이 교차합니다. 꼭 1년 6개월 전 지난 총선에서 막장 공천 때문에 공천받지 못하고 경남 밀양 양산 등지를 떠돌아야 했습니다. 그러다 낙동강을 거슬러 올라와 대구 수성에 닻을 내리고 눈물의 출마 선언을 했던 곳이 바로 이곳 상화 동산입니다. 그 어렵고 힘들 때 어머니의 품처럼 따뜻하게 안아주신 곳이 바로 대구입니다. 그때 저는 키워준 고향 대구에서 마지막 정치를 하고 대권에 도전할 수 있도록 도와 달라고 간청을 드렸습니다. 대구는 저를 꼭 안아주셨고 다시 일어설 용기를 주셨습니다. 오늘 다시 여러분께 호소합니다. 대구가 키운 홍준표에게 더 큰 일을 맡겨 주십사 하고 간곡히 요청합니다.

우리 대구·경북 시·도민들의 정권 교체 열망은 너무나 간절합니다. 누구든 정권 교체를 할 수 있는 사람이라면 그 누구라도 상관없이 압도적으로 밀어야 한다는 그 절박함을 너무나 잘 알고 있습니다. 지난 8월 중순 이후 여론 조사를 보면 제가 골든 크로스를 이루고 당당하게 1위로 올라섰습니다.

지난주에 실시된 10개 여론 조사에서 모두 홍준표의 지지율이 가장 높았고, 어떤 여론 조사는 오직 저만 이재명 후보를 이길 수 있는 것으로 나오고 있습니다. 여러분의 손으로 우리 당 본선 후보를 뽑아 주신 후에도 장장 4개월여 동안 이재명 후보와 싸워야 합니다.

본선 대결에서도 저는 도덕성, 뱃심과 강단, 정책 능력, 소통 능력을 갖추고 대중영합주의자 '도덕성 제로' 후보인 이재명을 제압할 수 있습니다. 오직 홍준표만이 정권 교체를 이루고 대구·경북을 미래를 열어갈 유일한 희망이 되었습니다. 저는 지난 총선에서 대구·경북의 꿈과 대한민국의 미래를 말씀드렸습니다. 대구·경북의 무너진 자존심을 회복하고 대구를 풍패지향(豊沛之鄕)으로 만들겠다고 말씀드렸습니다.

대구통합 신공항을 국비로 건설하고 반도체 플라잉카 첨단 산업을 유치하겠다고 약속했습니다. 국회의원이 되어 대구·경북의 50년 미래를 준비하고 대통령이 되어 국가의 모든 역량을 총동원하여 완성하겠다고 말씀드렸습니다. 이번 대선에 출마하면서 지난 총선의 약속에 더해서 TK 재도약을 위한 5대 비전을 공약했습니다.

1. 대구통합 신공항을 박정희 공항으로 이름을 짓고 관문 공항으로 국비를 들여 조기에 건설하겠습니다.
2. 대구 동촌 후적지 200만 평을 '잠들지 않는 도시 두바이 방식'으로 최첨단 미래 도시로 개발하겠습니다.
3. 박정희 공항과 연계한 첨단 산업단지와 30만 규모의 공항도시를 조성하겠습니다.
4. 구미공단을 미래 혁신산업 중심으로 스마트 재구조화하겠습니다.
5. 포항을 수소경제의 중심도시로 키우고, 안동은 바이오산업, 영주는 첨단베어링 공단을 조성해 미래 먹거리를 만들겠습니다.

이 5대 공약, 대통령의 권한과 대한민국의 역량을 총동원하여 반드시 이루겠습니다.

임기 내에 마무리할 수 없는 사업은 법 제도와 토대를 튼튼히 만들어 꼭 실현되도록 단단히 조치를 해놓겠습니다. 박정희 대통령은 구미공단과 포항제철로 대구·경북의 50년을 열었습니다.

저는 박정희 대통령의 뒤를 이어 미래산업을 중심으로 대구·경북 50년을 이끌 첨단 경제기반을 조성하도록 하겠습니다. 아울러 우리나라를 중진국 시대를 끝내고 명실상부한 G7 선진국 시대로 이끌겠습니다.

박정희 대통령이 조국 근대화와 중진국의 기틀을 닦았다면, 저 홍준표는 조국 선진화와 G7 선진국의 원년을 이루겠습니다. 우리 정치 경제 안보 사회 문화 등 모든 부분을 하나도 빠짐없이 선진국 수준으로 바꾸고 끌어올리도록 하겠습니다. 또한 문 정권이 저질러 놓은 모든 실정을 철저히 조사하여 밝히고, 잘못이 있다면 그 누구든 누구든지 엄하게 다스리겠습니다.

사랑하는 당원 동지 여러분!

우리 당은 70년 대한민국의 오늘을 만든 중심 정당입니다. 저는 26년간 당을 지켰고 우리 당원 동지들과 희로애락을 함께 해왔습니다. 지난 탄핵 대선에 우리 당을 살려낼 수 있었던 것도 대구·경북의 성원이 있었기에 가능했습니다. 이번에 함께 출마한 다른 후보들이 탄핵을 이유로 당을 떠났지만 저는 당원 동지 여러분과 함께 당을 지켰습니다. 문 정권 초기 정치 보복과 적폐 광풍이 몰아칠 당시 저는 우리 당의 당 대표였습니다.

이명박 박근혜 두 전직 대통령과 수많은 우리 당 동지들이 잡혀가는 것을 보며 피눈물을 흘려야만 했습니다. 탄핵 이후 3년여간 정말 당이 궤멸할 위기를 이겨내기 위해 저는 더 강하고 모질어져야만 했습니다. 그로 인해 혹여 저의 부족함이나 소홀함 때문에 마음 상하셨거나 섭섭한 일이 있었다면, 이제는 마음을 푸시고 너그러이 용서해 주시기 바랍니다. 무엇보다 박근혜 전 대통령의 출당 조치는 문 정권의 좌파 개헌을 막기 위한 불가피한 일이었습니다. 그러나 이유 여하를 막론하고 그 일로 인해 특히 대구·경북 시·도민의 마음을 아프게 한 데 대해 거듭해서 용서를 구합니다. 지금 이대로는 박근혜 전 대통령은 5번째, 이명박 전 대통령은 4번째의 겨울을 차디찬 감방에서 보내야 합니다. 제가 대통령이 되는 즉시 두 전직 대통령을 사면하겠다는 말씀을 다시 한번 드립니다.

존경하는 국민 여러분, 사랑하는 당원 동지 여러분!

저의 마지막 정치 여정에서 다른 욕심이나 바람도 없습니다. 대한민국 선진국 시대의 토대를 닦은 대통령, 대구·경북 출신 여섯 번째 대통령이 되어 나라의 지도자로 청사에 기록되고 싶어질 뿐입니다. 함께 뛴 세 후보를 잘 모시고 원팀 정신으로 정권 탈환을 이루고, G7 선진국 시대를 열겠습니다. 대구·경북의 압도적 지지로 홍준표의 승리에 마침표를 찍어 주십시오.

지난 대선과 총선에서 저를 살려주셨듯이 이번 대선에서도 저를 살려주십시오. 대구·경북의 부흥, 정권 탈환, 나라 정상화, G7 선진국 시대로 보답하겠습니다. 홍준표가 반드시 해 내겠습니다. 대단히 감사합니다.

2021.11.1. 국민의힘 대통령 선거 예비후보 홍준표

✏️**오늘** 투표 첫날 무려 44%가량 투표에 참여했다고 합니다. 그런데 아직도 내일 모바일 투표와 이틀간의 ARS 투표가 남아 있습니다. 모두 투표에 참여하여 정통성 있는 후보를 선출합시다.

조직으로 감당할 수 있는 투표율은 최고 25%에 불과합니다. 오더 투표도 반발만 초래할 뿐 이젠 먹히지 않습니다. 조직은 바람을 이기지 못합니다. 자유 투표로 투표율 65%만 되면 제가 압승합니다. 모두 투표에 참여해 주십시오.

2021. 11. 02.

✏️ **[부산·울산·경남 시·도민과 당원들께 드리는 호소문]**

"야간 경비원의 아들이 대통령이 되는 기적의 대행진을 시작합시다."

존경하는 부산·울산·경남 시·도민 여러분, 사랑하는 당원 동지 여러분!

우리 당 후보를 뽑는 투표가 진행 중입니다. 여러 여론 조사를 통해 보면, 대세는 저 홍준표로 확실히 굳어졌습니다. 홍준표의 압승을 여러분의 손으로 만들어 주십시오. 정권 교체의 뜨거운 염원을 저 홍준표를 통해 이루어주십시오. '우리는 평생 동지'라는 부·울·경의 힘을 보여주십시오.

흠없고 깨끗한 후보, 능력이 있고 준비된 후보는 저 홍준표뿐입니다. 정권 교체를 반드시 이루어 부·울·경의 쌓였던 한과 원을 풀어 드리겠습니다. 누구나 염원하는 G7 선진국 시대를 열고 부·울·경을 성장과 번영의 용광로로 만들겠습니다.

사랑하고 존경하는 여러분!

저의 유년 시절은 너무나 힘들고 혹독했습니다. 7살의 나이에 태어난 고향 경남 창녕을 떠나 삶의 터전을 찾아 대구로 갔습니다. 손수레에 세간살이를 싣고 이틀을 걸어 대구로 갔지만, 그곳에서도 오래 있지 못하고 다시 창녕으로 합천으로 떠돌았습니다. 그러다 마지막으로 정착한 곳이 바로 울산 복산동 판자촌이었습니다.

아버지는 현대조선소에서 일당 800원짜리 임시직 야간경비 일을 했고, 가족들은 막노동으로 한 많은 시절을 보냈습니다. 그렇게 어렵고 힘든 세월을 살았어도 세상을 증오하거나 원망하지 않았습니다. 나도 더 열심히 일해서 부자가 되고 더 큰일을 해야겠다고 긍정적으로 세상을 바라보았습니다.

저와 이재명 후보는 힘든 유년을 보냈던 점은 비슷하지만 한 사람은 긍정의 시간을, 다른 한 사람은 증오의 시간을 지나온 셈입니다. 조만간 같이 한자리에 앉아 도덕성과 인격, 미래비전과 국정 능력을 토론하는 모습을 우리 국민께서 보면서 진정 누가 대통령감인지를 확인하는 그런 순간이 오길 기대합니다. 이곳 부·울·경은 제가 태어난 고향이고 경남도지사를 두 번이나 만들어 준 은혜의 땅입니다.

이제 김영삼 대통령 이후 부·울·경이 배출한 또 한 명의 대통령이 되고자 합니다. 저는 대선 후보로서 부·울·경을 대한민국 미래산업의 중심으로 키우겠다고 공약했습니다. 부산은 가덕도 김영삼 공항을 관문 공항으로 만들고 제 때 완공하여 하늘길을 활짝 열겠습니다. 관문 공항 연계 공항공단을 조성하여 첨단 항공 수출 산업을 유치함으로써 좋은 일자리를 많이 만들겠습니다. 산학연 협력을 통해 지역의 인재들이 다른 지역으로 나가지 않고 지역사회 발전의 중심이 되도록 만들겠습니다. 특히 아시아 금융중심지의 잠재력을 가진 부산은 국제금융 자유도시로 발전시키겠습니다.

금융감독원을 부산으로 이전하고 부산 블록체인 특구에 디지털 자산 거래소를 설립하며 특구 규제 완화를 위해 '네거티브 시스템'으로 바꾸겠습니다. 이를 바탕으로 지금 홍콩에서 탈출하는 국제금융기관을 유치하여 런던이나 싱가포르에 버금가는 국제금융도시로 키우겠습니다. 울산은 수소경제의 중심으로 만들겠습니다. 정유와 석유화학의 시대에서 수소와 원전의 시대로 대전환을 추진하겠습니다. 러시아·미국 등지에서 도입되는 LNG와 풍부한 동해안 원자력을 활용하여 수소 생산을 확대하고, 수소와 원자력을 이용한 탄소제로 시대의 중심도시로 만들겠습니다.

또한 한국형 아이언돔 개발을 서둘러 동남권 산업 벨트와 원전 방호에 소홀함이 없도록 하겠습니다. 도지사 시절 저는 어렵게 사천 진주의 항공우주 산업단지, 밀양의 나노테크노 산업단지, 거제의 해양플랜트 산업단지를 유치했습니다. 그러나 정권이 바뀌면서 진척이 매우 더딥니다. 조속히 완공하고 기업을 입주시켜 부·울·경의 산업을 재배치하고 4차산업혁명에 맞도록 고도화할 것입니다. 도지사 시절 약속이나 지난 대선 공약, 이번 대통령 공약 모두 하나도 빼놓지 않고 직접 챙기고 확실하게 마무리하겠습니다.

정권 교체는 우리 모두의 염원이고 특히 부·울·경 시·도민들의 간절하고 절실한 바람입니다. 지난 8월 중순 이후 여론 조사를 보면 제가 골든 크로스를 이루고 당당하게 1위로 올라섰습니다. 지난주에 실시된 10개 여론 조사에서 모두 저의 지지율이 가장 높았고, 어떤 여론 조사는 오직 저만 이재명 후보를 이길 수 있는 것으로 나오고 있습니다.

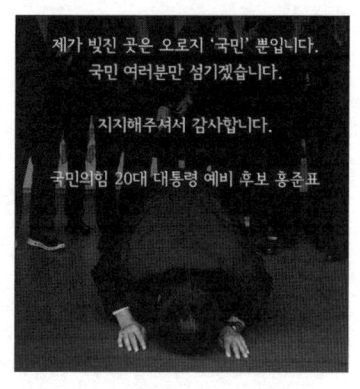

여러분의 손으로 우리 당 본선 후보를 뽑아 주신 후에도 장장 4개월여 동안 이재명 후보와 싸워야 합니다. 이재명 후보와의 본선 대결에서도 저는 도덕성, 뱃심과 강단, 정책 능력, 소통 능력 등 모든 면에서 우위에 있다고 자부합니다. 저는 도덕적으로 흠이 없고 문 정권이 심어 놓은 의혹 폭탄이 없기에 거리낄 것이 없이 당당합니다. '경기도의 차베스'인 포퓰리스트이고 '도덕성 제로'인 이재명 후보, 오직 홍준표만이 완전하고 확실하게 제압할 수 있습니다. 지난 탄핵 대선 당시에는 모두가 자포자기 상태였기에 당의 지원도 별로 받지 못하고 홀로 악전고투해야 했습니다. 그러나 지금은 다릅니다. 이제 우리 당에는 젊은 변화의 바람이 불고 있습니다. 당의 혁신이 당원들로부터, 아래로부터 시작되고 있습니다. 당심이 민심에 부응하면서 나이와 세대, 지역의 지평도 크게 확장되고 있습니다.

특히 당 대표의 젊은 리더십은 당의 변화를 올바른 방향으로 이끌고 있습니다. 여기에 경륜과 국정 경험, 노련한 정치력을 갖춘 후보가 합쳐지면 정권 탈환의 가능성은 더욱 높아질 것입니다. 홍준표가 이런 조합에 가장 어울리고 꼭 맞는 대선 후보라고 감히 자부합니다.

우리 당과 홍준표가 일심동체로 뛰게 될 이번 대선은 지난 탄핵 대선의 모습과는 전혀 다를 것입니다. 앞으로 대선 후보가 되어 3합 정신과 가치동맹으로 대선의 최종 승리를 이루겠습니다. 원팀 정신의 화합, 당의 외연 확장을 통한 통합, 가치동맹을 통한 연합으로 우리 편을 최대한 확보하겠습니다.

준비된 홍준표와 준비된 당, 여기에 필승의 전략이 합쳐지면 모두의 꿈은 현실이 됩니다. 저 홍준표는 할 수 있습니다. 지난 탄핵 대선을 거울삼고 4년 동안 오직 대선 승리에만 집중했습니다. 정권을 되찾고 나라를 바로 세우는 것, 이 나라를 선진국의 반열에 올려놓은 것, 여기에 제 고향 부·울·경의 영광과 번영을 이루는 것, 오직 이것이 저의 꿈입니다.

이제 그 꿈을 현실로 만들 때입니다. 기대와 염원을 실현할 때입니다.

이 모두는 여러분들이 주시는 한 표에 달려 있습니다. 저 홍준표에게 압도적으로 표를 몰아주십시오. 오늘 모바일 투표와 내일 모레 진행될 ARS 투표에 저 홍준표를 꼭 찍어 주시고 여론 조사에도 적극적으로 참여해 주십시오. 이번 투표로 야간 경비원의 아들, 까막눈 엄마의 아들도 대통령이 될 수 있다는 기적의 대행진을 시작합시다. 우리 모두 한마음으로 함께 하면서 내년 3월 마침내 그 가슴 벅찬 기적을 완성합시다. 기적의 완성은 여러분들입니다. 기적의 완성은 홍준표입니다. 대단히 감사합니다.

2021.11.2. 국민의힘 대통령 선거 예비후보자 홍준표

2021. 11. 03.

✏️ **무야홍**에서 무대홍으로 갑시다. 이틀만 지나면 이젠 무대홍으로 갑니다. 경선 후에도 4개월 동안 상대를 압도할 도덕성, 정책, 경력, 능력을 겸비한 사람은 홍준표밖에 없습니다. 압도적 정권 교체로 나라를 정상화하고 G7 선진국 시대를 열겠습니다.

✏️ **[총체적 관권선거 책동 즉각 중단하라]**
내년 대선을 앞두고 문재인 정권과 민주당은 관권·포퓰리즘 부정 선거를 획책하고 있습니다. 비리 덩어리인 이재명 후보를 지지하기 위해 문재인 정권은 국가 공권력과 예산, 정책을 총동원하여 지원하면서 내년 대선을 관권선거로 몰아가고 있습니다. 이는 총체적 관권선거로 자유 민주주의 국가에서는 있을 수 없는 국민주권 무시와 민주주의 파괴행위입니다. 1987년 개헌 이래 이런 부정 관권선거 시도는 유례가 없었습니다. 국회 180석 의석과 임기 말 국정 지지율만 믿고 지금 힘으로 밀어붙이고 있습니다.
 문 정권은 총체적 관권선거 책동을 즉각 중단해야 합니다. 우리 국민은 현 정권의 국민주권 부정과 반민주주의 작태를 절대로 용서하지 않을 것입니다.
1. 청와대 '상춘재 밀약'에서 무슨 협잡이 오고 갔나요?
문재인 대통령과 이재명 후보는 지난 9월 26일 본관이 아닌 자동 녹음이 안 되는 상춘재에서 만나 밀담을 나누었습니다. 약 50분 동안 선거지원과 대장동 비리, 퇴임 후 안전 보장 등 다양한 논의했을 것입니다. 무슨 거래와 협잡이 있었나요? 총체적 당선 지원과 퇴임 후 안전을 밀약했나요? 대장동 특검 거부와 봐주기 수사를 약속했나요? 특검을 거부한 채 '이재명 구하기' 수사로 일관한다면, 나는 내년 대선 승리 후 대장동 비리 재수사를 통해 실체적 진실을 밝히고 '이재명 구하기' 수사를 지시하고 실행한 검은 세력에 대해서도 엄하게 다스릴 것입니다. 검찰은 대장동 수사에 대해 청와대로부터 어떤 가이드라인을 받았나요? 만약 이 가이드라인에 따라 검찰이 정권의 충견 노릇을 계속한다면 문 정권 적폐 수사 당시보다 훨씬 더 가혹한 처벌을 받게 되는 동시에 그 조직은 근본부터 대수술을 받을 것임을 다시 한번 밝혀 둡니다.

2. 이재명 대장동 특검 시행해야 합니다.

대장동 게이트는 이재명 게이트입니다. 본인 스스로 설계하고 실행을 한 것이 사실로 드러나고 있습니다. '이재명-유동규-김만배'는 한배를 타고 이해를 같이하는 범죄 공동체입니다. 검찰은 청와대 회동 이후 유동규, 김만배 등 수족만 자르고 머리인 이재명을 조사조차 하지 않은 꼬리 자르기 수사로 일관하고 있습니다. 이런 검찰에 수사를 맡길 수는 없다. 즉각 특검을 받아들이고 공정한 수사를 해야 함을 다시 천명합니다. 그렇지 않으면 문 대통령은 퇴임 후 그 책임을 면할 수 없습니다.

3. 선거 중립 내각을 구성해야 합니다.

현재 문재인 정권 내각을 보면 국무총리를 비롯해 국정원장, 법무부 장관, 행정안전부 장관 등 선거에 영향을 미칠 수 있는 모든 주무 장관들은 모두 여당 출신 정치인입니다. (국무위원 19인 중 8인이 민주당 국회의원) 역대 정권은 선거 중립 내각이나 거국내각을 구성하여 공정 선거와 3권분립 정신을 지켜왔습니다. 민주주의는 실질적으로나 절차적으로 모두 그 공정성과 정당성이 담보될 때만 지켜집니다. 즉각 선거 중립 내각을 구성하고 엄정중립을 선언하십시오.

4. '이재명 예산' 편성과 '이재명 지원금' 퍼주기를 즉각 중단하십시오.

내년 예산심사에서 민주당은 이재명 후보 당선을 위한 예산이 편성되고 있습니다. 그 규모는 내년 예산안 604조 원에 무려 30조 원 이상을 증액하려 합니다. 대통령도 아닌 이재명 후보의 '기본시리즈'나 다른 공약 예산이 내년도 본예산에 편성되는 것은 민주적 절차와 예산회계 원칙에 완전히 어긋나는 일입니다. 특히, 작년 4.15 총선에 맞추어 전 국민 재난지원금 14조 3천억 원을 풀어 정치적 이득을 보더니, 이번에 또 자유당식 고무신 선거를 획책하고 있습니다. 무너진 경제 펀디멘탈을 재건할 생각은 하지 않고 국가부채 1,000조 원 시대를 만들어 놓고 또다시 빚잔치에 몰두하고 있습니다.

올해 2월 문 대통령이 '코로나19를 벗어날 즈음 사기진작용 전 국민 위로금 지급'을 주장했고 최근 이재명 후보가 대선용 현금 살포를 하겠다는 것입니다. 국가 채무 1천조 원 시대에 '위드 코로나'로 전환한 시점에서, 내년 대선 투표 코앞에 지급될 재난지원금은 선거용 국민 매표에 불과합니다. 세수 초과분은 부채 상환이나 서민복지에 투입하는 것이 옳습니다.

현 정권과 민주당에 공개 요구합니다. 행정부 권력은 대선에서는 중립으로 두어야 합니다. 국가 예산과 행정부처, 정부 정책은 철저히 중립을 지키도록 해야 합니다. 그건 이재명 후보의 선거 수단이 아니지 않나요? 대선 매표 지원금을 강행한다면 다음 정권에서 '국가 권력체제를 동원한 불법적 이재명 선거 지원 사건' 수사가 다시 없으리란 보장이 없습니다. 민주주의의 파괴자가 되지 마십시오. 반칙하지 말고 공정하고 당당하게 경쟁해야 합니다.

5. 임기 말 정권의 '이념정책 대못 박기'를 즉각 중단하십시오.

문 정권은 임기 말까지 좌파 이념정책 대못 박기를 자행하고 있습니다. 특히, 문재인 대통령은 국제무대에서 2030년 국내 온실가스 배출량을 2018년 대비 40% 감축하겠다는 국가 온실가스 감축목표(NDC)를 공식화했습니다. '12년 만에 40% 감축'이라는 과격하고 급격한 감축목표 설정은 세계 어느 나라도 안 합니다. 이런 목표로 인한 우리 기업의 추가 부담은 6개 업종에서 최소 200조 원, 정유업계에서만 800조 원의 기업손실이 발생합니다. 나는 이미 문 정권의 온실가스 감축 목표의 전면적 파기를 공약했으며, G7 선진국 진입을 위해 기업부담도 덜고 탄소제로를 가능하게 하는 새로운 길인 원전과 수소를 이용한 두 갈래(Korean Two Track)를 발표한 바 있습니다.

문 정권이야 내뱉고 떠나면 그만이지만, 다음 정권은 국제무대의 약속을 위반해야 하는 부담을 떠안게 됩니다. 종전선언 추진도 그만두십시오. 또다시 대선을 앞두고 지난 지방선거처럼 국민을 속이려 하나요? 임기 말 하산 길에는 다음 정부에 부담을 주는 대못 박기는 하지 않는 그것이 정치적 도리입니다. 그냥 조용히 물러가십시오.

2021.11.3. 국민의힘 대통령 선거 예비후보자 홍준표

✏️ "야들아, 내가 너희들의 롤모델인데 너희는 왜 나를 싫어하냐?"

지난 탄핵 대선 때 제가 했던 말입니다. 2030으로부터 철저하게 놀림당하고 외면당하던 제가 이제 와서야 그 진심이 통하여 이 땅의 2030으로부터 열광적인 지지를 받게 되어 정말로 기쁘기 한량이 없습니다. 가장 밑바닥에서 태어나 부모님으로부터 유산으로 단돈 1원도 받지 못했지만 물려받은 올바른 정신 하나로 그 누구의 도움도 없이 이 땅의 정의를 세운 검사를 하고 어느 계파의 도움도 받지 않고 제힘으로 국회의원 5번, 도지사 2번, 원내대표, 당 대표 2번, 대통령 후보까지 한번 했습니다.

이제 마지막으로 우리나라를 세계 7위 선진국 시대를 열기 위해 머나먼 대장정에 다시 나섰습니다. 이번에는 하늘 문이 열릴 그것으로 저는 굳게 믿습니

다. 어떤 시련이 닥쳐와도 저는 늘 '이 또한 지나가리로다'라는 솔로몬의 잠언을 굳게 믿습니다. 이틀 뒤면 경선의 긴 터널을 벗어나게 됩니다. 부디 새로운 도전을 다시 한번 할 수 있는 새 출발이 되기를 두 손 모아 기원합니다.

2021. 11. 05.

✏️ **어떤 결론**이 나오더라도 그 결과를 수용합니다. 제가 후보가 되면 다시 신발 끈을 조여 매고 정권 교체의 대장정에 나설 것이고, 반대의 결과가 나오면 하늘의 뜻으로 생각하고 경선 흥행의 성공 역할에 만족하고 당을 위한 제 역할은 거기까지입니다. 대통령은 하늘 문이 열려야 된다는 생각에는 변함이 없습니다.

✏️ **경선 결과**에 승복합니다. 국민 여론에서는 예상대로 10.27%나 이겼으나 당심에서는 참패했습니다.
민심과 거꾸로 간 당심이지만 경선 결과에 깨끗하게 승복합니다. 이번 대선에서 홍준표의 역할은 여기까지입니다. 모두 힘을 합쳐 정권 교체에 나서 주시기 바랍니다.

✏️ **비록 26년** 헌신한 당에서 헌신짝처럼 내팽개침을 당했어도 이 당은 제가 정치 인생을 마감할 곳입니다. 이번 대선에서는 평당원으로 백의종군하겠습니다. 모든 당원이 한마음으로 정권 교체에 나서 주시기 바랍니다.

✎ **사랑하는** 대한민국 청년 여러분!

이번 대선 후보 경선에서 여러분이 보내 주신 성원 잊지 않겠습니다. 전국 각지에서 심지어 호남에서까지 여러분들이 보내 주신 성원에서 저는 대한민국의 희망을 보았습니다. 앞으로도 남은 정치 인생을 여러분들의 희망이 될 수 있도록 더한층 노력을 다하겠습니다. 정말 아주 고맙습니다. 보내 주신 후의는 잊지 않겠습니다. 내 나라가 꿈과 희망이 있는 나라가 되도록 노력하겠습니다. 대한민국 청년 여러분! 정말로 감사드립니다.

5

청년들의
꿈이 되고
싶었습니다

> 청년들의 꿈이 되고 싶었습니다.
> 밑바닥에서 자랐어도 바른 정신을 갖고
> 내 엄마처럼 착하게 살면 대통령도 할 수 있는
> 나라가 대한민국이라고 외치고 싶었습니다.

2021. 11. 06.

✏️ **청년들의 꿈**이 되고 싶었습니다. 밑바닥에서 자랐어도 바른 정신을 갖고 내 엄마처럼 착하게 살면 대통령도 할 수 있는 나라가 대한민국이라고 외치고 싶었습니다. 그러나 그 꿈은 한여름 밤의 꿈이 되어 버렸습니다. 또다시 그 꿈을 꿀 수 있는 여력이 될지 알 수 없으나 인생 자체가 꿈길이라는 것은 변함없는 사실이지요. 한동안 쉬면서 생각을 정리해 보겠습니다. 저를 지지해 준 모든 분에게 거듭 감사드립니다.

2021. 11. 12.

✏️ 유엔 발표에 의하면 100세 시대의 청년은 18세부터 65세까지라고 합니다. 66세부터 79세까지를 장년(壯年)으로 분류하고 80세부터 노년으로 분류한다고 합니다. 선대(先代)들 하곤 달리 저도 이제 갓 청년기를 보낸 장년으로 접어들었으니 마음도 몸도 장년답게 활동적으로 살기 위해서는 운동을 열심히 하라고들 충고를 많이 받습니다. 그렇게 하도록 하겠습니다.

선거 전적이 이제 7승 3패가 되었습니다. 마음이 홀가분해졌습니다. 다시 텅 비우고 청년들의 광장으로 나갑니다. 이번 주 일요일 청년 플랫폼 '청년의 꿈'을 공개하고 계속 업데이트해서 이 땅의 청년들이 꿈과 희망을 공유하는 놀이터를 만들려고 합니다. 저는 수많은 코너 중 단지 청년 상담소 코너에서 청년들의 고뇌, 고민, 미래에 대한 불안만 상담하는 곳만 들어갈 것이고 나머지는 정파를 떠나 자유롭게 교제하고 놀고 오락하고 즐기는 소신과 자유의 공간으로 만들어 보려고 합니다.

구태 부패 기득권의 나라를 바꿉시다. 거듭 말하지만 비리·부패 대선에는 참여하지 않겠습니다. 같이 하면 세상을 바꿀 수 있다는 것을 보여주도록 합시다. The youth dream으로 도메인 등록을 완료했습니다.

2021. 11. 13.

✏️ 여야 주요 후보가 모두 중요 범죄에 연루되어 있는데, 아무런 진실규명도 없이 국민에게 선택을 강요하는 것은 참으로 잔인한 대선이 됩니다. 이

준석 당 대표가 제안한 쌍 특검을 조속히 받으십시오. 이미 기초조사가 두 사건 모두 되어 있어 늦어도 연말까지는 실체적 진실이 규명될 겁니다. 그게 국민이 요구하는 바람이기도 합니다. 정치적 공방만으로 대선을 치르겠다는 것은 국민을 속이는 사술(詐術)입니다. 당당하다면 두 분은 다 흔쾌히 받아들일 수가 있을 겁니다. 그렇지 않으면 The bad. The ugly가 됩니다.

2021. 11. 14.

✏️ 청년의 꿈을 오늘 시험 개통했습니다. 아직 모바일 앱도 만들어야 하고 기능도 향상시켜야 하고 할 일이 태산입니다. 청년들의 놀이터답게 각종 동아리 모임도 만들고 가입과 탈퇴도 자유로이 하게 될 겁니다. 청년 앱과 페이스북, 유튜브도 연결되도록 하여 웹서핑이 가능하여지도록 하겠습니다. 다만 욕설, 비방, 저질스러운 말들은 차단 기능을 두게 하고 청년들의 고뇌, 제안은 언제나 함께하도록 하겠습니다. 함께하면 세상을 바꿀 수 있습니다.

2021. 11. 17.

✏️ 청년의 꿈을 오픈한 지 사흘만에 1,000만 페이지뷰를 돌파하고 회원 수도 폭발적으로 늘어 갑니다. 매일 밤 여기 와서 놀고 가는 청년들도 늘어가고 민주당에서는 짝퉁 청년의 꿈도 만든다고 합니다. 그만큼 한국 사회의 청년들이 꿈과 희망을 잃고 방황한다는 증거이기도 합니다. 그래서 가슴 아픕니

다. 지금 내 힘으로는 그들을 다 안을 수 없다는 것이 가슴 아픕니다. 그래서 온라인뿐만 아니라 오프라인에서도 서로 만나 위안이 되도록 해야겠습니다. 메시아를 기다리는 심정으로 그들과 함께 가야 할 것으로 보입니다.

✏️ **제가** 이 나이에 누구처럼 몸값 흥정하는 사람은 아닙니다. 제가 평소 살아온 방식대로 살아가는 사람일 뿐입니다. 모두 힘 합쳐서 정권 교체해야 한다는 데는 동의하지만 저는 지난 경선 흥행으로 이미 제 역할은 다했다고 거듭 말씀드립니다. 평당원으로 백의종군하기로 했으니 더 이상 논쟁은 없었으면 합니다. 청년의 꿈에 매진하겠습니다.

✏️ **내일은** 그간의 노력을 결산하는 수능 일입니다. 긴장되시면 눈을 감고 심호흡 한번 하시고 화창한 봄날 푸른 보리밭을 그려 보십시오. 성적이 인생의 마지막은 아니지만 차분하게 노력한 대가를 받는다는 기분으로 문제를 풀어 가십시오. 수험생 여러분! 힘내세요.

2021. 11. 21.

✏️ **제가 왜** 종부세 폐지 공약했는지 고지서 받아보신 분들은 이제야 실감 나실 겁니다. 종부세는 이중과세이고 위헌입니다. 단일 물건에는 한 종류의 과세만 해야 하는데 재산세도 매기고 종부세도 매기니 이중과세라는 겁니다. 더구나 단일 부동산에 대한 종부세 과세는 세금이 아니라 약탈입니다.
자 이제 우린 어떻게 대처해야 할까요?

2021. 11. 23.

✎ 청년의 꿈 개설 10일 만에 2,000만 페이지뷰를 돌파했습니다. 오갈 데 없는 청년들이 꿈을 찾아오는 공간에서 매일 같이 어울리면서도 힘이 모자라 그들에게 큰 도움이 되지 못한다는 자괴감이 저를 힘들게 합니다.

불만, 억울함 모두 토해 내고 하고 싶은 말 무엇이든지 할 수 있는 그런 자유로운 공간이 되었으면 합니다. 편하게 놀러 오시고 스트레스는 날려 버리십시오. 우리에겐 아직도 꿈과 희망이 있습니다. 청년의 꿈이 여러분의 꿈과 희망이 있는 소통 공간이 되었으면 합니다.

2021. 12. 01.

✎ 무슨 대선이 이렇게 문 대통령 손아귀 속에서만 놀아나나요? 여야 주요 후보들과 가족들에 대한 비리 의혹 사건들이 터진 지 수개월이 지났는데, 문 대통령은 수사하는 시늉만 하고 정작 주요한 부분은 회피하거나 정치논쟁에 미루어 버리는 정치공작 수사를 진행시킴으로써 안갯속 대선을 향하고있습니다.

대장동 비리, 변호사비용 대납 비리, 고발 사주, 도이치모터스 사건 등 사안 하나하나가 대선판을 좌지우지할 수 있는 주요한 사건들인데, 문 대통령은 이를 손아귀에 쥐고 질질 끌면서 여야 후보들을 농락하고 혼자서 느긋하게 즐기고 있다는 그런 인상마저 주고 있습니다.

대통령이 그렇게 처신하면 안 됩니다. 문 대통령은 조속히 이러한 수사 불확실성을 해소하고 여야가 정당한 정책 대결이 이루어질 수 있도록 조속히 결론을 내어주기를 바랍니다. 이제 그만 대선판에 개입하고 마지막 하산 준비나 하는 게 옳습니다. 그래야 퇴임 후 안전도 보장됩니다.

2021. 12. 09.

✏️ **퍼포먼스**로 청년들을 내 편으로 잡겠다고 설치는 여야 대선 후보들은 참 어리석은 사람들입니다. 그 정당의 지도부들도 퍼포먼스로 대선을 치르겠다고 설치는 것도 참 어리석습니다.
이번 대선이 비리 대선을 넘어 퍼포먼스 대선으로 흐르는 것도 참 유감입니다. 이 땅의 청년들은 여러분들처럼 바보가 아닙니다.

✏️ **민주당**과 차별 없는 퍼주기 대선 정책을 채택한다면 국민의 선택은 더욱더 모호해질 것입니다. 후보들이 모두 비리에 연루된 대선인데 정책마저 차별 없는 퍼주기 포퓰리즘으로 비슷해진다면 우리가 어떻게 이길 수 있겠나요?
다음 정부가 무분별한 재정확장 정책으로 또다시 문 정권을 답습한다면 이 나라의 장래는 암담해질 것입니다. 지금 필요한 것은 돈 버는 경제정책이지 돈 퍼주는 재정정책이 아닙니다.

2021. 12. 12.

✏️ **묘서동처**(猫鼠同處), 교수님들이 선정한 올해 고사성어라고 합니다.
도둑 잡는 자와 도둑이 같이 합세한 나라, 이게 지금의 대한민국이랍니다.
곳곳에서 도둑만 들끓는 서글픈 나라가 되었습니다.

2021. 12. 14.

✏️ **1997**, 2002 이회창 대선을 두 번이나 실패한 가장 큰 이유는 훌륭한 후보를 모시고도 두 자녀 병역 비리 의혹 프레임에서 벗어나지 못했기 때문입니다. 윤 후보 대선을 보면서 걱정이 앞서는 것은 부인·장모 비리 프레임에 갇히면 정권 교체가 참 힘들어질 거라는 조짐입니다.
정권 교체 욕구가 훨씬 높은데도 35% 박스권을 맴돌고 있는 이유도 빨리 파악해 대처하십시오. 이재명 후보는 끊임없이 요술(妖術)을 부리는데 밤마다 매일 축배를 드는 것은 국민에 대한 배신입니다. 자중하십시오.

✏️ **다시** 긴 장마가 시작되었네요. 경남지사 시절 한밤중에 여름 장맛비를 보고 관사에서 쓴 글입니다 (2013.7.7.).

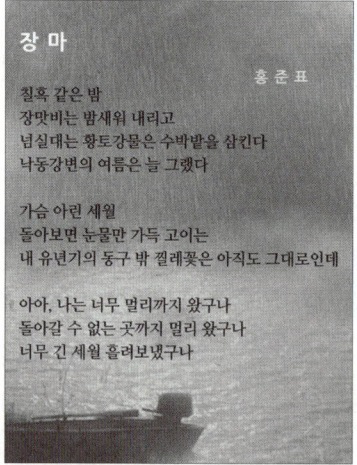

장마
홍준표

칠흑 같은 밤
장맛비는 밤새워 내리고
넘실대는 황토강물은 수박밭을 삼킨다
낙동강변의 여름은 늘 그랬다

가슴 아린 세월
돌아보면 눈물만 가득 고이는
내 유년기의 동구 밖 찔레꽃은 아직도 그대로인데

아아, 나는 너무 멀리까지 왔구나
돌아갈 수 없는 곳까지 밀려 왔구나
너무 긴 세월 흘려보냈구나

2021. 12. 16.

✏️ **사람의 운명**이라는 것은 아무도 예측하기 어렵습니다. 2012. 4. 총선에서 처음으로 낙선하고 쉬던 중 JTBC 측의 요청으로 토·일 주말 정치토크 홍준표 라이브 쇼 MC를 하기로 하고 예고편까지 찍었으나, 갑자기 경남지사 보궐선거가 생기는 바람에 고심 끝에 이를 포기하고 경남지사 출마했습니다. 그때 방송인의 길로 나섰으면 내 운명이 어떻게 바뀌었을까 하는 생각을 요즘 종종 하게 됩니다. 온갖 갈등과 증오의 현장인 지금보다는 더 마음이 편해지지 않았을까 하는 아쉬움도 남아 있습니다. 그러나 '이게 내 운명인가 보다' 하고 지내고는 있지만 그 운명이 또 어떻게 바뀔지 아직도 알 수 없습니다. 그러나 가짜 인생은 살지 말아야겠지요. 가짜 인생들이 판치는 대한민국이 되어 버렸습니다.

✏️ **자고 일어나면** 여야 후보 진영 본인, 가족 비리가 서로 물고 물리는 범죄혐의자들끼리의 역대급 비리 대선이 진행되고 있습니다. 여야 후보들의 정책도 여야 구분 없이 퍼주기 선심성 공약에다가 이젠 문 정권과 무슨 차별이 있는 새로운 정권을 세우려는 것은 포기하고 특정 이익집단에 영합하는 짜깁기 공약만 난무하고 있습니다. 누가 더 좋은 후보인가를 고르기보다 누가 덜 나쁜 후보인가를 골라야 하는 나쁜 놈들 전성시대가 되었습니다. 피장파장인 후보들끼리 서로 손가락질하는 역대급 비리 대선을 만든 점에 일말의 책임감을 느끼면서 오늘도 망연자실하는 하루를 보냈습니다. 이젠 그만들 하시고 대통령 선거답게 해 주십시오. 꿈과 희망이 있는 대한민국의 미래 비전을 보여 주십시오. 국민에게 더 이상 혹독한 시련을 주면 그건 죄악입니다.

2021. 12. 24.

✏️ 만시지탄(晩時之歎)입니다.

정치 수사로 탄핵당한 전 대통령을 임기 내내 감옥에 가두어 놓고 노무현 전 대통령 수사 보복으로 이명박 전 대통령도 정치 수사로 가두어 놓고 인제 와서 퇴임을 앞두고 겁이 났던 모양입니다. 이번에 두 전적 대통령을 또 갈라치기 사면해서 반대진영 분열을 획책하는 것은 참으로 교활한 술책입니다. 반간계로 야당 후보를 선택하고 또 다른 이간계로 야당 대선 전선을 갈라치기 하는 수법은 가히 놀랍습니다. 다만 거기에 놀아나는 우리가 안타깝습니다.

2022. 01. 04.

✏️ 선거를 두 달 앞두고 당 대표를 쫓아내겠다는 발상은 대선을 포기하자는 것입니다. 지지율 추락의 본질은 후보의 역량 미흡과 후보 처가 비리인데, 그것을 돌파할 방안 없이 당 대표를 쫓아내겠다는 발상은 참으로 어이가 없습니다.

모두 화합해서 하나가 되는 방안을 강구하고 지지율 추락의 본질적인 문제를 돌파하는 방안이나 강구하십시오. 더 이상 헛소리로 일부 국민 세뇌하는 틀튜브는 보지 마십시오. 배에 구멍이 나서 침몰하는데 구멍 막을 생각은 안 하고 서로 선장하겠다고 다투는 꼴입니다.

2022. 01. 08.

✏️ **거듭 밝히지만** 저는 이미 대구 선대위 고문으로 원팀이 되어 참여 중입니다. 뒤에서 윤 후보 돕는 역할도 하고 있습니다. 왜 자꾸 유승민 후보와 묶어서 원팀 운운하는 비방성 기사가 나오는지 참으로 유감입니다. 그만들 하십시오. 윤 후보가 잘못되면 또 제 탓이나 하려고 밑자락 까는 겁니까? 경선 때 그렇게 비방하고 왜곡하는 기사를 썼으면 이젠 그런 여론 왜곡 기사는 안 썼으면 합니다. 나는 언제나 묵묵히 바른길을 가고자 하는 사람입니다.

✏️ **윤 후보**의 추락 원인은 측근들 준동, 후보의 역량 부족, 가족 비리로 인한 공정과 상식의 상실이 그 이유입니다. 그렇다면 그걸 해소하는 데 주력해야지 뜬금없이 하나 된 팀 운운하는 것은 천부당만부당한 소리입니다. 그게 해소되어야 다시 재반등의 기회가 생기지 계속 엉뚱한데 화풀이하면 안철수 후보만 급부상할 겁니다. 모든 것이 내 탓이라는 생각으로 다시 시작하십시오. 그것이 해소되면 전 국민이 우리 편이 될 겁니다.

2022. 01. 21.

✏️ **문제의 본질**은 국정 운영 능력 보완 요청과 처가 비리 엄단 요구에 대한 불쾌감에 있었다고 해야 할 것인데, 그것은 비난할 수 없으니 공천 추천을 꼬투리 삼아 윤핵관을 앞세워 나를 구태 정치인으로 모는 것은 참으로 가증스럽습니다.

누구나 공천에 대한 의견제시는 할 수 있는 것이고 그것은 합리적인 절차에 따라 다루어지면 되는 것인데, 그걸 꼬투리 삼아 후보의 심기 경호에 나선다면 앞으로 남은 기간 선거를 어떻게 할 것인지요?
내가 공천 두 자리로 내 소신을 팔 사람인가요?
내가 추천한 그 사람들이 부적합한 사람들인가요?
당 대표, 공천위원을 하면서 전국 공천도 두 번이나 해 본 사람입니다. 자신을 위해 사전 의논 없이 공천 추천을 해 주었는데 그걸 도리어 날 비난하는 수단으로 악용하는데 이용당하는 사람도 한심하기는 마찬가지입니다. 불편한 진실은 회피한다고 덮이는 것이 아닙니다. 국민과 당원들은 바보가 아닙니다. 모처럼 좋은 분위기에서 합의된 중앙선대위 선거 캠프 참여 합의가 일방적으로 파기된 점에 대해 심심한 유감을 표합니다.

✏️ **아무리** 정치판이 막가는 판이 되었다고 하지만 두 사람이 만나 당내 현안 논의를 공천 요구 구태로 까발리고 모략하면 앞으로 어떻게 국정을 논의를 할 수 있겠나요? 대구 이진훈 후보야 내 사람이라고 할 수 있지만 최재형 원장이 어찌 내 사람인가요?
대선에 도움이 될 것이라고 화기애애한 분위기에서 한 공천 추천을 선대위 합류 조건으로 둔갑시키고, 대선 전략 논의를 구태로 몰아 본질을 회피하는 모습은 아무리 생각해도 그건 아닙니다. 그 외 대선 전략 논의는 왜 공개하지 못하나요? 참 유감스러운 행태들입니다. 더 이상 이 문제가 세간의 화제가 되지 않았으면 합니다. 대선에도 당에도 도움이 되지 못합니다.

2022. 01. 22.

✏️ 우크라이나 사태로 미·러가 대립하고 양안 사태로 미·중이 대립하면 미국이 한반도에 힘을 쏟을 여력이 없어지는데, 지금 핵무기를 포함한 전력 지수가 북이 우리 두 배라는데 평화 타령만 하다가 새해 국가 안보가 벼랑으로 치달을 우려가 있습니다. 그래서 국방위로 상임위를 다시 옮겼습니다.

2022. 01. 29.

✏️ 정권 교체의 대의를 위해 지난번 윤 후보와 회동할 때 참여하기로 약속한 중앙선대위 상임 고문직을 수락합니다. 그간 오해를 풀기 위해 실무 협의에 나서 준 후보 측 이철규 의원·우리 쪽 안병용 실장에게 감사드립니다. 더 이상 무도한 정권이 계속되어 대한민국을 농단하지 않도록 윤 후보가 요청하는 대선 자문에 적극적으로 응하도록 하겠습니다.

2022. 02. 27.

✏️ '위기의 민주주의' 넷플릭스에서 본 브라질 룰라 편 다큐멘터리는 가히 충격적이었습니다. 지구 반대편 브라질에서 우리와 거의 비슷한 시기에 벌어졌던 대통령 탄핵, 전직 대통령 투옥, 정치 판사의 난동, 의회의 위선과 부패, 음모가 어떻게 우리가 겪었던 일들과 흡사했을까요? 다만 좌우 진영이 바

뀌었을 뿐 거의 흡사하게 진행된 역사적 사건들이 데자뷔처럼 스쳐 가는 브라질 사태를 보면서 우리의 앞날도 참으로 우려스럽게 바라보는 휴일 아침입니다. 곧 있을 대선이 걱정스럽습니다.

2022. 03. 10.

✎ **밤새** 가슴 졸인 명승부 대선이었습니다. 비호감 대선이니 뭐니 하면서 온갖 네거티브가 난무한 대선이었지만 국민은 5년 만에 정권 교체를 선택했습니다. 이제 진영 논리는 뒤로 하고 여야가 합심하여 새로운 세상을 열어야 할 때입니다. 국민 여러분, 당원 동지 여러분, 당직자 여러분, 윤석열 당선자, 당 지도부 의원님들, 당협위원장님들 모두 다 함께 수고하셨습니다. 이제 모두 힘 모아 새로운 대한민국을 만들어 갑시다. 모두 수고하셨습니다.

2022. 03. 21.

✎ **성명서**

"민주적 원칙과 공정에 반하는 지방선거 공천 규정을 다시 논의해 주십시오."
오늘 최고위가 의결한 지방선거 출마자 페널티 조항은 다음과 같은 이유로 부당합니다.
1. 출마예정자가 상대방에게 페널티를 정하는 것은 정의에 반합니다.
이번 공천 규정 신설을 주도한 특정 최고위원은 아침에 본인의 출마를 선언하고 그 직후 최고위원회에 참석하여 자신에게 유리한 규정을 요구하여 관철했습니다. 공정과 상식의 시대, 민주적 정당에 있어서는 안 될 일이 벌어진 것으로 직위를 이용하여 직권을 남용한 그것에 불과합니다. 특히나 이 선거 저 선거에 기웃거리며 최고위원직을 이용하는 구태를 용납할 당원은 없을 것임을 분명히 밝혀둡니다.

2. 무소속 출마경력은 해당 선거인 지방선거를 기준으로 해야지 국회의원 선거 출마자까지 확대하는 것은 이중 처벌입니다. 이미 지난 20대 공천이 사천(私遷) 막천(막장 공천)이었고, 그래서 총선에서 참패한 것을 우리 당원과 국민이 다 알고 있습니다. 그 잘못된 공천과정을 다시 꺼내어 이번 지방선거까지 적용하는 것은 지난 1년 4개월의 복당 과정에서 이미 고통받은 사람에게는 너무 가혹합니다. 또한 다른 선거 즉 대선 경선 때도 적용하지 않았던 조항을 다시 지방선거에 들고나오는 것은 공정하지 않고 논리에도 맞지 않습니다.

3. 현역의원 출마자의 페널티 조항도 우리 당의 우세가 확실한 지역에는 적용할 이유가 없습니다. 경쟁력이 있는 현역 국회의원을 제외한다면 어쩌면 '약자들의 경쟁'으로 전락하고 본선 경쟁력만 약화할 뿐입니다. 우리 당의 강세 지역은 보궐선거를 통해 현역의원이 바로 충원될 수 있어서 당 국회의원 정수에는 영향이 없기 때문입니다.

4. 공천 방향과 관련하여 말씀드립니다. 통상 공천 때 1위와 2위의 격차가 10% 정도 벌어지면 단독 추천을 하는 데 이를 적극적으로 검토해야 합니다. 또한 현직 단체장의 교체지수가 2배 이상 나오면 이는 반드시 교체하고 컷오프해야 합니다.

5. 마지막으로 저의 경우 무소속과 현역의원 페널티 규정이 모두 해당하여 무려 25%의 페널티를 받게 됩니다. 이렇게 손발과 입을 다 묶어 놓고 어떻게 공

정한 경선을 할 수 있습니까? 지난 대선 경선 때도 급조된 당원 때문에 경선에 패배했지만, 선당후사의 정신으로 어떤 이의도 달지 않고 깨끗이 승복했습니다. 그런데도 이번 지방선거 공천 규정 과정에서 이렇게까지 하는 건 정치적 도리가 아닙니다. 이에 당에 다시 요청합니다. 지방선거 출마자 감점 규정을 철회하고 원점에서 다시 논의해 주시기를 바랍니다.

2022. 3. 21. 대구 수성을 당협위원장, 국회의원 홍준표

✏️ **이해당사자**가 주도해서 표결에 참여한 것은 법률상 당연무효 사유이고 그 속임수 표결에 참석한 그 사람은 지선 출마를 해선 안 됩니다. 공명정대해야 할 당권이 개인의 사욕으로 분탕질치는 것은 참으로 유감입니다. 권위주의 시대에도 이런 부끄러운 짓은 하지 않았습니다. 이해하기 어려웠던 대선 경선도 흔쾌히 승복했지만, 이것은 공정과 상식에 반하는 파렴치한 행동이어서 받아들일 수가 없습니다.

2022. 03. 28.

✏️ 지방선거 공천 규정 관련 의견서

제8회 전국 지방선거 공천 규정과 관련하여 당 최고위원회와 공천관리위원회에 다음과 같이 의견서를 제출하오니 반영해 주시기 바랍니다.

첫째, 지난 21일 최고위원회의 의결사항은 공정과 정의에 반하기에 전면 철회되어야 합니다.

1. 무엇보다 심판이 선수로 뛰기 위해 전례에도 없는 규정을 정한 것은 부당합니다. 이해당사자가 주도해서 표결에 참여한 것은 법률상 당연히 원인무효 사유입니다. 이번 공천 규정 신설을 주도한 특정 최고위원은 아침에 본인의 출마를 선언하고 그 직후 최고위원회에 참석하여 자신에게 유리한 규정을 요구하여 관철했습니다.

   공명정대해야 할 당권이 개인의 사욕으로 분탕질되는 것은 참으로 유감입니다. 그 어떤 명분을 들이대더라도 특정한 경쟁 후보를 배제하려는 불법·불순한 의도에 지나지 않습니다.

2. 무소속 페널티 문제도 지난해 8월 20대 총선 무소속 출마자의 복당 절차를 마무리하면서 대사면이 이루어진 셈입니다. 탄핵사태로 인해 우리 당의 주요 인사들의 탈당과 복당이 복잡하게 얽혀 있음에도 특정한 기간의 극히 일부만을 대상으로 콕 찍어 페널티를 부과하는 것은 지극히 부당합니다. 지난 기간 당내 화합과 통합을 이루고 합당 합의를 통해 이번 대선에서 승리할 수 있었습니다. 대통령 당선인께서도 국민 통합을 내세우는 시점에서 또 다른 편 가르기식 행태는 전혀 바람직하지 않습니다. 무소속 페널티 조항은 공정과 형평에 심각하게 어긋나고 당의 화합과 민주적 원칙을 훼손하는 것입니다. 특정 인사의 출마 자체를 봉쇄하려는 불순한 의도에서 나온 것으로 정의에 반하는 것입니다.

3. 현역 국회의원 출마자에 관한 페널티 조항은 전례가 없으며 우리 당의 우세가 확실한 지역에는 적용할 이유가 없습니다. 경쟁력이 있는 현역 국회의원을 제외한다면 어쩌면 '약자들의 경쟁'으로 전락하고 본선 경쟁력만 약화할 뿐입니다.

둘째, 지방선거 공천 규정은 공정과 상식, 당헌·당규에 따라야 합니다.
1. 우리 당헌·당규에는 후보 가산점 규정은 있어도 페널티 조항은 없습니다. 설령 페널티를 주려면 교체지수가 높거나 연임을 제한하기 위해 현역 단체장에게 줘야 하며 도전자에게 페널티를 주는 사례는 단 한 번도 적용한 적이 없습니다.
2. 당헌·당규는 '복수 신청자 중 1인의 경쟁력이 월등한 경우'에 단수 추천을 할 수 있도록 하고 있습니다. 통상 1위와 2위의 격차가 10% 정도 벌어지면 단수 추천을 하는 데 이를 적극적으로 검토해야 합니다. 또한 현직 단체장의 교체지수 격차가 2배 이상이면 이는 반드시 교체하고 컷오프를 해야 할 것입니다.

셋째, 지방선거에 출마하는 최고위원은 즉각 자리에서 물러나야 합니다.
당 최고위원에서 즉각 사퇴하여 더 이상 당무와 선거 공천 규정 논의에는 참여하지 않는 것이 당헌 정신에도 부합되고 정치 상식에도 맞습니다. 이번 지방선거에 출마할 당협위원장은 4월 1일 시한으로 일괄 사퇴하도록 하고 있습니다. 그런데도 당무의 최고 권한을 가진 최고위원이 출마 선언 후에도 그 직을 사퇴하지 않고 경선 규정에 개입하는 것은 후안무치한 행위입니다.
과거 당 대표나 최고위원 등 당의 지도자들은 당직을 사퇴한 후 선출직에 도전했고, 이것이 우리 당의 당연한 전통이자 책임정치의 자세였습니다. 박희태 한나라당 당 대표는 2009년 10월 치러진 경남 양산 재선거에 출마하면서 2009년 9월, 당 대표직을 사퇴한 후에 공천신청을 했습니다. 또 2018년 6월에 열렸던 지방선거를 앞두고 부산시장에 출마할 이종혁 최고위원과 대구시장에 출마할 이재만 최고위원도 2017년 12월 각각 최고위원을 사퇴하고 공천

신청을 한 사례가 있습니다.

넷째, 지방선거 경선의 공정한 경쟁을 보장해 주십시오.
저의 경우 무소속과 현역의원 페널티 규정이 모두 해당하여 무려 25%의 감점을 받게 됩니다. 이렇게 손발과 입을 다 묶어 놓고 어떻게 공정한 경선을 할 수 있습니까? 25% 페널티 적용은 사천·막천이 자행되었던 20대 총선 당시 공천 배제 행태와 별로 다르지 않습니다. 지난 27년간 당과 흥망성쇠를 함께 했습니다. 지난 대선 경선 때도 급조된 당원 때문에 경선에 패배했지만, 어떠한 이의도 달지 않고 깨끗이 승복했습니다.
그런 제가 무슨 잘못이 있다고 벌을 받으면서까지 경선해야 하는지 결코 받아들일 수 없습니다. 복당 때문에 1년 4개월 동안 고통받은 저에게 또다시 이런 페널티를 물리려는 것은 너무나 가혹한 처사이고 정치적 도의에도 맞지 않다고 생각합니다. 이제 중앙정치에서 비켜나 고향 대구의 리빌딩과 미래번영을 위해 시정(市政)에 집중하고자 하는 저의 뜻을 받아 주시기 바랍니다. 공정과 상식의 시대, 당헌과 형평에 걸맞은 공천 규정을 마련하여 국민과 당원의 신뢰를 얻고 지방선거 압승으로 지방 권력도 되찾아 올 수 있기를 진심으로 기대합니다.

2022. 3. 28. 대구 수성을 당협위원장, 국회의원 홍준표

6

모두가
승자가 되는
좋은 정치는
없나요?

> 정치는 상상력이 풍부한 사람들이 서로 의논해
> 좋은 세상을 만들어 가는 과정인데
> 왜 이리 편 가르고 서로 증오하고 미워하는 각박한 정치로 변했나요?
> 모두가 승자가 되는 좋은 정치는 없나요?
> 이렇게 해서 같이 망하자는 건가요?

2022. 03. 31.

✏️ "Change Daegu!,
다시 대구의 영광을!"

존경하는 국민 여러분! 그리고 대구 시민 여러분!
오늘 대구광역시장 선거 국민의힘 후보 경선 출마를 알리고자 이 자리에 섰습니다. 이곳 수성못 상화 동산은 꼭 2년 전인 2020년 3월 17일 20대 국회의원 선거에서 출마 선언을 했던 매우 뜻깊은 곳입니다. 상화 동산 출마 선언으로 국회의원이 되었고 다시 상화 동산에서 대구시장직 출마를 선언합니다.
이곳 수성못은 그대로인데, 그간 참으로 많은 변화가 있었습니다. 저는 지난 대선 후보 경선 과정에서 우리 국민과 대구 시민의 뜨거운 성원이 있었음에도 뜻을 이루지 못했습니다. 모두가 내 힘이 미치지 못했고 부족했기 때문으로 생각합니다. 함께 힘을 모아준 모든 분께 다시 한번 깊은 감사를 드립니다. 다행스럽게도 정권 교체가 이루어졌고 새 정부의 출범이 준비되는 시점입니다. 제가 중앙정치에서 비켜나 주는 것이 선의의 경쟁을 아름답게 마무리하는 모습이라 생각했습니다.

옛날 영남의 선비들은 괘방령(掛榜嶺)을 넘어 과거를 보러 올라갔고, 추풍령(秋風嶺)을 넘어 낙향했다고 합니다. 저도 이번에는 추풍령을 넘어 고향으로 돌아왔습니다. 지난 대선 경선에서 보내 주신 그 성원과 사랑 그리고 제 꿈과 비전을 소중히 품에 안고 이제 고향 대구로 돌아왔습니다. 지난 대선 경선에서 저는 'G7 선진국 시대'를 외쳤습니다. 그런 G7 선진국의 비전과 정책을 대구광역시에서 먼저 실현해 보고자 합니다.

대구 시민들과 함께 자유와 활력이 넘치는 역동적인 대구를 만들고 대구의 영광을 위해 진력하겠습니다. 고 박정희 대통령의 뒤를 이어 대구의 50년 미래를 설계하고 미래 첨단 산업을 중심으로 대구 중흥의 토대를 닦겠습니다.

존경하는 250만 대구 시민 여러분!

대구는 저를 키워준 고향입니다. 학창 시절을 보낸 후 검사 시절을 마치고 정치에 뛰어들면서도 저의 마음은 내내 대구를 향해 있었습니다. 1995년 정치에 입문하면서 첫 출마지를 대구 수성구로 고려했던 이래 지난 20대 총선 출마까지 무려 7차례나 고향 대구 정치를 꿈꾸어 왔습니다.

이 중 2006년과 2014년 지방선거에서는 대구시장 출마를 고민하기도 했습니다. 이번이 3번째 도전인 셈입니다. 제 오랜 염원에 우리 시민들께서 손을 내밀어 주시기를 바랍니다. 또한, 대구는 저의 정치적 둥지입니다. 저는 지금도 잊을 수가 없습니다. 2년 전 갈 곳 잃은 저를 받아 주신 곳이 바로 대구였습니다. 20대 총선 과정에서 경쟁자 쳐내기를 위한 사천과 막천이 자행되었습니니다. 저는 유랑극단처럼 출마지를 찾아 여기저기를 떠돌아야 했습니다.

경남 밀양에서 밀려나고 양산에서 컷오프당하며 실의에 빠져 낙담하고 있을 때 제 손을 잡아주신 분들이 바로 대구 고향 분들입니다. 낙동강을 거슬러 올라와 이곳 수성못 상화 동산에서 출마 선언을 할 때가 투표 1달 전이었습니다. 그런데도 대구는 저를 살려주셨고 정치적으로 일으켜 세워주셨습니다.

지난 대선 경선도 우리 대구의 기운과 시민들의 뜨거운 성원이 있었기에 도전할 수 있었습니다. 이제 대구시장으로서 새로운 길을 가려 합니다. 시민 여러분이 보내 주신 성원과 지지를 대구의 도약과 번영으로 보답하고자 합니다.

존경하는 대구 시민 여러분!

우리 현대사의 고비마다 대구는 늘 앞장서 왔고 나라를 바로 이끄는 주역이었습니다. 국채보상운동으로 일제에 맞서고 낙동강 방어선으로 6·25전쟁에서 나라를 구했습니다. 2.28 민주화 운동으로 민주주의를 뿌리내리게 했습니다. 산업화 시대의 대구·경북은 성장과 번영의 중심이었고 대구는 대한민국 중심 중의 중심이었습니다. 대구가 곧 대한민국이었고 대한민국은 대구로 인해 빛났습니다. 그러나 오늘의 대구는 70~80년대의 성취와 영광을 뒤로한 채 쇠락과 쇠퇴의 길을 걷고 있습니다. 지난 20여 년간 대구 혁신을 위한 다양한 노력이 있었지만, 성과는 눈에 보이지 않습니다. 1인당 지역총생산(GRDP)은 만년 꼴찌이고 전국 대비 비중은 고작 3%대에 머물고 있습니다. 대구의 산업은 노후화하고 있고 인구는 오히려 줄어 60% 이상이 서울 수도권으로 빠져나가고 있습니다.

대구 행정과 정치권의 역할이 무엇보다 중요한 시점이지만, 과연 제 몫을 다하는지도 의문이 있습니다. 대구의 변화와 영광을 위해서는 정치와 행정, 시민 모두의 협력이 필요합니다. 50년을 내다보는 혜안으로 변화와 쇄신을 이

끌고 이를 힘있게 추진할 강력하고 유능한 리더십이 필요합니다. 지난 20여 년간 그랬던 것처럼, 중앙정부가 주는 예산에만 매달리는 '천수답 행정'으로는 대구 도약은 어렵습니다. '고르디우스의 매듭'을 단칼에 끊어낸 결단과 리더십이 대구에는 필요합니다.

사랑하는 대구 시민 여러분!

지금은 대구의 도약과 대전환의 시점입니다. 대구의 번영과 영광을 위한 놓칠 수 없는 기회입니다. 저는 지난 총선에서 대구의 꿈과 대한민국의 미래를 말씀드렸습니다. 대구·경북의 무너진 자존심을 회복하고 대구를 풍패지향(豊沛之鄕)으로 만들겠다고 말씀드렸습니다. 대구통합 신공항을 국비로 건설하고 반도체 플라잉카 첨단 산업을 유치하겠다고 약속했습니다.

이제 대구시장이 되어 지혜와 능력과 경륜을 모두 모아 저의 약속을 더욱 힘차게 추진해 나가겠습니다. '체인지 대구(Change Daegu)'로 자유와 활력이 넘치는 파워풀 대구(Powerful Daegu)를 만들겠습니다.

첫째, 대구 리빌딩으로 50년 미래번영의 토대를 마련하겠습니다.

둘째, 대구 대전환으로 시정을 혁신하여 활력 넘치는 기회의 땅으로 만들겠습니다.

셋째, 글로벌 대구로 민간과 해외의 협력을 강화하여 세계로 열린 도시를 만들겠습니다. 저는 대구의 산적한 과제를 대구통합 신공항으로 풀어나가고자 합니다. 그래서 지난 국회의원 의정활동 동안 신공항에 집중했습니다. '기부 대 양여' 방식이 아니라 국비 지원을 위한 신공항특별법을 발의했습니다. 이 공항 문제를 TK의 중심 어젠다로 만들었고, 새 정부의 전폭적인 약속을 받아 냈습니다. 앞으로 물류 중심의 관문 공항 건설, 공항 산단 조성, 대구 거점 항공사 유치, 플라잉카와 사통팔달 광역교통망 체계 구축 동촌 후적지와 금호강 개발 등으로 대구를 천지개벽하도록 하겠습니다. 지역 균형 발전, 낙후지역 지구 단위 통개발, 대구 식수 문제, 첨단 기업과 글로벌 외자 유치 등 현안 해결을 통 크고 시원하게 추진하겠습니다.

존경하는 대구 시민 여러분!

대구의 새 시대를 열어갑시다. 대구의 번영과 영광을 되찾읍시다. 낙동강 변 달성 이노정에서 팔공산 비로봉까지 구석구석 어느 한 곳 소홀함이 없이 살피겠습니다. 자유와 활력이 넘치는 파워풀 대구를 만들겠습니다. 천하 경영의 포부를 대구 시정에서 먼저 시작하겠습니다. 다시 대구의 영광을! 능금 꽃 피는 희망의 대구를 향해 우리 모두 손잡고 힘차게 나아갑시다. 감사합니다.

2022. 3. 31. 국회의원 홍준표

2022. 04. 06.

 대구 3대 구상·7대 비전

【 슬로건 】

'Change Daegu!, 다시 대구의 영광을!'
'자유와 활력이 넘치는 Powerful 대구!'

【 3대 구상 】

- 미래번영
 - GRDP 만년 꼴찌에서 벗어나 부자 대구, 1등 대구 토대 구축
 - 대구통합 신공항과 공항 산단 조성

- 대구 50년 먹거리 기반 마련
  * 5대 미래산업 육성: 플라잉카, 반도체, 로봇, 헬스케어, ABB (AI, Big data, Blockchain)

▪ 혁신 행복
- 대구 시정개혁단 구성: 적체된 개혁 과제 해결(도시개발, 교통, 복지, 물 문제 등), 규제 혁파와 갑질 근절
- 'AI 블록체인 행정'으로 예산 절감과 시민 행복
  * 첨단기술 활용한 공공 서비스 확대 – 서민 두 배 복지
- 중앙정부 예산에만 기대는 '천수답 경영 행정' 지양 민간부문과 해외 글로벌 협력 강화

▪ 글로벌, 세계로 열린 도시
- 월드클래스 대구: 2030년 도시경쟁력 세계 70위권 도약 글로벌 스마트 도시 건설
- 대구의 개혁 개방: 세계로 미래로 열린 도시
- 글로벌 대전환, 두바이와 홍콩식 개방도시 지향
  * 공항 후적지, 금호강 - 수성못 연계 세계적 문화 콘텐츠 마련
- 대구 신공항 미주 유럽 직항 연결, 하늘길로 세계와 소통
  * 신공항 거점 항공사 유치

【대구 7대 비전】

미래번영

1. 대구통합 신공항과 공항 산단 조성
1) 대구통합 신공항

* '대구통합신공항법' 통과로 국비로 건설
- 중앙정부 규제 완화, 예비 타당성 조사 면제 등 추진
- 3.8km 활주로, 470만 평, 2030년 완성 목표
　　* 국비+민자 100조 원 선(先) 투입. 후적지 개발 등 환수
- 대구 도심공항터미널, 공항 - 대구 플라잉카 노선
2) 공항 산단
　　* 박정희의 구미공단, 포항제철에 버금가는 50년 먹거리 조성 신공항 인근 첨단 산업단지 조성 660만㎡ (2백만 평)
(1) 반도체 클러스터 조성
(2) 미래 차 선도 단지: 전기 수소차, 플라잉카 산단 조성
　　* 30만 명 규모의 에어시티 (공항도시) 건설

2. 미래 첨단 산업 육성

1) 동대구로 융합 벤처 밸리 조성
- 동대구 도심 융합 벤처 밸리 (경북대-동대구역-범어네거리)
　　* ABB(AI, 블록체인, 빅데이터) 산업 중심. 유망 기업 유치
　　* 대구 동부소방서(3천㎡)와 법원 검찰청 후적지(4.4만㎡) 활용
　　* 경북대 - 삼성 창조캠퍼스, 설립될 대경 경제과학연구원 연계
2) 대구 산단의 첨단화·재구조화
- 기존 산업단지는 고부가가치 미래 혁신산업의 전진기지로 고도화 5대 미래 산업 중심으로 재편
　　* 플라잉카, 시스템반도체, 로봇, 헬스케어, ABB 등
- 서·북구 도심 산단은 4차 산업 지식서비스 첨단 업종으로 전환(성수 및 구로

공단의 디지털 단지 전환 사례)
- 청년 제조 창업 활성화와 문화 쇼핑 공간 조성, 규제혁신을 통한 준공업지역 확대, 도시재생

글로벌

3. 공항 후적지 두바이 방식 개발

1) 대구 동촌 후적지 (210만 평) 두바이 방식 개발
- 특별법으로 '신공항 특구'로 지정
- 첨단 관광, 상업, 첨단 산업 지구화로 '24시간 잠들지 않는 도시'로 개발 '워터 프론트' 수변 위락 지구 조성

2) '신공항 20분 시대'- 교통망 확충
- 동대구-서대구-공항 고속철도 - 직통 고속도로 (신공항-칠곡 고속도로 등)
- 플라잉카 직통노선 (동대구역, 동촌 후적지 등 거점 지역)

4. 글로벌 첨단 문화 콘텐츠 도시

1) 대구문화 인프라 확충
- 청년층이 바라는 IT, SW, 문화 콘텐츠, 신서비스 산업 투자 확대
- 대구 종합예술 아카데미 설립 추진
- 두류 공원 첨단 위락 단지 조성

2) 대구 지역자원을 활용한 문화 콘텐츠 강화
- 월드클래스 수성못 공연: 금호강 + 수성못 태조 왕건 스토리텔링 뮤지컬 등 공연 (예: 장예모 '인상여강')

3) 대구 지역자원을 연결하는 스토리텔링, 콘텐츠 강화: 웹툰, 영상, 음악 등

지역자원 연결하는 메타버스 콘텐츠 개발

혁신 행복

5. 금호강 르네상스

1) 금호강 43km, 금호 백 리 물길 조성
 - 하저 정비와 수위 유지를 위한 보 설치
2) 금호강 수변 개발 확대
 - 강수욕장 등 시민 친수 활용 증진, 친환경 접근
3) 신천 및 공항 후적지 금호강 연계 물길 활용

6. 맑은 물 하이웨이

1) 맑은 물 공급은 지자체의 제1의 책무 수도권, 광주 등은 1급수 댐 물을 원수로 사용
2) 대구 물 문제의 발상 전환, 근본 해결
- 고도정수 필요한 낙동강 지표수 대신 댐 물 공급
- 대구취수원 구미 이전 사업과는 별도로 진행
3) 낙동강 수계 상류 댐을 도수관로로 연결, 식수 하이웨이 건설
- 최상류 영주댐-안동댐-임하댐-영천댐-운문댐 (120km)
- 운문댐, 영천댐에서 상류 맑은 물 식수 공급
- 낙동강권 5개 광역 지자체 협력

7. 미래형 광역 도시

1) 도시경쟁력을 높이는 주거계획

* '대구플랜 2040' - 대구 생활권 기본 계획 수립

　　* 시민 중심 광역도시계획 - 지역별 맞춤형 생활 단위 계획 수립

　　* 대구 스카이라인 창조, 단계적 재건축 종상향 추진

2) 플라잉카, 고속철도 중심 광역교통망 구축

　　* 더 큰 대구를 위한 광역교통체계: 광역고속철도망 구축

2022. 04. 10.

✎ 요즘 모래시계 드라마 직후의 시절보다 청년들로부터 더 주목받는 기현상을 겪으면서 더욱더 청년들의 롤 모델이 되는 삶, 청년들에게 꿈과 희망을 줄 수 있는 삶을 살아야겠다고 새삼스럽게 느끼게 됩니다. 어제 삼성라이온즈 야구장에서 보여준 대구 청년들의 열광적인 지지에 더욱더 부담감을 느낍니다. 제 정치 인생이 끝날 때까지 그 정신은 잊지 않도록 하겠습니다.
대한민국 청년들 모두 다 함께 힘내세요.

2022. 04. 25.

✏️ **검찰은** 공소제기와 유지만 하고 공수처, 검경 수사권 모두 폐지하고 한국형 FBI로 독립된 국가수사국을 설치해 국가수사국에서만 모든 수사를 담당하게 하는 수사체계 개편을 하면 될 것을 도대체 유명무실한 공수처, 중대범죄수사청, 검찰, 경찰 등 수사를 잡다한 기관에 흩어버리는 이유가 무엇인지 의아스럽습니다.

검찰이 정치검찰로 변질한 지 오래인데 그걸 개혁하려면 단순명료하게 독립된 국가수사국 설치 하나만 있으면 되는데, 아직도 검찰과 줄다리기하면서 미몽에서 벗어나지 못하는 정치권이 안타깝네요.

2022. 04. 29.

✏️ **존경하는 의원님께**

2년 전 21대 총선에서 의원님과 같이 등원했지만, 임기를 함께 하지 못하고 국회를 떠나게 되었습니다. 지난 26년간 여의도 정치를 하면서 5선 국회의원, 재선 도지사, 두 번의 당 대표와 대선 후보까지 어떤 자리에서든 소신과 원칙을 가지고 최선을 다했다고 자부합니다.

돌아보면 지난 26년은 영욕의 세월이었습니다. 때로 승리와 영광의 순간도 있었고 또 패배와 인고의 시간도 있었습니다. 정치적 부침이야 다반사(茶飯事)이겠으나 저는 그 순간마다 결단했고 돌파해 왔습니다. 지난 26년은 오직 나라와 국민을 위한 시간이었다고 생각합니다.

이제 여의도 정치에서 비켜나서 고향 대구의 일에만 집중하고자 합니다. 중앙 정치는 윤석열 당선인과 여러분께 맡기고 저는 지역 행정에 전념하면서 대구의 영광과 번영에 매진할 것입니다. 앞으로 지역과 지방의 일이나 '대구통합 신공항특별법' 등 대구 발전을 위한 법률과 예산 문제에 더 많은 관심을 가지고 도와주시기를 요청합니다. 대구시정을 맡으면 더욱 긴밀히 소통하고 협력하겠습니다.

새롭게 출범하는 윤석열 정부의 성공은 여러분의 몫으로 돌리고 저는 앞으로 4년 임기 동안 대구시정의 성공을 통해 그 책무에 기꺼이 함께하겠다는 말씀을 드립니다. 마땅히 찾아뵙고 인사를 드려야 하나 사정이 여의치 못해 이렇게 서신으로 대신하고자 합니다. 의원님의 멋진 의정활동과 빛나는 성취를 기원합니다. 감사합니다.

2022. 4. 29. 국회의원 홍준표 드림

2022. 05. 06.

✏️ **김부겸 총리**께서 진영 논리를 비판하고 정계 은퇴를 시사하는 듯한 발언을 한 것을 보면서 참으로 많은 생각을 하지 않을 수 없습니다. 한나라당에 같이 있을 때는 형제처럼 지내면서 친하게 지내다가 이념이 맞지 않아 민주당으로 옮긴 이후에도 우리는 그 친분을 그대로 유지하고 있었는데 막상 그가 정계를 떠난다고 하니 저렇게 모든 사안에 합리적인 분도 진영 논리에 갇혀 그간 얼마나 마음고생이 심했을까 하는 측은함도 있습니다.

아끼는 여야 후배 정치인들이 정계를 떠나는 것을 보면서 아직도 정계에 남아 있는 제가 송구한 마음을 금할 수 없습니다만 그래도 아직 할 일이 남았다고 국민 여러분과 대구 시민들이 인정해 주시니 고맙기 그지없습니다. 오늘 또 다른 시작을 위해 여의도 정치를 떠나 대구시정에 전념하고자 당의 공천장을 받으러 국회 의원회관 회의실로 갑니다. 세월을 넘어서는 청춘의 꿈으로 새로운 출발을 하겠습니다.

2022. 05. 09.

✏️ **공당의 공천**은 원칙이 있어야 합니다.

지난번 총선 참패는 무원칙한 막천이 원인이었습니다. 부동산 투기 혐의로 스스로 의원직을 사퇴하고 얼마 되지도 않았는데 당 대표, 안철수의 인천 불출마를 지적하면서 자신의 격을 착각하고 연고도 없는 인천에 자객공천을 해주면 나간다는 공천 희화화를 보니 그건 아니다 싶기도 하고 떠도는 헛소문이길 바랐습니다. 취임식 참석을 내걸고 공천을 요구한다거나 있지도 않은 윤심(尹心)을 내세워 또다시 공천 사기나 치려고 하는 행태가 있다면 모두 정상적이지 않습니다. 최근 일부 지방에서 벌어지고 있는 지방선거 공천 갑질 행태도 도를 넘었습니다. 이제 여당이 되었는데 당이 원칙을 세우고 조금 더 무게감 있게 대처했으면 좋겠습니다.

✏️ **과거 권위주의 정권** 시절에도 야당 대표가 출마하는 지역은 무공천하거나 여야 대표가 출마하는 지역은 서로 정치적 고려하기도 했는데 상대 당의 상징적 인물이 나오는 지역에 자객공천을 한다거나 정권의 초대 국무총리

인준을 정치적 거래의 대상으로 삼는 야박한 정치 현실이 참 안타깝습니다. 정치는 상상력이 풍부한 사람들이 서로 의논해 좋은 세상을 만들어 가는 과정인데 왜 이리 편 가르고 서로 증오하고 미워하는 각박한 정치로 변했나요? 모두가 승자가 되는 좋은 정치는 없나요? 이렇게 해서 같이 망하자는 건가요?

2022. 05. 21.

✏️ **삼성 이재용 부회장**이 평택 삼성 반도체 단지를 방문한 윤석열, 바이든, 두 분 대통령을 안내하는 모습을 참 보기 딱할 정도로 안쓰럽게 느껴진 것은 아직 사면, 복권이 되지 않아 피고인 신분을 벗어나지 못했기 때문이었을까요? 문재인 정권에서 말 두 마리로 엮은 그 사건은 이제 풀어 줄 때가 되지 않았나요? 경제도 복합 불황이 다가오고 있고 국민 통합을 외치는 윤석열 정부가 새로 들어섰는데 MB에게도 문 정권이 행한 보복의 행진을 멈추고 이젠 사면, 복권을 해야 할 때가 아닌가요?

이제 80 노구가 되신 MB에 대해 신병부터 풀어주는 형 집행 정지 조치가 시급합니다. 세상이 달라졌다는 상징적인 사건이 바로 이 두 분의 사면, 복권이 아닌가요? 복수의 5년 세월을 보내다가 평산 마을로 내려가 편안한 노후를 보내는 분도 있는데 이제 그분이 묶은 매듭은 단칼에 풀어야 할 때가 아닌가요? 윤석열 새 정부가 이번 지방선거 후 대 화합의 결단을 해 주시기를 정중하게 요청합니다. 옛날에도 왕이 바뀌면 나라의 모든 감옥을 열어 새 정권에 동참할 길을 열어주었다고 합니다.

2022. 05. 22.

✏️ **서문시장** 유세와 상인 간담회에 이어 대구 FC 축구장에 갔습니다. 지난번 수원 FC를 3대 0으로 완파한 데 이어 오늘도 강원 FC를 3대 0으로 완파했습니다. 경남 FC 구단주를 할 때는 제가 가기만 하면 지는 바람에 아예 축구장에 가질 않았는데 대구 FC는 두 번 갔는데 두 번 다 고맙게도 완승하는군요. 앞으로 구단주가 되면 자주 가야겠네요.

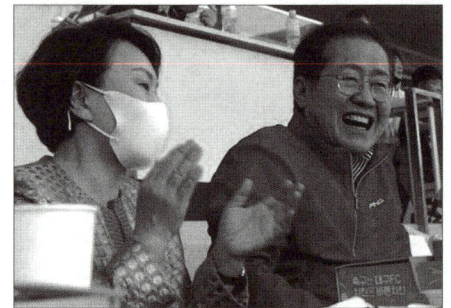

✏️ **가는 그곳마다** 청년들과 중고등학생들, 심지어 초등학생들도 반겨 주면서 사인 요청하고, 사진 촬영 요청하는 기현상을 보면서 참 늘그막에 호강한다는 생각을 지울 수가 없네요. 그간 내 인생 헛살지 않았다는 안도감도 있지만 얼마나 답답하고 앞이 보이지 않으면 저럴까 하는 부담감도 가슴을 짓누르는 요즘입니다. 새 정부가 부디 이들에게 실망을 주지 않고 꿈과 희망을 주었으면 합니다. 시정을 인수하면 저도 이들에게 꿈과 희망을 되찾아 주는 바른 시정을 펼쳐야 하겠다는 다짐을 다시 해 봅니다.

2022. 05. 31.

✏️ **언더도그**일 때 싸우고 시비 걸고 트집 잡는 게 선거 대책의 기본인데 압

도적 우위로 출발해서 매일 저렇게 시민들과 시비 붙고 터무니없는 공약으로 당에 잔뜩 부담만 지우고 전국적으로 비난만 받고 인제 와서 오도 가지도 못하는 신세가 되었습니다.

인성(人性)이 그래서 그렇게 하는 건가요? 저런 생각으로 어떻게 대선을 치렀을까요? 자신의 그릇이 거기까지인가요? 저러다가 몰락하는 건가요? 같이 정치하는 입장으로서 여야를 떠나서 참 딱합니다.

✏️ 코로나에도 불구하고 3,000여 명 시민들이 찾아주신 가운데 한 시간 동안 수성못 상화 동산 앞에서 피날레 유세를 했습니다. 동원된 분들이 아니고 대구가 걱정되어 자발적으로 찾아오신 분들이어서 더욱더 감사드립니다. 같이 해 주신 김용판, 김승수 의원님, 이인선 후보님, 김대권 수성구청장님께도 감사드립니다. 이제 대구 시민들의 판단만 기다리겠습니다. 선거운동 기간 애써주신 선거 운동원 여러분들, 참모진들 모두 모두 수고하셨습니다.

2022. 06. 02.

✏️ 사상 처음으로 경남지사에 이어 지역을 달리한 두 번째 광역단체장에 선출이 되었습니다만 같은 광역단체장이지만 도지사와 광역시장은 성격이 좀 다릅니다.

도지사는 시장, 군수를 지원하는 지원기관이지만 서울시장을 비롯한 광역시장은 지원기관이 아니라 집행기관으로서 관할 내 도시행정을 총괄적으로 직접 집행하는 집행기관입니다. 그래서 직접 대민업무를 담당하고 업무의 강도도 지사보다는 좀 센 편입니다. 두 유형의 광역단체를 맡게 되는 기회를 주신 대구 시민들에게 깊이 감사드리며 대구 미래 50년의 기반을 마련하는 원년 시장이 될 것을 약속드립니다.
 잘해 보겠습니다.

✏️ **이번** 지방선거에서 있었던 유감 몇 가지 사례

경기지사 선거에서 보인 일부 강성보수의 관종정치 분탕질은 참으로 유감입니다. 지난 서울 교육감 선거에서 본 그대로 이번 서울 교육감 선거에서도 보인 어느 강성보수 교육감 후보의 분탕질은 참 어이가 없네요. 영남 일부 지역에서 보인 일부 국회의원들의 공천 갑질은 2년 후 고스란히 자신들에게 부메랑이 되어 돌아갈 겁니다. 이 사람들만 아니었으면 만점짜리 지방선거가 되었을 건데.

2022. 06. 03.

✏️ **'청년의 꿈'**이 1억 뷰를 돌파해 1억 50만 뷰가 되었습니다. 약속한 대로 1억 뷰 돌파 기념으로 홍카콜라 라이브 쇼를 준비하겠습니다. 어떤 형식으로 축하쇼를 할지는 검토해 보겠습니다.

2022. 06. 08.

✏️ DJ는 평생을 전남 목포를 근거지로 정치를 해 왔고 YS는 평생을 부산을 근거지로 정치를 해왔고 JP는 평생을 충청을 근거지로 정치를 해 왔습니다. 그런데 그분들에게 왜 수도권에서 출마하지 않느냐고 시비 거는 일을 본 일이 없는데 수도권 강북에서 주로 정치를 하다가 대구시장으로 내려간 나를 두고는 걸핏하면 시비를 거는 못된 심보를 보면 왜 그러는지 이해가 잘 가지 않네요.

시비 트집을 위한 트집은 이제 그만했으면 합니다. 선출직 한 번도 하지 않았던 분도 대통령이 되는 시대가 되었습니다. 대구시장 당선되던 날 인터뷰를 하면서 어느 방송사 못된 앵커가 고약한 심보로 묻는 질문을 들으면서 네가 한번 출마해 보라 대구시장 되는 일이 그리 쉬운가 하는 대답을 할 뻔했습니다.

2022. 06. 10.

✏️ 유명무실한 공수처는 이제 폐지할 때가 되지 않았나요? 문 정권 때 검찰 수사권 제한의 하나로 무리하게 만든 세계 유례없는 옥상옥 기관인 공수처는 이제 폐지할 때가 되지 않았나요?

무능하고 아무런 기능도 행사하지 못하는 문재인 정권의 상징인 공수처가 아직도 남아 국민 세금이나 축내는 이유가 무엇인가요? 공수처장이나 공수처 근무하는 검사들은 이제 스스로 부끄러움을 알고 그만두어야 하지 않은

가요? 출범한 지 꽤 되었는데 왜 검사와 수사관 충원이 안 되는지 생각이나 해 보셨습니까?
이미 출범 초기 이성윤 사건 처리하면서 김진욱 공수처장이 보인 행태가 중립적 수사기관이 아니라 정치적 수사기관이었다고 자인한 데에서 기관의 불신이 시작되었고 그 이후 계속된 무능이 기관의 존폐 논쟁을 불러온 겁니다. 지난 대선 때 나는 정권이 바뀌면 공수처를 폐지해야 한다고 주장했었는데 요약하면 문 정권의 공수처 설립은 희대의 코미디였습니다.

2022. 06. 11.

✏️ **인수위 첫날** 어느 지방지 언론에 이런 기사가 게재된 일이 있었습니다. '광역, 기초 할 것 없이 너도나도 인수위를 구성했다. 짧은 기간 동안 무얼 한다고 너도나도 인수위를 구성하냐? 인수위원이 시정, 또는 군정에 들어간다면 유착 관계가 아니냐? 시의원 출신, 도의원 출신은 다 알고 있어서 인수위 없어도 된다.' 이른바 인수위 무용론을 쓴 것입니다. 이건 참으로 무지하고 어처구니없는 언론 갑질이라고 아니 할 수가 없습니다.

인수위는 법령에 따라 당연히 구성되는 것이고 중앙이나 지방이나 지도자가 바뀌면 바뀐 정권이 전 정권의 정책을 보고받고 계승할 것과 폐기할 것, 새롭게 할 것을 정리하기 위해서 인수위를 운영하는 것입니다. 대통령은 두 달 동안 인수위를 하지만 지방자치단체장은 한 달 동안만 하게 되어 있습니다. 인수위원 중 일부가 국정·도정·시정에 참여하는 것도 유착이 아니라 업무의 연속에 불과하고 그건 지극히 자연스러운 일입니다.

내가 시정을 몰라서 인수위를 구성한 게 아니고 더 잘하기 위해서 한 것입니다. 왜 이런 무식하고 무지한 기사가 인수위 첫날 나왔는지 그 배경은 짐작하지만, 비난을 하려면 인수위원들의 자질, 도덕성을 비난하는 게 정도이지 무식하게 인수위 무용론을 말하는 것은 무지한 까닭에서 비롯된 것입니다. 비판은 언제든지 받아들일 수 있지만 무지에서 출발한 막무가내식 비방은 스스로 자제해야 합니다.

2022. 06. 13.

✏️ **가까스로** 정권교체를 이루고 국민의 도움으로 지방선거에도 선전했으면 당이 하나가 되어 정권의 기초를 다지는 데 전념해야 하거늘 아직 정치물이 덜 든 대통령을 도와주지는 못할망정 당권투쟁에만 열을 올린다면 그건 국민을 배신하는 겁니다. 산적된 현안이 쌓인 국회는 내팽개치고, 당권투쟁이라니 모두 자중하십시오. 지금은 힘을 모아 정권의 기반을 닦을 때입니다.

2022. 06. 15.

✏️ **5년 내내** 무자비한 보복 수사를 자행해 놓고 이제 와서 시작도 안 한 사건을 보복 수사한다고 난리를 칩니다. 그동안 보복 수사로 감옥에 갔거나 갔다 온 사람이 얼마나 되는지 알기는 하나요? 이참에 수사하다가 중단한 불법으로 원전 중단 지시한 최종 책임자와 울산시장 불법 선거에 관여한 최종 책

임자도 수사하는 게 맞지 않겠나요?
지은 죄가 많은 모양입니다. 하기야 방탄복 주워 입기 위해 다급하게 국회 들어간 사람도 있으니 그런 말이 나올 수도 있겠다마는.

✏️ 경제부시장은 기재부에서 파견받기로 했고 신공항 추진단장은 국토부에서 항공전문가를 파견받기로 했습니다. 군사시설 이전 추진단장은 육군 장성 출신 전문가를 영입하기로 했고 금호강 르네상스 TF 팀장도 외부 전문가를 찾고 있습니다. 대구 재건을 위해 외부에서 오시는 분들은 우리가 모두 힘을 합쳐 불편함이 없도록 잘 모셔야 합니다. 열린 대구시정이 되어야 합니다.

2022. 06. 16.

✏️ 이명박 정부 때 대통령께서 어느 주말 안가에서 두 사람만 조찬을 했을 때 국정원장을 맡아 달라는 요청을 받은 일이 있었는데, 나는 그때 완곡하게 거절하면서 '국정원장은 인생 마지막 공직인데 검사 출신인 제가 비밀경찰의 수장으로 끝내는 것은 적절치 않습니다.'라고 말씀드린 일이 있었습니다. 국정원장은 바로 그런 자리이고 또 그런 생각을 하는 사람이 가야 할 자리입니다. 그런데 최근 한국 사회의 모든 정보를 담당하면서 국정원장까지 지낸 분이 퇴임한 후에 재임 중 알게 된 비밀을 무덤까지 가지고 갈 생각은 하지 않고 너무 가볍게 처신하며 언론에 나와 인터뷰하는 모습은 아무리 좋게 보려고 해도 좋은 모습은 아닙니다.
원래 그 자리에 적합한 사람이 아니었거나 적합하지 않았더라도 그 자리에 갔으면 그 자리에 맞추어 처신하는 게 올바른 행동인데 그러지 않고 아직도 관심받고 싶은 사람 정치에 매몰된 것은 이젠 고쳐야 합니다. 나는 정치를 아는 그 분을 존중하고 좋아합니다만 이제부터라도 나라를 위해 그만 자중해 주셨으면 합니다.

2022. 06. 17.

✎ **정권이 바뀌면** 전 정권에서 코드인사로 임명된 정무직들은 당연히 퇴직함이 상당함에도 임기를 내세워 임기까지 버티겠다는 것은 후안무치한 짓이라고 아니 할 수 없습니다. 도대체 직업 공무원도 아닌 정무직이 임기가 무슨 의미가 있습니까? 그것은 중앙 정부나 지방정부나 이치가 똑같습니다. 정부의 성격도 다르고 통치 방향도 다른데 굳이 임기를 채우겠다는 것은 몽니나 다름없습니다. 이미 문 정권이 이른바 블랙리스트 사건을 저지른 것도 바로 그런 거 때문이 아니었습니까? 염치를 알아야 공직을 맡을 자격이 있지요. 염치를 모른다면 공복이라고 할 수 없지요.

2022. 06. 21.

✎ **누리호 발사 성공**을 자축합니다. 세계 7대 우주 강국이 되었고 우주에서 한반도를 내려다 볼수 있는 담대한 출발입니다. 이제 미국 우주 항공사령부와 협력할 길도 열렸으니 안보에도 한 단계 점프한 셈입니다. 윤석열 정부

출범과 함께 새롭게 시작하는 대한민국입니다.
그동안 고생하신 과학자분들에게 무한한 감사의 말씀을 전합니다.

2022. 06. 22.

✎ 민선 8기 대구시정 출범을 앞두고 인수위를 중심으로 시정혁신, 산하 공공기관 대개혁 작업을 강도 높게 추진하고 있습니다. 마침 윤석열 대통령께서도 공기업 개혁을 선언하셨으니 대구 시정개혁은 더욱더 탄력을 받을 것으로 보입니다.

통합 신공항특별법은 홍준표 안, 추경호 안을 통합하여 새로운 특별법으로 발의할 준비를 마쳤고 또 한편으로는 대구통합 신공항을 거점으로 하는 항공사 본사 대구 유치도 잘 진행되고 있습니다. 그리고 대기업 데이터센터 유치도 협상하고 있습니다. 체인지 대구를 내걸고 출범하는 민선 8기 대구시정이 대구 미래 50년을 야심 차게 준비할 수 있도록 대구 시민 여러분들의 적극적인 협조를 기대합니다. 잘 준비하겠습니다.

2022. 06. 23.

✎ 검찰의 권한이 비대해지면서 검찰의 민주적 통제가 정치권의 화두가 되었을 때 검찰은 갖가지 사유를 붙여 이에 저항하다가 결국 대부분의 수사권이 박탈되었습니다. 검찰의 박탈된 수사권을 이어받았고 검찰 통제로부터

도 벗어나 더욱 강대해진 경찰권에 대해 이번에는 경찰에 대한 민주적 통제 하려고 하니 경찰이 조직적으로 저항하고 있습니다. 법무부에 검찰국이 있고 검찰 예산과 인사는 법무부 장관의 소관임에도 그동안 검찰은 이의를 달지 않았는데 행안부에 경찰국을 두어 법무부와 같이 행안부 장관이 경찰 인사와 예산을 관장하려고 하는데 경찰이 반발하는 것은 조직 체계상 참 이해하기 어렵습니다.

검찰의 독립이 예산이나 인사의 독립이 아니고 수사의 독립이듯이 경찰의 독립도 예산이나 인사의 독립이 아닌 수사의 독립에 한정되어야 하는데 왜 유독 경찰만 강대해진 권한만 누리고 예산, 인사의 민주적 통제는 받지 않으려고 하는가요? 그동안 나는 꾸준히 검경 수사권 조정 과정에서 경찰의 편을 들어왔지만, 대부분의 수사권 독립을 이룬 경찰이 예산, 인사까지 독립하려고 하는 것은 참 이해하기 어렵습니다.

2022. 06. 26.

✏️ **진주의료원 폐업** 문제를 아직도 왜곡되게 선전하는 좌파 시민단체의 선전 책동이 횡행하여 다시 한번 밝힙니다. 진주의료원은 공공의료 기능을 수행하지 못하고 강성 노조의 놀이터가 된 지 10년도 더 되어서 경남 도의회에서 폐지 논쟁을 불러일으킨 게 제가 경남지사를 하기 10년 전부터였습니다. 역대 경남지사들이 정상화를 시도했으나 강성 노조의 저항으로 번번이 실패했고 저도 여러 차례 정상화를 요구했으나 거부당하여 부득이하게 폐업 절차를 밟고 대신 건립 중이던 마산의료원을 대규모로 확장하여 간호사 기숙사

를 짓고 음압병실을 8실이나 추가하였습니다.

지금 마산의료원은 최신 시설과 장비로 전국 의료원의 모범이 되어 있고 지난 코로나 사태 때 대구 중환자들을 마산의료원 음압병동으로 이송 치료하기도 했습니다.

당시 진주 등 서부 경남의 의료상황은 의료과잉 지역으로 분류가 되어 있었고 진주의료원은 의사 16명에 간호사 150여 명을 갖추고도 외래환자가 하루 200여 명밖에 되지 않는 공공의료 기관으로는 부적합한 강성 노조의 놀이터에 불과했습니다. 아울러 2년 뒤에는 자본 잠식사태까지 예견된 최악의 상태였습니다. 이러한 사정도 간과하고 좌파 단체들의 선동에 불과한 공공의료 폐업이라는 것만 내세우는 일부 언론 기사는 참으로 유감입니다. 모르면 취재를 더 해 보고 기사를 쓰십시오.

대한민국 의료는 모두 공공 의료입니다. 대한민국에는 의료 민영화라는 것은 없습니다. 대구에 제2 시민의료원이 필요한지 아닌지는 의료현장의 상황을 보고 판단할 문제이지 그냥 막연하게 공공의료 강화라는 구실만으로 판단할 문제는 아닙니다.

2년 전 대구시장은 코로나 시민 위로금으로 현금 2,400억 원을 1인당 10만 원씩 시민들에게 뿌린 일이 있었습니다. 그게 시민들의 생활에 얼마나 도움이 되었습니까? 제2 의료원이 절실했다면 그때 왜 그 돈으로 제2 대구의료원 건립하지는 않고 엉뚱하게 돈을 뿌려 놓고 이제 와서 제2 의료원 문제를 진주의료원 폐업과 연관을 짓는지 참으로 유감입니다. 그만들 하십시오. 거짓 선전, 선동만으로 기사를 작성하고 국민을 부추기는 시대는 지났습니다. 허무맹랑한 광우병 사태를 잊었습니까?

2022. 06. 29.

✏️ **박연차 리스트** 사건으로 노무현 전 대통령을 자진케 했다는 이유로 정치보복 수사를 받고 투옥되었던 이명박 전 대통령이 형집행정지로 석방된 그것은 만시지탄이라고 봅니다. 가족기업인 다스는 형인 이상은 씨 소유였는데, MB 운전사를 꼬드겨 MB 것이라고 자백받은 후 횡령으로 몰아가고 삼성에서 워싱턴 에이킨검프에 지급한 돈은 법률 고문료인데 BBK 소송 대가로 둔갑시켜 뇌물죄로 몰아간 것은 누가 보더라도 문재인 대통령의 정치 보복 수사였습니다. 그런데 정권이 바뀌었음에도 아직도 문 정권이 덮어씌운 그 악성 프레임이 그대로 작동해 지금도 일방적으로 MB를 비난하는 것은 참으로 유감입니다. 뒤늦게나마 바른 결정을 해 준 윤석열 대통령님에게 감사드리고 8.15특사로 잘못된 정치 보복을 부디 바로잡아 주실 것을 기대합니다.

✏️ **관사 폐지 문제**가 쟁점이 되고 있습니다. 그 쟁점의 중심은 5공 시대 지방 청와대로 불릴 만큼 대통령이 지방 순시 때 잘 숙소를 마련하느라 만든 호화 지방 관사를 폐지하자는 측면에서 시작된 것이고 공직자가 지방 근무 때 기거할 숙소를 제공해 주는 것은, 그런 호화 관사 문화와는 다른 것입니다. 군대 대대장 이상, 부장검사·부장판사, 경찰서장 등 이상의 공직자분들이 지방 근무 시 제공하는 숙소는 종래 관사 문화와는 전혀 다른 것이고 근무지를 옮길 때마다 집을 사고팔아야 한다면 누가 공직을 맡으려고 하고 지방에 내려가려고 하겠습니까? 그 지역 출신이라도 외지에 생활의 근거지가 있던 사람이 내려오면 최소한의 숙소 문제는 해결해 주어야 하는 것이 타당하여서 대구에 근무하러 오는 공직자분들에게는 대구에 집이 없는 사람만 숙소를 제공

하려고 하는 것입니다. 일만 열심히 해 주면 그보다 더한 것도 해 줄 수가 있습니다. 할 일 없이 트집이나 잡는 잘못된 행동들은 이제 자제하시기 바랍니다.

2022. 07. 01.

✎ **존경하는** 240만 대구 시민 여러분! 그리고 이 자리를 함께 해 주신 내외 귀빈 여러분!

저는 오늘 자유와 활력이 넘치는 파워풀 대구를 건설하고 대한민국 3대 도시의 영광을 되찾고자 민선 8기 대구광역시장에 취임합니다. 지난 지방선거에서 대구 시민들은 저에게 78.8%라는 압도적 성원과 지지를 보내주셨습니다. 이는 대구를 되살리고 미래 50년의 번영을 위한 토대를 만들라는 간절한 열망 때문이라고 믿습니다. 저를 키워준 고향, 힘들 때 손을 꽉 잡아 준 여러분들과 함께 대구 중흥을 위해 온 힘을 기울이겠습니다. 진충보국(盡忠報國)의 정신으로 시민 여러분의 기대에 보답하겠습니다.

사랑하는 대구 시민 여러분!

일본 강점기에는 대구는 서울·평양과 함께 3대 도시였지만 근대화·산업화 이후 쇠락의 길로 접어들어 지금은 인천에도 뒤지고 있습니다. 1인당 GRDP 만년 꼴찌의 불명예가 이어지고 있습니다. 지난 5년간 인구는 10만 명이 줄었고 4만 명이 넘는 청년이 더 나은 미래를 찾아 고향을 등졌습니다.

큰 기업들이 떠나면서 대구를 이끌 중심 기업도 사라졌습니다. 이제 대구는 더 이상 물러설 수 없는 지경까지 밀렸습니다. 우리가 당면한 외부 여건도 매우 엄혹합니다. 국내외적으로 초대형 복합 위기인 '퍼펙트스톰'이 올 수도 있다는 우려가 현실로 다가오고 있습니다. 지난 정권이 남겨놓은 포퓰리즘 유산과 방만한 행정도 조속히 정상화해야 합니다. 이런 현실 속에서 민선 8기의 대구시정은 '위기 속의 개혁'이라는 화두를 안고 출범하게 되었습니다. 비상한 상황에서는 비상한 수단이 필요합니다.

대구의 대전환과 부흥을 위해서는 우리 모두의 변화와 혁신이 필요합니다. 오랫동안 대구를 지배했던 수구적 연고주의와 타성에서 벗어나 더 개방되고 자유로운 자세가 중요합니다. 우선 널리 인재를 구하겠습니다. 혈연과 학연, 지연에서 벗어나 능력이 검증된 유능한 인재를 모시겠습니다. 철저한 성과 중심의 인재 관리와 청렴도 1등급의 청정 시정을 만들고 과감한 대구 변화를 견인할 인적 인프라를 구축하겠습니다. 대구시정도 혁신하겠습니다. 공무원부터 달라져야 합니다.

시장 직속에 시정혁신단을 두고 공직 혁신을 지속해서 추진하겠습니다. 일하는 방식도 확 바꾸겠습니다. 수동적으로 다른 도시를 따라가는 것이 아니라 대구시정을 선제적이고 능동적으로 바꾸겠습니다. 정책 총괄단을 두고 실·국 간 칸막이를 뛰어넘는 정책의 사령탑을 맡기겠습니다. 시청과 공사·공단 조직도 정비하겠습니다. 민간이 더 잘하는 영역은 민간으로 넘기고 공공은 강도 높은 구조조정을 통해 조직을 혁신하겠습니다. 재정점검단을 설치하여 낭비성 예산을 줄이고 시민들의 세금을 아끼겠습니다. 공무원의 규제와 갑질을 없애고 시민을 섬기고 기업에 봉사하는 공직자로 거듭나도록 할 것입니다. 공직사회에서 먼저 시작해 공공부문이 바뀌면 미래와 번영을 향한 변화의 바람은 온 대구 전 분야에 휘몰아쳐 올 것입니다. 나아가 240만 시민들의 생각을 바꾸고 도시를 변화시켜 번영과 풍요, 자유와 활력이 넘치는 대구로 만들어 갈 것입니다.

존경하는 시민 여러분, 공직 혁신에서 시작된 변화와 대전환의 기세를 바탕으로 대구 미래 50년을 설계하고 이를 실현할 디딤돌을 하나씩 놓아가겠습니다. 번영, 행복, 글로벌은 대구 미래 50년 구상의 핵심 키워드입니다. 하늘길을 열고 첨단산업을 유치해 3대 도시 부자 대구의 기반을 만들겠습니다. 시민을 위한 행정으로 시민들이 행복한 대구를 만들겠습니다. 세계로 미래로 열린 대구를 만들겠습니다. 강한 리더십과 추진력으로 대구 미래를 좌우할 핵심과제는 직접 진두지휘하며 돌파해 나가겠습니다.

첫째, 대구 혁신의 진원이자 용광로가 될 중 남부권 관문 공항, 대구통합 신공항을 제대로 건설하겠습니다.
내륙 도시인 대구는 세계로 나가는 하늘길을 열 때 미래 경쟁력이 확보됩니다. 지난 대선을 거치면서 정부의 전폭적 지지가 보장된 만큼 군 공항은 기부대 양여로, 민간공항은 전액 국비로 추진하겠습니다. 대구통합 신공항을 대한민국 여객과 물류의 25%를 담당할 중 남부권 관문 공항으로 건설하겠습니다. 200만 평의 신공항 배후 산업단지와 30만 명 규모의 공항도시도 함께 조성하여 반도체나 미래 모빌리티 같은 첨단 분야 대기업을 유치하겠습니다. K-2 후적지 210만 평은 24시간 잠들지 않는 도시 두바이처럼 개발하여 첨단산업과 관광, 상업이 조화를 이루는 세계 경제 관광특구로 조성하겠습니다.

둘째, 대구 경제 중흥의 기틀을 굳건하게 다지겠습니다.
도시든 국가든 경제가 넉넉해야 공동체에 대한 배려와 헌신을 할 수 있고 시민의 자긍심과 도시의 존엄을 지킬 수 있습니다. 바로 지금이 성장과 혁신의 엔진을 힘차게 돌릴 때입니다. 플라잉카를 포함한 미래 차, 시스템 반도체, 로봇, 의료 헬스케어, 인공지능·블록체인·빅데이터(ABB)의 5대 첨단산업을 집중적으로 육성하여 미래를 준비할 것입니다. 아울러 동대구로에 도심 융합형 벤처밸리를 조성하고, 기존 산업단지를 첨단화, 재구조화하여 미래 혁신산업의 전진기지로 활용하겠습니다.

셋째, 50년을 내다보는 살기 좋은 선진 일류 도시의 토대를 만들겠습니다.
동대구로를 16차선으로 설계하고 1천만 그루의 나무를 심던 그런 혜안으로 대구 광역도시계획을 수립하고 도시 스카이라인을 바꾸겠습니다. 수성 남부선과 엑스코선을 연계하고 서대구역과 동촌 후적지를 관통하는 '더 큰 대구 순환 철도'를 만들어 대중교통 중심의 교통체계를 구축하겠습니다. 또한 제2작전사령부나 캠프 워커 같은 군부대를 외곽으로 이전하여 마곡-판교와 같은 첨단벤처타운으로 조성하겠습니다. 금호강 100리 물길은 대구를 품어 안은 천혜(天惠)의 자원입니다. 금호강의 물길을 열고 신천을 더 잘 정비하여 시민이 더 쉽게 이용할 수 있도록 수변 도시로 만들겠습니다. 시민들의 상수도 걱정을 근원적으로 해결하기 위해 낙동강 상류 댐 물을 도수관로로 끌어오고 이 물을 원수로 정수해 공급하도록 하겠습니다.
대구의 자원을 이용한 첨단 문화콘텐츠를 개발하고 두류공원에 글로벌 테마파크를 조성하여 글로벌 첨단 문화콘텐츠 도시를 만들겠습니다. 이런 미래 사업을 통해 대구를 G7 선진국 시대의 선도도시로 바꾸겠습니다. 제 임기 중에 사업을 완료하지 못하더라도 중단 없는 추진으로 반드시 완공될 수 있도록 필요한 기반을 만들어 놓겠다는 말씀을 드립니다.
존경하고 사랑하는 대구 시민 여러분!
이곳 국채보상운동 기념공원은 대구 항일운동의 산실입니다. 115년 전 우리

선조들은 기울어가는 나라를 구하고 경제주권을 회복하기 위해 모두가 힘을 모았습니다. 남녀노소 모두 일어나 뜻을 함께했습니다. 이제 우리 차례입니다. 대구의 영광을 위해, 그리고 각자의 번영과 행복을 위해 이제 다시 일어설 때입니다. 지난 대선에서 외쳤던 'G7 선진국 시대의 꿈'을 고향 대구에서 먼저 실현해 보겠습니다. 대구의 성공이 온 나라에 퍼지고 모든 국민이 누릴 수 있도록 전력을 다하겠습니다. 홍준표와 함께 다시 힘을 냅시다. 새롭게 앞으로 나아갑시다. 위대한 대구를 위한 담대한 전진을 다 함께 시작합시다. 앞으로 4년 동안 오로지 시민들만 보고 가겠습니다.

2022. 7. 1. 대구광역시장 홍 준 표

2022. 07. 05.

✏️ **여름**이 더운 건 당연하지만 7월 초인데 이렇게 불볕더위가 계속되고 남부지방은 아직도 가뭄이 해소되지 않아 걱정입니다. 오늘 시정 출발한 나흘째 되는 날 티웨이 항공 본사 대구 이전 협약식을 합니다. 대구·경북 미래 50년 준비의 첫발을 대구 거점 항공사 유치로 출발하는 것은 참으로 의미 있는 첫걸음입니다. 대구·경북 미래 50년의 핵심과제가 대구경북 통합 신공항이기 때문입니다. 통합 신공항을 거점으로 할 티웨이 항공사가 세계 전역으로 나르는 대한민국 2위의 항공사가 되도록 대구시는 전폭적으로 행정적 지원을 하겠습니다.

첫출발이 좋습니다.

2022. 07. 07.

✏️ **대형할인점 휴무제 폐지**는 인수위에 시민 제안으로 나온 것을 인수위원장이 소개했을 뿐인데 그것이 마치 대구 시청의 방침인 양 둔갑해서 기정사실로 보도되는 것을 보고 아하 거짓 프레임 짜는 것은 이렇게 하는구나 하는 의구심을 갖지 않을 수 없습니다. 내가 박근혜 대통령을 춘향인 줄 알았는데 향단이였다고 말한 것은 탄핵 때 국민이 그렇게 생각하고 분노했을 것이라고 말했는데, 그걸 마치 내 생각으로 판단하고 함부로 써대는 것도 무책임한 일입니다. 나는 탄핵을 반대한 게 분명한데 그걸 향단이 발언과 연계시켜 탄핵 찬성파로 제멋대로 몰아가고 그걸 또 말 바꾸기도 했다고 거짓말로 써대고 그런 걸 싸잡아 입 싼 홍준표라고 감히 단정 짓는 오늘 어느 석간 언론인의 글을 보고 참 못되고 버릇없는 사람이라고 생각지 않을 수가 없네요. 정치인들이 그런 용어를 썼다면 이해할 수 있지만 품격 있는 언론인이라면 그런 용어는 쓰지 않을 텐데 참 아쉽네요. 정도를 걷는 언론인이라면 앞뒤 사정과 발언의 문맥을 잘 살피고 글을 써주십시오. 단편적인 헛소문을 기초로 마구잡이로 사람을 몰아가는 건 무지한 언론인의 독선입니다.

✏️ **가덕도 신공항**은 국비 14조 원가량 투입되어 건설될 예정이지만 여기에는 주변 사회간접자본 시설 예산은 아직 포함되지 않고 순수 공항시설 건설비용만 14조 원이라는 겁니다. 그러나 TK 신공항 예산은 기존 민간공항 투입 1조 2천억 원에서 2천억 원 늘어난 1조 4천억 원일 뿐이고 그것은 활주로 600m를 늘여 3,800m 활주로를 건설하는 비용에 불과합니다. 10조 8천억 원이 소요되는 군 공항 예산은 별도로 기존 방침대로 기부 대 양여로 건설될 예

정입니다.

TK 신공항에 추가로 소요되는 14조 원은 부대 사회간접자본 시설비용과 주변 개발비용일 뿐이고 공항 건설 자체 비용은 아닙니다. 순수 공항 건설 비용으로 따지면 14조 원 드는 가덕도 신공항 건설비용보다 무려 10분의 1밖에 안 드는 1조 4천억 원만 민간공항 건설에 드는 셈이지요. 절대 무리한 요구가 아닙니다. 그렇다고 공기가 연장되거나 늦어지는 것도 아닙니다. 신공항특별법이 통과되면 각종 행정절차나 예비 타당성 조사가 면제되기 때문에 TK 신공항 건설은 예정보다 훨씬 단축되지요. 일부에서 오해하는 건설 지연 주장은 법안 내용을 잘 모르고 하는 잘못된 생각입니다.

2022. 07. 08.

✏️ **지난** 대선 때 두 번에 걸친 이준석 파동을 중재하여 당 내분을 봉합한 일이 있었습니다. 그러나 이번 당 내분 사태를 중재하는 중진의원이 한 사람도 보이지 않았다는 것은 참 안타깝습니다. 이제 당분간 선거가 없으니 당내 권력투쟁에 몰두할 수는 있었겠지만, 지금은 한마음으로 정권 초기 초석을 놓아야 할 때인데 끊임없는 의혹 제기로 당권 수비에만 전념한 당 대표나 여론이 어떻게 흘러가든 말든 기강과 버릇을 바로잡겠다는 군기 세우기식 정치는 둘 다 바람직스럽지 않습니다. 이제라도 중진들이 나서서 수습하십시오. 지금은 그럴 때가 아닙니다.

✏️ **누구도** 자기 자신의 문제에 대해서는 심판관이 될 수 없습니다. 이른바

자연적 정의의 원칙을 잘 설명하는 대표적인 경구입니다. 자신의 징계 문제를 대표가 스스로 보류하는 것은 대표 권한도 아니고 그렇게 해서도 안 됩니다. 가처분으로 대처할 수도 있습니다만 그것도 여의찮을 겁니다. 차라리 그간 지친 심신을 휴식 기간으로 삼고 대표직 사퇴하지 말고 6개월간 직무대행 체제를 지켜보며 재충전의 시간을 가지십시오.

정직 6개월간은 오로지 사법적 절차를 통해 누명을 벗는 데만 주력하십시오. 나도 2017. 3. 탄핵 대선을 앞두고 억울하게 성완종 리스트 사건에 엮이어 당원권이 1년 6개월 정지된 일이 있었고 항소심 무죄 판결이 나오자 당에서 당원권 정지의 정지라는 괴이한 결정으로 당원권이 회복되어 대선 후보 및 당대표를 한 일이 있었습니다. 누명을 벗고 나면 새로운 이준석으로 업그레이드되어 복귀할 수 있을 겁니다. 지금은 나라를 먼저 생각해야 할 때입니다. 당내 투쟁을 할 때가 아닙니다.

2022. 07. 11.

✏️ **곧 8.15 광복절이 다가옵니다.** 옛날 왕조시대에도 새로운 왕이 등극하면 국정 쇄신과 국민 통합을 위해 대사면을 실시해 옥문을 열어 죄인들을 방면했다고 합니다. 그 왕의 은사권(恩赦權)이 지금의 대통령 사면권입니다. 돌아오는 8.15 광복절에는 국민 대통합을 위해 이명박 전 대통령님을 비롯해 여야 정치권 인사들을 대대적으로 사면하시고 경제 대도약을 위해 이재용 삼성 부회장을 비롯해 경제계 인사들도 대사면을 하시어 국민 대통합과 경제 대도약의 계기로 삼으시도록 윤석열 대통령님께 요청합니다.

이제는 검찰총장이 아닌 대통령입니다. 정치력으로 모든 문제를 풀어나가십시오. 아울러 코로나로 인해 몰린 서민들에 대해 신용 대사면도 검토해 주십시오. 치솟는 물가와 민생고로 민생이 피폐해져 갑니다.

2022. 07. 14.

✏️ **내가 7살 때**인 1961년 5.16쿠데타가 났고 혁명정부는 농어촌 고리채 신고를 받아 고리채에 시달리던 서민들의 애환을 풀어 준 일이 있었습니다. 우리 집도 혁명정부의 방침에 따라 고리채 신고를 했는데 그 신고를 했다고 고리대금업자가 우리 엄마 머리채를 잡고 고향인 창녕 남지 길거리를 끌고 다니며 구타하는 것을 보고 그 당시 억울하고 분한 마음을 억누를 수가 없었습니다.

그 뒤로부터 나는 빚이 얼마나 무서운 것인 줄 알게 되었고 우리 가족은 부모님 생전 내내 빚에 허덕이는 비참한 생활을 했습니다. 성인이 되면서 가난하더라도 빚을 멀리했고 경남지사로 재직할 때는 채무상환에 주력해 3년 6개월 만에 채무 제로를 달성했습니다. 지금 대구시도 빚에 허덕이고 있습니다. 오늘 내 임기 중 다음 세대에 빚을 떠넘기지 않기 위해 채무상환을 강도 높게 추진하는 채무상환 계획을 발표했습니다. 빚이 얼마나 무서운 것인지 알아야 다음 세대에게 빚을 떠넘기지 않게 됩니다. 그래서 나는 선심성 포퓰리즘 정치인들을 배격합니다. 지방자치 단체뿐만 아니라 나라도 마찬가집니다.

2022. 07. 16.

✏️ **기업은** 빚을 내더라도 경영을 잘해 이자보다 이익이 더 많게 되면 차입 경영이 오히려 이익이 될 수 있지만 지방 행정을 기업처럼 차입 경영으로 운영하라고 무책임한 주장을 하는 것은 무책임한 선심성 포퓰리즘 행정을 하라고 부추기는 것과 다름이 없습니다.

지방채무가 늘면 미래세대의 부담이 과중하게 되고 국가적으로도 큰 부담만 지우는 빚투성이 나라가 됩니다. 또 지방 행정은 국가경영과 달라서 재정확장 정책으로 경기 부양을 할 수 있는 정책적 수단이 없으므로 최선의 방책은 선심 행정 타파, 부채 감축으로 줄어드는 이자를 복지비용이나 미래 준비에 투입하는 채무감축 행정이 바람직합니다. 개인이나 나라나 부채 폭증은 망국으로 가는 지름길입니다. 구한말 국채보상운동을 우리는 잊으면 안 됩니다. 그 국채보상운동의 진원지가 대구입니다.

✏️ **최근 몇 가지 단상**

1. 경찰 장악 시도입니다. 경찰만 통제 안 받는 독립 공화국인가요? 검찰은 법무부가 통제하고 장악하고 있지 않나요? 경찰뿐만 아니라 다른 부처도 장악 못 한다면 그 정권이 나라를 담당할 수 있겠나요?

2. 청년 팔이 정치 좀 그만해라. 자칭 청년대표로 나서서 설치고 있지만 나이만 청년이지 하는 행태가 기득권 구태와 다른 게 뭐가 있나요?

3. 신북풍이다, 5년 내내 북풍 정치해 놓고 김정은 2중대로 밝혀지니 신북풍이다, 그게 반격이라고 하나요?

✏️ **청부입법**이라는 것은 이익단체나 특정 세력의 청탁으로 하는 의원입법을 이르는 것인데, 집권당 내부의 당정회의를 거쳐 의원입법의 형태로 발의된 것을 최근 의석 한 석도 없는 군소 정당이 근거 없이 이를 공격한다고 해서 이를 받아 적어 청부입법으로 보도하는 것은 참 어이없는 일입니다.

그건 청부입법이 아니라 정당정치의 기본입니다. 그러면 앞으로 당정회의를 거쳐 의원입법으로 발의된 법을 모두 청부입법으로 매도할 겁니까? 또 그건 중앙 정치나 지방정치나 이치가 똑같습니다.

정부 출범 초기에 정부조직법이나 속도가 필요한 기관 통폐합의 경우 복잡한 정부 절차를 거치기보다는 통상 당정회의를 거쳐 의원입법 형태로 발의되기도 합니다. 2008. LH 통합도 제가 의원입법으로 발의한 LH 통합법을 통과시킨 겁니다.

이번 대구 시청 조직개편이나 기관 통폐합 문제도 정당정치의 기본 틀에서 정당하게 진행되는 것이지 청부입법이 아니라는 것을 명백히 밝힙니다. 아울러 조직개편이나 기관 통폐합의 경우 대부분 정부의 의견을 존중하는 것이 관례이기도 합니다.

오해 없으시기를 바랍니다.

2022. 07. 17.

✏️ **보수면 보수지** 무슨 개혁적 보수가 있고 반개혁적 보수가 있나요? 개혁적 보수 내세워 박근혜 정권 탄핵하고 문재인 정권 세운 게 개혁적 보수였나요? 그래서 5년 동안 이 나라가 어떻게 되었나요? 갓 출범한 윤 정권이 갈

팡질팡하면 도와줄 생각을 해야지 또 개혁적 보수 내세워 박근혜 정권 기시감 만들려고 하나요? 윤핵관들의 행태도 짜증이 나는 무더운 여름날인데 또다시 개혁적 보수 내세우며 틈새를 비집고 들어오는 사람들은 도대체 적군인가 아군인가요?

이준석 대표는 이제 그 근처에도 가지 마세요.

2022. 07. 19.

✎ 참 못된 기사가 떴네요. 구내식당에서 직원들 대부분 식사하고 난 뒤 12시 30분에 가서 같은 식단으로 구석진 자리에 가림막 하나 설치했다고 그것을 별궁이라고 하지 않나. 시청 청사 내 들어와서 1인 시위하는 것은 부당하니 시청 청사 밖에서 1인 시위하라고 원칙적인 지시를 하니 과잉 단속이라고 하지 않나, 시의회 참석하기 위해 동인동 청사에 갔을 때 의회 담당인 정무조정실장과 비서실장이 문 앞에서 나와서 안내하니 그걸 과잉 의전이라고 하지 않나, 참 어이가 없네요.

시정개혁에 불만이 있으면 그걸 정면으로 비판해야지 되지도 않은 가십성 기사로 흠집이나 내 보려는 참 못된 심보네요. 그러면 스마트폰 뉴스 시대에 각 지자체 공무원들이 컴퓨터로 보지도 않는 통신 구독료를 전국 지자체마다 한 해 수천만 원씩 거두어 가는 것은 올바른 처사인가요? 그것부터 한번 따져 봅시다. 전국 지자체 세금을 그렇게 낭비해도 되는지.

2022. 07. 21.

✏️ 영부인 제도가 생긴 이래 영부인이 정치의 주인공이 된 사례도 없었고 요란스러운 외부 활동도 한 일이 없었습니다. 조용히 대통령 뒤에서 대통령이 살피지 못한 데를 찾아다니거나 뉴스를 피해 그늘진 곳에 다니며 국민을 보살피는 것이 영부인의 역할이었습니다. 정치인도 아닌 영부인이 팬카페가 생긴 것도 이례적인 현상이고 그 팬카페 회장이란 사람이 설치면서 여당 인사들 군기를 잡는 것도 호가호위하는 참 어이없는 일입니다. 말들은 안 하고 모두 쉬쉬하지만 앞으로 있을 정치 혼란을 막기 위해 이것은 꼭 필요하다고 판단되어 말씀드리는 겁니다.

김정숙 여사가 국민적 반감을 산 계기는 집권 초 공개석상에서 문 대통령보다 앞서 휘젓고 걸어갔다는 단순한 소문에서 비롯되었습니다. 정치인들이 대중으로부터 외면받는 계기는 직접 뉴스가 아니라 가십성 단발 기사가 가짜 뉴스와 합성되어 소문으로 떠돌 때 일어납니다.

그건 해명하기도 부적절하고 해명할 수도 없기 때문입니다. 최근 나토 회담 참가 때 시중의 화제는 대통령의 국익 외교가 아니라 영부인 목걸이와 팔찌였습니다. 가짜 뉴스와 가십이 결합한 국민 자극용 소문이었습니다. 박지원 씨가 교묘하게 이중적 언어로 비꼬았지요. 부디 주변을 잘 살피시고 친인척 관리를 위해 특별감찰관도 조속히 임명하십시오. 꼴사나운 소위 윤핵관들의 행태도 경고하십시오. 한국 대통령의 몰락은 언제나 측근 발호와 친인척 발호에서 비롯됩니다. 대구로 내려가는 SRT 속에서 최근에 우려되는 일련의 사태를 보고 걱정이 되어 한 말씀 올렸습니다.

2022. 07. 22.

✏️ **오늘 산하기관** 통폐합 조례가 시의회에서 통과되면 시장 취임 후 3주간의 숨 가쁜 일정도 마무리됩니다. 오랜 시간이 흘렀던 것 같은데 3주밖에 되지 않았네요. 질풍과 노도처럼 보낸 숨 가쁜 3주였습니다. 시청조직 대개편 단행, 산하기관 통폐합, 통합신공항법 당정회의, 첫 번째 인사 단행 등 산적한 현안을 하나하나 정리하고 있습니다. 다음 주 월요일부터 개편된 실·국 모두 업무보고를 받고 8월 초 여름휴가 다녀오면서 한숨 돌린 후 정책 혁신에 나설 겁니다. 다시 변화와 혁신 작업을 재개하겠습니다.
대구 시민 여러분! 고맙습니다, 잘하겠습니다.

2022. 07. 26.

✏️ **자기들**이 집권했을 때는 온갖 수단, 방법 동원해 검경을 장악해 패악을 부리더니 경찰국 신설을 경찰 장악 기도로 몰아가네요. 역대 어느 정권이 경찰 장악을 하지 않고 정권 운영한 적이 있나요? 경찰 장악이 아니라 정부 모든 부처를 장악해야 정부 운영이 되는 겁니다. 참 딱한 견강부회(牽强附會)네요.

2022. 07. 27.

✏️ **지난 대선 때** 두 번에 걸친 이준석 파동을 제가 중재해서 어렵사리 대

선을 치렀습니다. 그런데 정권을 교체한 후에도 소위 윤핵관들과 이준석 대표의 불화는 계속되었고 안철수·이준석의 불화도 계속되어 윤석열 대통령의 정치적 미숙함과 더불어 정권 초기부터 불안한 출발이 계속되고 있습니다. 이 마당에 대통령도 사람인데 당 대표가 화합하는 지도력으로 당을 이끌지 않고 계속 내부 불화만 일으키는 것을 보고 어찌 속내를 계속 감출 수가 있었겠습니까? 이제 그만들 하고 민생을 돌보는 정치들 좀 하시지요. 이러다간 어렵사리 잡은 정권이 더 힘들어서 질 수도 있습니다.

2022. 08. 01.

✏️ **당 대표**가 사퇴하지 않는 한 비대위를 구성할 수가 없고 직무대행을 사퇴하면 원내대표도 사퇴하는 것이 법리상 맞는 것인데 원내대표를 그대로 유지하면서 자동 승계된 대표 직무대행만 사퇴하겠다는 것은 도대체 무슨 말인지 모르겠네요. 원내대표를 포함한 지도부 전체가 누더기로 당원과 국민의 신뢰를 상실한 지금 지도부 총사퇴하시고 새로이 선출된 원내대표에게 비상대권을 주어 이준석 대표 체제의 공백을 메꾸어 나가는 게 정도가 아닙니까? 이준석 대표의 사법적 절차가 종료되는 시점에 이르면 이 대표의 진퇴는 자동으로 결정될 겁니다. 그때까지 잠정적으로 원내대표 비상 체제로 운영하다가 전당대회 개최 여부를 결정하는 게 공당의 바른 결정으로 보이는데 왜 꼼수에 샛길로만 찾아가려고 하는지 안타깝기 그지없네요.

2022. 08. 02.

✏️ 이미 만신창이가 되어 당을 이끌어갈 동력을 상실한 지도부라면 지도부는 총사퇴하고 원내대표를 다시 선출해서 새 원내대표에게 지도부 구성권을 일임해 당 대표 거취가 결정될 때까지 비상대책위원회를 꾸리는 것이 법적 분쟁 없는 상식적인 해결책이 될 텐데 왜 자꾸 꼼수로 돌파하려고 하는지 참 안타깝네요.

합리적인 서병수 전국위 의장이 괜히 전국위 소집을 거부하는 것도 아니고 이준석 대표가 가처분이라도 신청한다면 이번에는 받아들여질 그것 같은데 왜 그런 무리한 바보짓을 해서 당을 혼란으로 몰고 가는지 안타깝네요. 이준석 대표가 마음에 들지 않는다고 당까지 혼란으로 밀어 넣어야 하겠습니까? 그렇게 해서 대통령의 지지율이 회복되겠습니까?

✏️ TK 신공항특별법이 여야 83명 의원의 서명으로 오늘 발의되었습니다. 국민의힘 주요 당직자들과 국토위 소속 여야의원 9명, 민주당 의원 9명도 동참했습니다. 대통령도 국토부 장관, 국방부 장관도 약속했습니다. 원안 통과가 되도록 끝까지 노력하겠습니다. 이번 법안 대표 발의에 전력을 다해 주신 주호영 전 원내대표님께 대구시를 대표해서 감사드립니다.

7

검사는
정의를 향한
열정으로
살 때 빛납니다

> 지금 무능한 대한민국 검사들을 보면서
> 참다 참다 못해 안타까워 한마디 했습니다.
> 검사는 정의를 향한 열정으로 사는 겁니다.

2022. 08. 05.

✏️ **박근혜** 정부가 새누리당 내부 분열로 탄핵당하고 지난 5년 동안 한국 보수 진영은 엄청난 시련을 겪었습니다. 천신만고 끝에 정권교체를 이루었으나 새 정부의 미숙함과 또다시 그때와 같이 내부 분열 세력들의 준동으로 윤 정권은 초기부터 극심하게 몸살을 앓고 있습니다.

당 대표가 이유가 무엇이든 간에 징계당하고 밖에서 당과 대통령을 공격하는 양상은 사상 초유의 사태로 꼭 지난 박근혜 탄핵 때를 연상시킵니다.

이제 그만들 하십시오. 이미 이준석 대표는 정치적으로 당 대표 복귀가 어렵게 되었습니다. 자중하시고 사법절차에만 전념하시라고 그렇게도 말씀드렸건만 그걸 참지 못하고 사사건건 극언으로 대응한 것은 크나큰 잘못입니다.

당 대표쯤 되면 나 하나의 안위보다는 정권과 나라의 안위를 먼저 생각해야 하거늘 지금 하시는 모습은 막장 정치로 가자는 것으로 볼 수밖에 없네요. 여태 이준석 대표로서 중재해 보려고 여러 갈래로 노력했으나 최근의 대응하는 모습을 보고는 이젠 그만두기로 했습니다. 좀 더 성숙해서 돌아오십시오. 그때까지 기다리겠습니다.

2022. 08. 08.

✎ **대구시 신청사**는 두류공원 내 예정 용지에 짓기로 이미 결정한 바 있고 곧 설계 공모에 들어갑니다. 쓸데없이 돈만 많이 드는 국제공모보다 국내공모로 바꾸었고 철저하게 에너지 절약형 신청사로 짓되 청사 앞에는 광장과 대형 분수대를 설치하라고 지시했습니다. 재원은 일차적으로 동인동 청사 매각대금으로 착공할 것이고 모자라면 국비 지원을 받도록 할 것입니다. 동인동 청사는 곧 여러 경로로 매각 협상을 시작할 것이고 가능하면 가장 비싸게 팔아서 신청사 건설대금에 충당하려고 하고 있고 동인동 청사 후적지는 시청사에 걸맞은 상징 건물이 들어오도록 협의하겠습니다. 시간이 좀 걸릴 겁니다. 시간이 좀 걸리더라도 시청사다운 청사를 짓는 게 더 낫지 않습니까? 느긋하게 기다려 주시기 바랍니다.

2022. 08. 09.

✎ 2009. 3. 여당 원내대표를 할 때 대구를 방문한 일이 있었는데 그때 김

범일 대구시장님으로부터 대구 물 문제의 심각성을 듣고 바로 올라가 상수원을 구미공단 상류로 이전하는 예비 타당성 비용 32억 원을 책정하여 준 일이 있었습니다.

그 후 시간 날 때마다 대구시장, 경북지사에게 대구 물 문제 해결을 촉구했으나 헛된 시간만 보낸 지난 13년이었습니다. 더구나 대구 물 문제의 중요한 원인 중 하나인 구미공단을 끼고 있는 구미시장의 최근 발언은 대구 시민들의 분노를 사고도 남을 충격적인 망언이었습니다. 더 이상 일종의 원인 제공자에 의해 마냥 끌려다니는 그런 식의 물 문제 해법은 하지 않을 겁니다.

구미공단에서 나온 낙동강 페놀 사태의 아픈 기억이 엊그제 같은데 상류 지역에서는 공단의 풍요로움을 누리면서 오염물질을 하류로 흘려보내고 하류 지역 대구 시민들은 물 문제로 고통받는 이런 사태는 더 이상 계속되어서는 안 됩니다. 위천공단이 부산시민들의 반대로 무산되었던 일을 잊었습니까? 앞으로 구미공단 내 모든 공장은 무방류시스템을 갖추거나 폐수방류를 하지 못하도록 특별한 조치를 생각할 수도 있습니다.

2022. 08. 10.

✏️ **지지율이 바닥**이라고 8.15 대사면을 포기한다고 하는 것을 보니 참 소극적이고 안이한 방식으로 정국을 돌파하려고 한다는 생각을 지울 수가 없네요. 더 내려 갈 일이 있나요? 대통령의 묵시적 대국민 약속이 더 중요한 것이 아닌가요?

문 정권 적폐 수사 당시 자행되었던 모든 사건을 이번 기회에 모두 털고 가는 것이 세상이 바뀐 거라고 대국민 선언을 할 수 있는 절호의 기회가 아닌가요? 그때는 검찰에 계셨지만, 지금은 대통령입니다. 사면은 검찰의 잣대로 하는 것이 아니라 정치의 잣대로 하는 겁니다. 김경수 드루킹 조작의 최대 피해자였고 후임 경남지사로 와서 내가 심은 채무 제로 기념식수를 뽑아내고 오히려 3년 동안 급속하게 빚을 1조 원가량 폭증시킨 후 감옥 가버린 김경수조차도 나는 용서합니다.

대사면하십시오. 모두 모두 용서하시고 더 큰 국민 통합의 길로 가십시오. 그게 정치입니다. 여론에 끌려가는 지도자가 아닌 여론을 주도하는 지도자가 되십시오.

2022. 08. 11.

✎ **상수도원**으로 지정되면 개발 제한 때문에 대구에 물을 공급하는 것을 못 하겠다면 그동안 구미공단 폐수로 받은 대구 시민들의 고통은 어떻게 보상할 것인지 생각해 본 일이 있는가요? 구미공단 폐수 문제를 무방류시스템으로 전환하든지 아니면 공해 유발업체는 모두 다른 곳으로 이전하든지 해야 하는 게 도리에 맞는 거 아닌가요? 더 이상 공단의 풍요는 누리면서 대구 시민들에게만 식수 문제로 고통을 강요하는 이 잘못된 불공정은 꼭 바로잡겠습니다. 헛되이 보낸 지난 13년의 전철을 되풀이하지 않겠습니다.

✎ **어제** 대구 시청에서는 기업투자의 행정절차를 원스톱으로 대행해 주는 원스톱 기업투자센터를 발족했습니다. 통상 기업투자를 결정하고도 복잡한

행정절차 때문에 애로를 겪는 기업들이 너무 많아서 대구시에서는 기업이 투자의향서만 제출하면 심사한 후에 대구시 공무원들이 일괄하여 인허가 절차를 대행함으로써 통상 1년 이상 걸리는 행정절차를 2달 만에 속전속결로 민원 처리해 주는 신속 투자제도를 마련했습니다.

중앙 정부도 입으로만 기업규제 혁파를 부르짖지 말고 경제부총리 산하에 이런 기구를 만들어서 행정 각 부처나 공무원들에 의한 규제 갑질을 근절하는 원스톱 기업 투자센터를 만들었으면 좋겠습니다. 맨날 회의만 해서 규제개혁이 되겠습니까?

✏️ **앞으로** 구미공단 공장폐수로 인해 대구 시민들이 더 이상 손해를 입지 않도록 구미공단 내 폐수 방류업체에게는 일차적으로 경고하고 그래도 시설 개선이 없으면 그 공장 제품은 대대적으로 불매운동으로 들어갈 수도 있습니다. 그렇게 해서라도 250만 대구 시민들의 건강권을 지킬 겁니다. 더 이상 상류층 공단에는 번영을 누리고 하류층 대구 시민들의 건강권을 침해당하는 일이 없도록 철저하게 감시, 감독하겠습니다.

2022. 08. 12.

✏️ **구미공단** 낙동강 페놀 사태 이후 지난 30여 년간 계속됐던 대구 시민 물 문제를 안동댐 물 이용으로 안동시장님과 협의를 했습니다. 본격적으로 수자원공사, 정부와 협의해 맑은 물 하이웨이 정책을 조속히 완성하여 대구 시민들을 구미공단 폐수의 인질로부터 반드시 해방하도록 하겠습니다. 안동시에

는 앞으로 대구시와 상생협력 사업뿐만 아니라 TK 신공항법에 명시된 공항 산단 조성할 때도 큰 혜택이 돌아가도록 추진할 것입니다. 반면에 더 이상 대구 시민들이 구미공단 폐수의 인질이 되지 않도록 폐수 배출 공해기업은 구미공단에서 퇴출하고 새로운 기업 입점 때 폐수 배출은 원천적으로 금지하도록 추진하겠습니다.

지금 입점 진행 중인 낙동강 인근 구미 5공단부터 살펴보겠습니다. 그리고 지속적인 감시, 감독을 철저히 할 겁니다. 더는 구미공단에 폐수 배출 공장은 존치하지 못하도록 모든 조치를 다 취할 겁니다. 상류의 번영이 하류의 고통으로 이어지는 불공정은 더 이상 용납하지 않겠습니다.

2022. 08. 13.

✎ **대구 물 문제** 해결에 결정적 실마리를 제공해 주신 안동시장님께 다시 한번 감사드립니다. 앞으로 대구시와 안동시는 물 동맹으로 출발하여 상생 협력하는 새로운 관계로 격상시켜 안동시 발전에 대구시가 적극적으로 협력할 것을 약속드립니다.

우선 안동시 농산물을 안정적으로 구매하도록 대구 시청, 구청, 달성군에 요청하여 240만 대구 시민들과 안동시 농민들의 공동 번영 기반을 마련하고 대구시가 구미시에 제공할 각종 유인책을 안동시로 돌리고 통합신공항법에 규정된 첨단 산업공단을 안동시에도 만들 수 있도록 추진하겠습니다.

안동시가 명실상부한 경북의 수부 도시로 성장할 수 있도록 대구시가 적극적으로 돕도록 하겠습니다. 구미공단 폐수에 발목이 잡혀 지난 30년 이상 고통받았던 대구 시민들을 대표해서 안동시민들과 시장님께 거듭 감사하다는 말씀을 전합니다.

2022. 08. 15.

✏️**1년 전 전당대회** 때 당원과 국민은 정권교체를 위해 무언가 바꾸어 보자는 절박한 심정으로 이준석 증후군을 만들어냈지만, 정권교체가 된 지금은 모두가 합심하여 윤 정권이 안정되고 잘하도록 도와주어야 한다는 것이 민심과 당심이라고 봅니다.

더 이상 이준석 신드롬은 없습니다. 정치판의 천변만화가 이렇게 시시각각 변하는데 아직도 1년 전 상황으로 착각하고 막말을 쏟아내면서 떼를 쓰는 모습은 보기에 참 딱합니다. 이제 그만 새로운 변화에 적응하시고 보다 성숙하고 내공 있는 모습으로 돌아오십시오. 박근혜 정권 탄핵 때는 몰락해 가는 정권이어서 흔들기 쉬웠지만, 윤 정권은 이제 갓 시작한 정권입니다.

대의(大義)를 위해 소(小異)를 버리십시오. 당랑거철(螳螂拒轍)에 불과합니다.

2022. 08. 21.

✏️**숱한 난제들**을 하나하나 해결해 가는 즐거움으로 보내는 시간은 참 행복합니다. 때로는 단호하게 때로는 차분하게 일이 없으면 사람이 나태해지고 반대가 없으면 실수할 확률이 더 커지는 겁니다. 반대는 다시 한번 정책의 정

당성을 검토해 보는 계기가 되기 때문에 나쁘지 않습니다.

대구 시청 조직개편, 산하기관 통폐합은 완료되어 마무리 단계에 와 있고 통합 신공항특별법, 물 문제, 군부대 통합 이전 문제도 가닥을 잡아가고 있고 기업 유치 문제도 순조롭게 진행되고 있습니다.

재정 건전화 문제는 어설픈 반대파들의 준동이 있긴 하지만 별문제가 안 될 겁니다. 그들은 어차피 어떤 결정을 해도 반대할 구실만 찾으니까요. 개가 짖어도 기차는 갑니다.

YS 정권 초기 대개혁에 반대하던 수구 집단에 일갈한 YS의 명언입니다. 기득권 카르텔을 깨는 것이 대구의 미래를 밝게 하는 겁니다.

✎ **적과 내통**해서 박근혜 흔들어 한국 보수 진영을 초토화하더니 이제 갓 출범한 윤석열 정권도 흔들어 도대체 무얼 하겠다는 건가요? 박근혜 정권 붕괴 후 5년이란 세월 동안 국민의 지탄과 손가락질받으며 이 당을 지킬 때 너희들은 도대체 뭘 했나요? 내키지 않더라도 다소 부족하더라도 새 정권이 안착하도록 도와주어도 시원찮을 당이 한쪽은 탐욕으로 또 한쪽은 응석과 칭얼거림으로 당을 혼란케 하고 있습니다. 나는 누구의 편을 들어 정치하는 사람이 아닙니다. 제발 구질구질하게 정치하지들 마십시오.

2022. 08. 24.

✎ **대통령 행사**는 공식적인 발표 직전까지는 철저하게 비밀이 되어야 합니다. 경호 때문이지요.

대통령의 동선도 마찬가집니다. 정치한 지 26년이 되고 많은 대통령을 거쳤어도 영부인 팬카페가 있다는 소리는 단 한 번도 들어본 적이 없습니다. 얼마 전까지 이상한 사람이 영부인 팬카페 회장이라고 하면서 정치권에 온갖 훈수까지 하더니 이제 대통령의 동선까지 미리 공개하는 어처구니없는 짓들도 하네요.

그만들 하십시오. 그런 카페는 윤 대통령을 국민과 멀어지게 하고 나라를 더욱 어렵게 할 뿐입니다. 그만하시고 이젠 해산하세요. 나라 운영에 전혀 도움이 되지 않아요. 이준석 전 대표가 자신을 막시무스라고 자칭하는 상황까지 벌어졌습니다.

2022. 08. 26.

✏️ 오늘 대통령의 방문이 있습니다. 대구시 긴급현안 6가지를 이미 정책기획수석실에 전달했고 여건이 되면 말을 들을 예정입니다.

1. 통합 신공항특별법
2. 맑은 물 하이웨이
3. 대구 제2 국가 스마트 산단 지정
4. 국가 로봇 테스트 필드 사업
5. 군사시설 이전 후적지 및 이전 예정지 그린벨트 해제
6. 구 경북도청과 수성못 대구시에 무상 양도

　　대구 미래 50년을 위해 가장 긴급한 현안들입니다. 같이 오는 최태원 SK 회

장에게도 대구시가 SKT와 추진 중인 UAM 사업도 부탁해 보겠습니다. 잘 살펴보겠습니다.

2022. 09. 01.

✏️ **지난 1년 동안** 대한민국을 떠들썩하게 했던 대장동 사건은 도대체 어떻게 진행되고 있는 겁니까? 설계자의 하나로 지목되던 이재명 대표, 박영수 특검을 소환 조사했다는 말 들어본 일 없고 잡범들만 기소되어 재판 중인 것을 보노라면 대한민국 검찰이 이렇게 무능한 조직인지 뒤늦게 알았습니다. 옛날 정의로운 검찰 시대 때는 아무리 큰 대형 사건이라도 3개월이면 실체적 진실을 밝혀냈건만 1년이 지나도 감감무소식인 걸 보니 검수완박 당해도 싸다고 지금 국민은 생각합니다.

대장동 사건에서 저리 헤매면서 또 위례신도시 압수 수색했다는 보도를 보고 대장동도 마무리 못하고 질질 끄는 그 실력으로 또 새로운 일 벌여 본들 그 수사 실력으로 진실 밝힐 수 있겠습니까? 대통령령까지 고쳐 검수원복해 본들 그 실력으로 깨끗한 대한민국 만들 수 있겠습니까? 국민이 더는 실망하게 하지 말고 대장동 주범부터 찾는 게 검찰 본연의 자세가 아닌가요? 성완종 사건 때 검사들 증거 조작을 보면서 그때부터 검사들에 대해 부정적인 시각이 싹텄지만 지금 무능한 대한민국 검사들을 보면서 참다 참다 못해 안타까워 한마디 했습니다.

검사는 정의를 향한 열정으로 사는 겁니다.

2022. 09. 07.

✏️ 대구시정에서 일어나는 모든 일들은 모두 대구시장의 책임입니다. 공무원들은 시장의 방침에 따라 도와주는 조력자일 뿐이지 업무 수행과정에 고의, 중과실이 없다면 아무런 책임이 없지요. 이번 시청사 건립 발표 과정에서 시의회 의장님과 해당 상임위원장님에게 사전 보고를 게을리한 것은 원래 월요일 일정에는 안동댐 방문을 하고 화요일에 시청사 건립계획을 발표하기로 했었는데 태풍으로 안동댐 방문일정이 추석 뒤로 연기되는 바람에 시청사 건립계획을 월요일로 앞당겨 발표하는 관계로 그리된 겁니다.
앞으로 시의회 동의를 요하는 모든 대구시 정책은 발표 전에 반드시 시의회 의장님과 해당 상임위원장님들에게 해당 실·국장들이 미리 보고드릴 겁니다. 널리 양해 바랍니다.

2022. 09. 09.

✏️ 낙동강 강가에 살던 강변 오두막집에는 추석이 되어도 아무도 찾아오지 않았습니다. 강가 선창가에는 고향으로 돌아오는 사람들로 나룻배는 북적였지만, 우리 집에는 아무도 오지 않았습니다. 모두 비좁은 만원 버스에 몸을 싣고 선물 보따리 양손에 들고 고향 집을 찾았지만 우리는 오는 사람도 갈 곳도 없는 추석 명절이었습니다. 명절이 반갑지 않았던 그 시절 나는 늘 강가에서 휑한 강 건너 백사장을 보며 명절을 보냈습니다.
아아 너무 멀리 왔습니다. 이제 돌아갈 수 없을 만큼 너무 멀리 와 버렸습니다.

2022. 09. 13.

✏️ **최근 유튜버들의 수익**이 발표되면서 홍카콜라에 출연하는 저에 대해 그동안 많은 수익을 올리지 않았느냐 하는 의혹들이 있지만 TV홍카콜라를 개국한 이래 지난 4년 동안 저는 단돈 1원도 TV홍카콜라에서 나오는 수익금을 받은 일이 없습니다. TV홍카콜라의 모든 수익금은 제작자들의 몫입니다.

 TV홍카콜라는 여느 유튜버들처럼 자극적이고 허무맹랑한 가짜 뉴스를 제작하지 않기 때문에 조회수를 올리려고 억지로 무리한 영상은 절대 만들지 않습니다. 초기 정치 유튜브의 붐을 조성한 TV홍카콜라의 제작 방침은 1인 방송 시대를 선도한다는 사명감으로 시작했지만, 최근 가짜 뉴스의 난무, 저질 영상의 난무로 유튜브 시장이 혼탁해진 것은 참으로 개탄할 일입니다.
언론이 제 길을 가면 이런 저질 유튜버들이 도태될 텐데 아직도 저질 유튜버들이 가짜 뉴스로 매일같이 자극적이고 과장된 섬네일로 국민 여론을 거짓 오도하는 것은 참으로 유감입니다.

2022. 09. 15.

✏️ **대구시**가 추진하는 대구 도시 그랜드 디자인 계획은 대구 미래 50년 계획의 목적으로 현상 유지 행정이 아닌 현상타파 행정입니다. 구청마다 후적지(後適地)가 생기고 그 후적지를 채울 후적지 개발계획을 새롭게 만들어야 해서 시간이 좀 걸립니다. 동촌 비행장 후적지, 7개 군부대 후적지, 경북대 병원

이전 후적지, 동인동 시청사 후적지, 산격동 도청사 후적지, 청과물 시장 후적지, 두류 신청사 건설 및 주변 지역 개발 등 모든 현안이 각 구청에 걸쳐 있어서 해당 구청에서는 걱정이 많을 겁니다.

그러나 대구시는 대구시 전체를 보고 디자인을 새로 해서 각 구청의 생각과는 시각을 달리 할 수도 있습니다. 그것이 종국적으로는 미래 50년을 내다보는 미래 대구의 모습이라는 틀 아래서 계획되고 집행이 되리라는 것은 믿으셔도 됩니다. 미래 도시 대구의 새로운 모습을 기다려 주시기 바랍니다.

✎ 성남 FC를 운영하던 이재명 대표께서 두산건설 정자동 부지 용도변경으로 제삼자 뇌물수수 혐의로 검찰에 송치된 것을 기화로, 내가 경남지사를 할 때 경남 FC를 운영하면서 관내 기업들로부터 경남 FC 후원금을 받은 것을 문제 삼는 노컷뉴스를 보고 해명해 드립니다. 관내 기업들이 시민구단의 재정 열악성을 보고 자발적으로 후원하는 것은 자연스러운 일입니다. 그러나 그것이 대가성으로 연결될 때는 제삼자 뇌물수수 문제가 발생합니다.

이재명 당시 성남시장의 경우는 6개 기업 합계 160억 원을 받았으나 그중 두산건설은 정자동 부지 용도변경으로 엄청난 이익을 취득했기에 그 부분만 대가성이 있는 것으로 보고 기소 의견으로 송치한 것으로 보이고, 나머지 5개 기업은 뚜렷한 대가성이 없어 무혐의 송치한 것으로 보입니다. 그런 사안인데 2017. 10. 22. 이재명 대표의 트위터에 경남 FC도 똑같은 사안인데 왜 나만 수사하냐고 항의한 것을 기화로 또다시 경남 FC 문제를 이제야 들고나오는 노컷뉴스의 의도를 이해하기 어렵네요. 아무런 대가성이 없었기 때문에 당시 문재인 정권에서 샅샅이 조사했어도 문제가 안 되었던 겁니다.

당시 문 정권에서는 1년 6개월 동안 경남지사 4년 4개월 모든 사업을 깡그리

조사한 적이 있었지요. 그게 제삼자 뇌물수수가 된다면 문 정권에서 홍준표를 그냥 둘 리가 있었겠습니까? 대가성이 있으면 제삼자 뇌물수수가 될 수도 있다는 것을 내가 몰랐겠습니까? 참 어이없는 기사네요. 제대로 취재해 보고 기사를 썼으면 합니다.

2022. 09. 20.

✎ **늘 그래 왔지만,** 다음 선거를 염두에 두고 오늘 내가 맡은 일을 주저하거나 후퇴하지는 않습니다. 전문가의 조언을 듣고 내부 공무원들의 검토를 거친 정책은 거침없이 추진해 나갈 겁니다.

대구 미래 50년의 밑그림을 그리는 대규모 계획은 앞으로 4년 동안 쉼 없이 진행될 겁니다. 후손들이 살아갈 대구의 재건을 한 치의 빈틈도 없이 추진해 나가겠습니다. 모두 힘 모아 대구 재건에 한마음이 되어 주시기 바랍니다.

2022. 09. 21.

✎ **오늘 자 한국경제신문**에 난 TK 신공항 기사를 보고 참 어이없는 기사도 기사라고 쓴다는 느낌을 지울 수가 없네요. 우선 기초적인 실제로 관계가 틀립니다. TK 신공항 예산으로 추산되는 금액은 총 12조 8천억 정도인데 그중 군 공항 부분이 11조 4천억 원이고 민간 부분은 1조 4천억 원에 불과합니다.

가덕도 신공항 추정 예산이 민간 공항으로 14조인 데 비하면 TK 신공항 민간 공항은 가덕도 신공항의 10분의 1 규모에 불과하고 군 공항 부분은 국비가 아닌 대구시가 공항 후적지를 개발해서 부담하는 기부대 양여 방식입니다. 거기에 무슨 공항 포퓰리즘이 게재되고 군위군 편입에 경북 선거구가 하나 줄어든다는 허무맹랑한 주장이 나오는지 이해하기 어렵네요.

이미 선관위에서 군위군 2만 3천 명이 대구시로 편입되어도 경북 선거구가 변동이 없다는 회신도 왔는데 아직도 선거구를 핑계로 TK 신공항 추진을 방해하려는 일부 의원들의 책동은 내후년 총선에서 시·도민들의 심판을 벗어나기 어려운 상황이 올 겁니다.

TK 50년 미래보다 자기 것만 챙기려는 책동은 국사를 볼 자격 자체가 안 되는 사람들이지요. 4대 공항론으로 대한민국 산업 재배치를 통해 국토 균형 발전을 하자는 것의 출발이 TK 신공항입니다. 한국경제는 내용도 모르고 제대로 취재도 안 하고 쓴 잘못된 기사를 수정하거나 정정하시기 바랍니다.

2022. 09. 24.

✏️ 사건이 일어났을 때는 언제나 정면 돌파를 해야지 곤란한 순간을 모면하기 위해 거짓말을 하면 거짓이 거짓을 낳고 일은 점점 커집니다. 뒤늦게라도 잘못을 인정하고 수습해야지 계속 끌면 국민적 신뢰만 상실합니다. 애초 선출할 때부터 정치가 미숙하다는 것을 알고 선택하지 않았나요? 기왕 선출했으면 미숙한 점은 고쳐 나가고 잘하는 거는 격려하면서 나라를 정상화해 나가야 하지 않겠습니까?

지난 12월 대선을 앞두고 이재명 후보가 되면 나라가 망하고 윤석열 후보가 되면 나라가 혼란할 것이라고 말한 적이 있었는데 작금의 나라 현실이 안타깝네요. 무슨 큰 국가적 과제로 논쟁이 있는 것도 아니고 촌극과 가십만 온통 나라를 뒤덮고 있으니.

2022. 09. 26.

✏️ **먼** 산은 다가오는데

하늘은 점점 멀어지는구나!

소슬(蕭瑟)바람 불어오는 곳으로 가을은 가고 있는데

되돌아보니 오늘도 나는 제자리구나!

어제 본 팔공산(八公山)은 붉게 물들어 가는데

나는 아직도 봄을 기다리는가?

깊어가는 가을밤 시름은 쌓이고

언제 올지 모르는 봄을 기다리는 서러움이

사각사각 피어오르는 가을날 아침

무심히 흐르는 신천(新川)을 바라보면서

나도 가을 타는 남자가 한번 되어 봤으면.

2022. 10. 01.

✏️ **중국 산둥성** 태산(泰山)에 오르는 두 가지 방법이 있는데 하나는 케이블카를 타고 올라가는 방법이 있고, 다른 하나는 걸어서 계단으로 올라가는 방법이 있습니다. 외국인 관광객들은 대부분 케이블카로 올라가지만, 중국인들은 걸어서 태산에 올라가는 사람들이 참 많습니다.
도보로 가는 것이 수행의 길로 보기 때문에 그렇습니다. 팔공산 갓바위 부처님 만나러 가는 길도 그렇습니다. 대구 쪽 험한 길은 케이블카로 부처님을 만나러 가고 경산 쪽 완만한 길은 수행의 길로 남겨 두어서 부처님 만나는 길을 국민이나 외국인 관광객들에게 선택하도록 하는 게 맞는 처사가 아닐는지요? 어느 일방이 자기들 쪽 관광객이 떨어질 것을 우려해서 한쪽 입구 상인들이 반대만 한다면 그게 온당한 일일까요?
그건 참배객이나 관광객들 선택에 맡기는 것이 옳은 일이 아닐까요? 더구나 갓바위 부처님은 보물로 지정되어 있어서 500m 밖까지 케이블카가 갈 수밖에 없다고도 합니다. 일부 환경론자들이 말하는 케이블카 환경훼손은 무분별한 등산로로 인한 환경훼손보다 훨씬 덜하다는 것을 스위스의 예를 봐도 명확합니다.

2022. 10. 03.

✏️ **궤멸한 보수정당**을 안고 악전고투하던 시절, 가장 내 마음을 아프게 하던 것은 우리를 버리고 떠났던 탄핵파들의 조롱이었습니다. 없어져야 할

정당이라고 매일 같이 조롱하면서 심지어 나보고 아침에 일어나서 나는 정치를 왜 하냐고 다섯 번 외치고 출근하라고까지 조롱했습니다. 우리를 탄핵의 강에 밀어 넣고 그렇게 매일같이 조롱하더니 총선이 다가오니 탄핵의 강을 이제 건너자고 뻔뻔스럽게 말을 했습니다.

나는 그건 피해자가 할 말이지 가해자가 할 말은 아니지 않느냐고 생각했지만 그래도 정권교체라는 대의가 있기에 그 뻔뻔스러운 말에도 꾹 참았습니다. 가까스로 정권교체가 되었는데 아직도 그들은 틈만 있으면 비집고 올라와 연탄가스 정치를 합니다. 출처 불명의 개혁보수 타령이나 하면서 지겹도록 달려듭니다. 이제 그만하십시오. 보수는 정통 보수주의뿐입니다. 그리고 자기 행동을 냉철하게 돌아보고 늦었지만 반성부터 해야 하지 않겠나요.

2022. 10. 05.

✎ **우크라이나** 핵전쟁 위협사태는 앞으로 세계 비핵화 전망에 어두운 그림자를 드리울 수밖에 없는 사태일 뿐만 아니라 한반도 북한 핵전력에 대한 한국의 대응 방향을 다시 정해야 하는 가늠자로 작용할 수가 있을 겁니다. 구소련이 해체된 이후 우크라이나는 세계 제3위의 핵탄두 보유국이었으나 '넌-루가(협력적 위협 감축: CTR, Cooperative Threat Reduction)' 법안과 미·영·러의 합작으로 안전보장을 약속받고 핵무장을 해제하였습니다. 그러나 지금 우크라이나의 상황은 안전보장을 약속했던 러시아의 침략과 핵으로 공격 위협에 직면해 있고 이를 방어해 줘야 할 미·영은 러시아의 핵 위협에 속수무책인 상황에 처해 있습니다.

과연 북이 고도화된 핵전력으로 미 본토 공격과 일본 본토 공격을 천명하고 우리를 핵으로 공격한다면 그때도 미국·일본의 확장억제 전략이 우리의 안전보장을 위해 핵으로 북을 공격할 수가 있을까요? 그건 이번 우크라이나 사태에서 미·영의 러시아 핵으로 공격 위협에 대한 대응 방향을 지켜보면 가늠할 수 있을 겁니다. 대북 핵전략을 전면 재검토해야 할 시점입니다. 국가안보는 입으로만 외치는 평화가 아니고 철저하게 군사 균형을 통한 무장평화가 되어야 합니다.

2022. 10. 06.

✎ 사랑하고 존경하는 대구 시민 여러분! 그리고 언론인 여러분!

지난 100일은 비록 짧은 시간이었지만 대구 재건을 위해 치열하고 쉼 없이 달려온 소중한 시간이었습니다. 취임 100일을 맞아 그간의 성과와 앞으로의 계획을 말씀드릴 수 있게 되어 매우 뜻깊게 생각합니다.

제가 취임 후 대구 재건을 위해 제일 먼저 해야 할 일은 수십 년간 대구 발전을 가로막고 있던 기득권 카르텔의 타파라고 생각했습니다. 과거 3대 도시로서 위상을 떨치던 대구가 90년대 중반 이후 열린 도시가 되지 못하고 쇠락의 길로 접어든 가장 큰 이유는 바로 폐쇄성 때문이었습니다. 이를 유지해 온 기득권 카르텔을 깨지 않고서는 대구 미래 50년이 없다고 보았습니다.

첫째, 공공기관을 대혁신했습니다. 기능중복을 없애고 시민 편익과 효율 중심으로 18개의 출자 출연기관과 공사 공단을 11개로 통합 개편하였습니다.

기관장과 임원 임기를 시장임기와 일치시키는 조례도 전국 최초로 만들어, 정권 교체기마다 반복되는 '알박기 인사' 문제를 근절시켰습니다. 또, 연봉상한제와 퇴직금 미지급 제도도 전격 도입하여 시민 눈높이에 맞게 기득권을 타파하였습니다.

둘째, 공직 내부도 혁신하고 있습니다. 기능중복을 없애는 대신 미래 50년 설계와 개혁과제를 속도감 있게 추진하기 위한 조직을 신설하는 등 '효율적이고 일 잘하는 조직'으로 혁신했습니다. 특히 능력이 검증된 외부 인재를 적극적으로 영입해 공직사회에 새바람을 불어넣었으며, 유연근무제 확대를 통해 일과 가정을 양립하고 집중 근무제를 도입해 시민들에게 더 나은 서비스가 제공되도록 하였습니다.

셋째, 세금을 낭비하고 책임행정을 저해하는 위원회와 민간 위탁 사무도 대규모로 정비했습니다. 총 199개 위원회 중에서 법령과 조례상 임의로 설치된 위원회를 모두 폐지하는 등 총 54개 위원회를 폐지했습니다. 위원회 공화국으로 불리던 지난 정부의 무책임 행정 타파에 대구가 앞장서면서 중앙 정부도 40% 수준으로 감축하는 방안을 내놓고 있습니다. 아울러 민간 위탁 사무도 총 114개 중 33개를 통폐합하거나 공공기관으로 전환해 책임행정과 효율성을 강화하고 있습니다.

넷째, 시민이 낸 세금이 한 푼도 낭비되지 않도록 고강도 재정 혁신안을 마련했습니다. 특·광역시 중 최저 채무 비율을 달성하기 위해 임기 내 1조 5천억 원의 채무상환 계획을 취임 즉시 수입해 추진하고 있습니다. 대구시 채무가 2

조 4천억 원에 달하고 1년 이자만 500억 원 이상 나가는 상황에서 빚을 내 선심 행정을 하는 일은 임기 내에 없을 것입니다. 불필요한 기금과 특별회계는 폐지하고 미활용 공유재산을 매각해서 과감한 지출 구조조정을 강력하게 추진하겠습니다. 그래서 환골탈태의 재정혁신을 완성해 우리 자식과 손주들에게 빚 대신 밝은 미래를 물려주도록 하겠습니다.

존경하는 대구 시민 여러분! 기득권의 타파와 함께 대구의 영광을 재현하고 미래 50년의 기틀을 마련할 청사진도 하나둘 완성되어 가고 있습니다.

대구 미래 50년의 핵심사업을 말씀드리겠습니다.

1. 대구경북통합신공항의 건설입니다. 과거 경제 발전 원동력이 고속도로였다면 21세기는 하늘길입니다. 국내 항공 물류의 25% 이상을 책임지는 중 남부권 중추 공항으로 건설하기 위해 특별법을 발의했고 연내 국회 통과를 앞두고 있습니다. 제대로 된 하늘길을 열기 위한 로드맵도 모두 마련했습니다. 2030년까지 중장거리 운항이 가능한 3.8km 이상 활주로를 갖춘 통합 신공항을 개항하고, 늘어나는 항공 수요를 반영해 2035년부터 3.2km 민항전용 활주로도 추가 건설할 계획입니다.

2. 식수 문제는 고르디우스의 매듭을 끊는 발상의 전환으로 근원적 해결에 나섰습니다. 가해자이자 원인 제공자가 오히려 피해자보다 우위에 서서 진행되는 불합리한 협상에 더 이상 끌려가지 않겠습니다. 대안으로 낙동강 표류수 대신 안동댐 물을 상수도 원수로 사용하는 '맑은 물 하이웨이 정책'을 추진하기 위해, 지난 8월 안동시장님과 만나 큰 틀에서 합의했습니다. 향후 안동시와 '맑은 물 공급과 지역 상생 협정'을 체결하고 나면 정부와도 본격 협의해 나가겠습니다.

3. 금호강 르네상스 시대 개막과 고품격 신천 수변공원 조성을 위한 큰 그림을 완성했습니다. 글로벌 내륙수변도시로 가기 위한 마스터플랜을 통해 금호강 100리의 물길, 바람길, 사람 길을 새롭게 연결하고, 수상 및 수변 레저공간을 조성해 시민들께 돌려드리겠습니다. 연간 6백만 명이 찾는 신천은 총 사업비 5천 890억 원 규모의 수변공원과 계획을 수립했습니다. 사계절 활용할 수 있는 고정식 물놀이장과 스케이트장을 비롯해 어린이 수영대회를 개최할 정도의 깨끗한 수질로 복원해서 매력적인 도심 생태공간으로 재탄생시키겠습니다.

4. 신청사 건립과 군부대 이전은 추진 방식을 대전환하였습니다. 사업비 확보가 어려워 다시 원점으로 돌아갈 두류정수장 용지 일부 정면 돌파 방식을 통해 위기에 처한 신청사 건립은 매각이라는 해결의 실마리를 찾았고, 도시발전을 가로막고 있었지만 이전지를 찾기 힘들어 시도조차 못 했던 군부대 이전은 통합 이전 및 밀리터리 타운 건설이라는 발상의 전환을 통해 지역 간 유치경쟁까지 펼쳐지고 있습니다.

5. 유력기업과 세계적 대기업도 잇달아 대구를 찾았습니다. 취임 직후인 7월 5일, 티웨이 항공이 본사를 서울에서 대구로 전격 이전하기로 발표했습니다. 프랑스의 세계적 자동차 부품회사인 발레오도 대구시에 728억 원 규모의 투자를 약속했으며, 스웨덴의 글로벌 가구 기업인 이케아도 대구시에 1천 8백억 원을 투자하기로 협약을 맺었습니다. 2025년 개점하면 연간 220만 명 이상의 방문객 유입 효과가 기대됩니다. 계속해서 유력기업들의 대규모 투자를 끌어내는 동시에 투자 확정 후에는 '원스톱 기업투자센터'를 가동해 2개월 이내에 착공할 수 있도록 모든 인허가 행정절차를 원스톱으로 대행해 기업을 경영하기 좋은 도시를 만들겠습니다.

6. ABB 산업 중심의 디지털 혁신 거점도시 조성도 획기적 전기를 맞았습니다. 지난 8월 과기부 차관이 참석한 가운데 '디지털 혁신 비전 선포식'을 열어 수성 알파시티에 2조 2천억 원 규모의 협력사업을 추진하기로 협약을 맺었습니다. 대구 미래 50년 산업의 기반이 될 ABB 산업 중심으로 8개 초대형 과제를 수립해 제2의 판교가 아닌 판교를 넘어서는 디지털 혁신 거점으로 만들겠습니다.

숨 가쁘게 100일을 달려왔지만, 여전히 대구 재건을 위한 현안들이 산적해 있습니다. 작은 기득권까지도 쉽게 놓지 않으려는 소수의 이기적 행태를 온전히 타파할 때까지 시정개혁은 멈추지 않을 것입니다. 그리고 대구 미래 50년의 밑그림을 그리는 '대규모 계획'도 4년 동안 쉼 없이 추진할 것입니다. 우선, 20여 개소 후적지 전체 그림을 그리는 '대구 도시 그랜드 디자인'은 연말까지 완성할 계획입니다.

211만 평 규모의 K-2 후적지는 24시간 잠들지 않는 두바이 방식의 글로벌 경제·관광특구로 조성할 계획이고, 7개 군부대와 경북대 병원, 시청·도청, 농수산물도매시장 이전 후적지 등도 미래 50년 번영의 관점에서 대구시 전체를 보고 새롭게 디자인하여 올해 안에 발표할 계획입니다.

5대 미래 신산업 육성을 통한 대구 경제 중흥의 기틀도 확실히 세우겠습니다. UAM은 민간 선도 대기업과 컨소시엄을 구성해 육성하고, 반도체는 기존 산업과 연관성이 높은 센서, AI 반도체 중심으로 육성 후, 향후 조성 예정인 통합 신공항 산단에 클러스터를 구축할 계획입니다. 로봇은 서비스로봇 중심 전환을 통해 대구를 서비스로봇 글로벌 허브 도시로 도약시키겠습니다. 헬스케어는 의료 산업의 디지털 전환 인프라를 확충하고 인공지능 기반 디지털 치료기기 산업을 집중하여 육성할 계획입니다.

ABB 산업은 디지털 혁신 8대 초대형 사업을 중심으로 한 2조 2천억 원 규모의 과기부 협력사업을 통해 대구를 ABB 거점도시로 만들겠습니다. 아울러 통합 신공항과 연계한 첨단산업단지 조성을 통해 반도체 및 미래 이동 수단 등 첨단산업을 유치하고 관련 종사자와 가족 등 30만 인구를 수용할 수 있는 신도시 개념의 에어시티도 건설할 계획입니다. 이 밖에도 AGT 방식의 더 큰 대구 순환 도시철도 추진과 신공항 20분 시대를 위한 신 교통망 구축 등도 차질 없이 준비하겠습니다.

사랑하는 대구 시민 여러분, 그리고 언론인 여러분!
지난 지방선거 때 여러분께서 보내주신 80%에 가까운 압도적인 지지는 바로 '체인지 대구'를 향한 시민적 열망이라고 생각합니다. 여러분의 압도적 지지에 압도적 성과로 보답하겠습니다. 좌고우면하지 않고 강력한 리더십과 거침없는 추진력으로 대구 재건을 담대하게 밀고 나가겠습니다.
자유와 활력이 넘치는 파워풀 대구, 세로 열린 글로벌 대구를 만들어 잘사는 대한민국의 3대 도시로 나아가겠습니다. 새로운 시대를 여는 대구의 영광스러운 대역사에 시민 여러분의 뜨거운 성원과 동참을 부탁드립니다. 감사합니다.

✎ 나는 문재인 대통령의 위장 평화 쇼를 4년 전에 알았습니다. 그때는 국민 80%가 문 정권에 속아 나를 비난하고 있었고 언론도 내 말을 하나같이 막말, 악담으로 매도했습니다. 심지어 우리 당 중진들 그중 N모, J모 등은 막말이라고 나를 지방선거 유세조차 못 나오게 했고 개혁보수라고 떠드는 H모는 나보고 정계 은퇴하라고 조롱하면서 문재인 찬양까지 했습니다. 그런 사람들이

지금 얼굴 싹 바꾸고 일부는 이준석 편에서 당을 흔들고 일부는 당 대표 후보라고 설치고 있으니 참 어이없는 일입니다.
그래도 뒤늦게라도 알았으니 다행이지만 이제 좀 그러지 맙시다.
바람 앞에 수양버들처럼 흔들리지 맙시다.
벼룩도 낯짝이 있다고 합니다.

2022. 10. 07.

✎ 2018. 6. 13. 지방선거는 문재인, 김정은이 합작하고 트럼프가 보증한 남북 위장 평화 쇼로 국민을 현혹하는 바람에 우리가 참패한 것이지 제가 위장평화 쇼라고 말했다고 진 것이 아님에도 일부 언론에서는 그것 때문에 진 것이라고 오보를 내는 건 참으로 유감입니다. 그 선거는 위 세 사람이 합작하여 대한민국 국민에게 통일과 비핵화의 환상을 심어주고 사기를 친 일종의 기만극이었지요.
어차피 지는 선거를 대할 때는 당당하게 명분이라도 갖고 싸우다가 져야 다시 일어설 기회가 오는 것이지 불의에 굴복하고 아부해서 지는 선거는 더 이상 하지 말아야지요. 그러면 재기의 기회도 오지 않습니다. 2018년 6월의 자유한국당 일부 중진들의 처신은 바람 앞에 수양버들처럼 비굴했어요. 앞으로는 그러지 말아야지요.

2022. 10. 11.

✏️ **이미지 정치**는 정치판을 희화화하고 겉멋에만 치중하여 국민을 현혹하는 역기능만 초래합니다. 대여 투쟁하는 야당이 연단에 레드카펫을 깔고 아카데미 시상식하듯 등장하여 쇼할 때 그곳은 이미 야당 투쟁 장소가 아니었습니다. 우리가 야당할 때 그런 경우가 있었습니다. 절박함도 없었고 애절함도 없이 오로지 이미지 정치에만 치중한 결과 그때 우리는 총선 참패했습니다. 다음 총선을 앞둔 우리 당의 지도부는 나라의 명운을 건 중차대한 지도부입니다. 또다시 우리 당에 이미지 정치가 부활하는 것을 경계합니다. 박근혜 전 대통령처럼 이미지 정치의 결말이 어떠했나요? 바람 앞에 수양버들 같은 흐물거리는 지도력으로 어떻게 독하디독한 이재명 야당을 돌파하려 하는가요? 더 이상 이미지 정치에 매몰된 사람이 당을 맡아서는 곤란합니다.
악역도 마다치 않고 배신도 안 하고 강력한 통솔력도 있는 제대로 된 당 대표가 나왔으면 좋겠습니다.
'배신 경력 있는 사람은 가세요.'
'이미지 정치인 더 이상 나오지 마세요.'
' 소신 없는 수양버들은 가세요.'

2022. 10. 13.

✏️ 1991년 노태우, 김일성이 맺은 한반도 비핵화 선언은 김일성의 기만 술책에 놀아난 노태우의 바보스러운 선언이었습니다. 김일성은 그때부터 본격

적으로 핵 개발에 나섰고 노태우는 그때까지 한반도에 있었던 전술핵을 철수했습니다. 한반도 전술핵 철수를 노리고 한 김일성의 기만책에 노태우가 놀아난 것이지요. 그로부터 30년이 지난 지금 북은 핵무기의 고도화, 경량화에 박차를 가하고 미국의 핵 방공망을 무력화시킬 수 있는 SLBM까지 개발하는 핵 강국이 되어 가고 있습니다.

그런데도 민주당은 아직도 30년 전 노태우처럼 평화 타령만 하면서 한반도 비핵화를 외치는 종북주의 근성을 버리지 않고 있고 우리는 여전히 미국의 눈치나 보면서 미국의 확장억제 정책에만 매달려 있습니다. 입으로만 외치는 확장억제 정책이 과연 핵으로 우리가 공격을 받을 때 그 실효성이 있을까요? 프랑스 드골은 미국이 뉴욕이 불바다가 될 것을 각오하고 우리를 지킬 수 있겠는지 물으면서 나토를 탈퇴하고 핵 개발을 하였고 독일은 미국을 향해 핵 개발위협을 하면서 독일에 전술핵 배치와 핵 공유를 끌어냈습니다. 이제 우리도 남북 핵 균형 정책으로 전환하지 않고는 국가안보를 담보할 수 없는 상황에 이르렀습니다. 전술핵 재배치를 하든가 아니면 나토식 핵 공유를 하지 않고는 남북 핵 균형은 이룰 수 없습니다.

이미 NPT 10조에는 자위를 위해서 탈퇴할 수 있는 조항이 있고 나토식 핵 공유는 핵확산 금지에도 위배되지 않습니다. 동북아는 유럽보다 세계평화를 위협하는 요소가 더 많습니다. 국가안보는 아무리 경계해도 지나치지 않습니다. 이런데도 우리 후손들에게도 북의 핵 공갈의 노예로 계속 살라고 하시겠습니까?

2022. 10. 14.

✏️**오늘** 대구 어느 유력 일간지에 김오랑 중령과 유승민 관련 칼럼을 보면서 참 뜬금없는 비유라는 생각이 들었습니다. 김오랑 중령은 주군을 지키려다가 죽음에 이른 의로운 군인이었는데 유승민은 민주당과 합작하여 주군을 대통령 자리에서 끌어 내리는 역할을 주도한 장본인 아닌가요?
2011년 전당대회 연설 때 어떤 위기가 오더라도 박근혜 전 대표를 끝까지 지키겠다고 맹세했던 사람이 유승민 전 의원이 아니었던가요? 그런 사람이 탄핵 때는 돌변했습니다. 그게 어떻게 김오랑 중령과 부합하는지 어처구니없기도 하고 또 대선 경선 때 내가 한 말을 빌려서 지금의 윤 대통령을 비난하는 것도 이해가 안 갑니다. 내가 한 말은 팩트이기는 하지만 그것까지 감안해서 TK는 윤 대통령을 압도적으로 지지한 것이 아니었던가요? 그것은 정권교체라는 절대 명제 아래 부득이한 선택이지 않았는가요?
그 기자가 무슨 연유로 유승민 전 의원을 미화하는지는 나로선 알 수도 없고 또 나무랄 수도 없지만 적어도 유력언론에 실리는 기자 칼럼이라면 최소한의 비유는 적절해야 국민적 공감대를 가질 수 있는 거 아닌가요? 뜬금없는 기자 칼럼을 본 유감스러운 아침입니다.

2022. 10. 17.

✏️**91년** 노태우의 북방정책을 이용하여 한반도 비핵화 선언을 끌어내고 한국에 있었던 전술핵을 철수시킨 김일성 일가는 김정일 대에 이르러 KEDO 협

상을 하면서 북한의 경수로를 지어주는 대가로 핵 포기하겠다고 했습니다. 그때가 노태우에 이은 김영삼 시대인데 김영삼은 클린턴의 영변 핵시설 폭격을 힘껏 저지하면서 제네바 협상으로 KEDO까지 설립했으나 그것은 북의 기만책에 불과했습니다. 김대중 시대에 와서는 마치 바로 통일이 될 것처럼 김정일은 평양 군중대회까지 열어 김대중 대통령을 평양에 초청해 열렬히 환영했고 김대중은 이에 화답이라도 하듯이 북은 절대 핵 개발 의사가 없다고 하면서 이른바 햇볕정책으로 대북 퍼주기 사업에만 몰두했습니다.

노무현 시대까지 대북 퍼주기 햇볕정책은 계속되었고 김정일의 핵 개발은 가속화되어 이때부터 핵실험까지 단행하게 됩니다. 이명박·박근혜 시대에는 북핵에 대해선 아무런 대책을 내놓지 못하고 그냥 방관만 하고 있다가 문재인 시대에 와서는 노골적인 친북 행각을 벌입니다. 대북 방첩 망인 국정원은 대북 협력 기관으로 전락하고 한·미·일 자유주의 동맹보다 북·중·러 사회주의 동맹에 다가가는 반국가적인 외교·국방정책을 펼칩니다. 김일성 3대에 놀아난 한국의 대북 정책은 노태우·김영삼·김대중·노무현 시대는 기만(欺瞞)의 시대였고 이명박·박근혜 시대에는 방관(傍觀)의 시대였고 문재인 시대에는 굴종(屈從)의 시대였습니다.

대한민국은 그동안 철저하게 김일성 3대의 핵 개발 로드맵에 놀아난 종속적인 대북 정책으로 일관했습니다. 이제 다시 돌아볼 때입니다. 김일성 왕조가 믿을 건 핵무기밖에 없는데 그들이 과연 핵 포기를 하겠는가요? 지난 30년간 기만과 회유를 그렇게 당하고도 아직도 미련이 남아 있나요? 10억 아랍 민족에게 둘러싸인 이스라엘이 안전한 것은 핵무기 보유 때문이고 똑같은 이유로 북도 핵 보유를 하고 있는데 우리만 낭만적 민족주의에 젖어 비핵화 타령만 하고 있을 때인가요? 핵 균형 정책으로 이제 돌아서야 할 때입니다. 무장평화만이 나라를 지킬 수 있습니다. 5천만 국민의 생명과 재산을 지키기 위해 더 이상 머뭇거릴 때가 아닙니다.

2022. 10. 19.

✎ 상임고문은 정당의 원로 중 현역을 떠났거나 특별한 경우 위촉되는 자리입니다. 2011.12. 한나라당 대표를 사퇴한 이후 상임고문으로 잠깐 위촉된 적이 있었으나 그것은 제가 부적절하다고 판단되어 사퇴한 적이 있었습니다. 이번에 상임고문으로 재위촉된 것은 당이 처한 어려움과 지방자치단체장이라는 특수성 때문에 수락하기로 했습니다.

아무래도 지방자치단체장이 되면 중앙 정치에 관여하는 것은 부적절한 예도 있어서 당이 잘못된 방향으로 나갈 때도 목소리를 내기 어렵지만, 상임고문이 되면 그런 시비 없이 중앙 정치에 관여할 수 있는 통로가 생기기 때문에 윤석열 정부를 돕고 당이 재정비되어 다시 일어설 수 있도록 이번에는 상임고문직을 충실히 수행하도록 하겠습니다.

2022. 10. 20.

✎ 가스공사 농구도 첫 경기에서 대승하고 2부 리그 탈락 위기에 있던 대구 FC도 막판 그 어려운 환경에서도 최 감독대행과 선수들의 분전으로 1부 리그 잔류가 확정되고 삼성라이온즈 감독도 새롭게 선임되었습니다.

농구 전용 구장 신축은 새롭게 가스공사 사장이 오면 협의해 신축 추진을 해 볼 생각입니다. 대구 FC도 최 감독대행을 중심으로 다시 일어났으면 좋겠고 삼성라이온즈도 명가의 재건을 내년에는 꼭 이루어 대구의 3대 프로 스포츠 축구, 야구, 농구가 내년에는 모두 우승하는 쾌거를 이루었으면 하는 바람을 시민들과 함께 가져 봅니다.

✎ 2038년 대구·광주 아시안게임 공동유치는 광주시의회에서 보류되는 바람에 대구시의회에서 보류시킨 것입니다. 대구 시청에서 반대하거나 대구시의회에서 적극적으로 반대하는 것은 아님에도 마치 대구시에서 반대하는 것처럼 광주 일부 언론의 오늘 나온 기사는 오보라는 것을 알려 드립니다. 광주시의회에서 통과되면 대구시의회에서도 문제가 없도록 추진하겠습니다. 강기정 시장님! 오해 마시기 바랍니다.

2022. 10. 22.

✎ 검사들에게는 이른바 곤조라는 게 있습니다. 일본 말인데 우리말로 하면 근성(根性)이라는 뜻이 되지요. '근성이 없는 검사는 유능한 검사가 될 수도 없고 검사답지 않다고도 합니다. 특수부, 강력부 출신 검사들이 바로 그런 타입입니다. 근성 있는 검사는 한번 물면 놓지 않고 한번 당하면 절대 잊어버리지 않고 반드시 되갚아 줍니다. 제가 검사 11년을 하다가 정치판에 들어왔을 때 검사물인 근성을 빼는 데 8년가량 걸린 것으로 기억합니다. 3선 의원이 되고 난 뒤에야 비로소 정치인이 된 겁니다.

정치를 하려면 검사의 근성을 빼야 제대로 된 정치인이 됩니다. 정치는 증거로 옳고 그름을 가리는 사법절차처럼 선악 구분의 세계가 아니고 선악이 공존하는 아수라판이기 때문입니다. 검사 출신 정치인들이 대성을 못 하는 이유도 바로 그 근성 때문입니다.

2022. 10. 24.

✏️ **판문점 남북정상회담** 때 문 대통령이 김정은에게 넘겨준 USB에 안에는 무엇이 담겨 있었을까요? 당시 남북정상회담에 묻혀 주목받지 못했지만 김정은을 남북평화 쇼에 끌어들이기 위해 문 대통령은 김정은에게 무엇을 담은 USB를 넘겨주었을까요? 그들은 당시 그 속에는 북의 경제발전계획이라고 얼렁뚱땅 넘어갔지만, 과연 김정은이 MB의 비핵 개방 3000 같은 신경제 계획을 받고 남북정상회담 쇼를 세 번이나 해 주었을까요?

나는 그것을 USB의 내용에 따라 여적죄가 될 수도 있다고 경고한 적이 있었습니다. 대북 경제 제재에 막혀 있는 북의 숨통을 틔워 주기 위해 막대한 비트코인 지갑을 넘겨주었다는 말도 나돌았고 최근 나돌고 있는 박원순 등이 북과 거래했다는 암호화폐 소문과 무슨 관계가 있는지 이제는 밝혀져야 할 때가 아닌가 합니다.

DJ 이후 북은 남북정상회담 때마다 돈을 요구했고 MB 시절에도 돈을 요구해 MB가 남북정상회담을 포기한 일도 있었지요. 문을 위해 평양 군중대회까지 열어주면서 열렬히 방북 환영을 해 준 김정은에게 보답하기 위해 문이 김정은에게 넘겨준 USB 속에는 과연 무엇이 담겨 있었을까요?

2022. 10. 25.

✏️**윤건영** 의원님께서 지금 통일부에 보관되어 있다는 USB를 말하면서 그건 권영세 장관에게 물어보라고 하시는데 통일부에 보관되어 있다는 USB가 김정은에게 넘긴 USB와 똑같은 건지 아니면 다른 건지요? 북이 신경제 계획 같은 거 받고 정상회담 쇼를 세 번이나 해 주었다는 비상식적인 말을 우리보고 믿으라고 하는 건지요?
이명박 때 비핵 개방 3000이나 다를 바 없는 단순한 경제계획을 아직도 국가 기밀이라고 못 밝히는 이유가 뭔지요? 당시에도 국정원 대북 진용을 통해 그 정도 자료라면 건네 줄 수 있었을 터인데 직접 만나서 건넨 것은 USB 내용은 둘만 알자는 취지가 아니었던가요? 그건 윤 의원님보다 임종석 실장이 더 잘 알 듯합니다. 그런데 그 USB 극비 내용을 당시 윤 의원님이 알았을 위치에 있었던 건 아닌 것 같은데요?

✏️**무슨** 대북 거래 의혹만 생기면 색깔론으로 피해 가려는 수법은 이제 통하지 않습니다. 그건 색깔론이 아니고 본질론입니다. 친북(親北)도 사상의 자유라고 강변할지 모르나 종북(從北)은 사상의 자유 범주에 들지 않습니다. 아직도 우리나라에는 국가 생존을 위해 국가보안법이 살아 있다는 것을 명심해야 합니다. 요즘은 마치 6.25 남침 직전 남북 정치 상황 같은 느낌도 듭니다. 가자 북으로! 오라 남으로! 를 외치던 그때 그 세력들이 이 나라를 지켰던가요? 국가안보만 말하면 극우로 몰리는 시대에 살지만 그래도 김정은의 핵 인질 시대에 우리가 어떻게 대처해야 할지 지혜를 모을 때입니다.

✏️ **지난 30년** 동안 북을 모르는 미국몽(美國夢)에 젖어 친북좌파들과 같이 한반도 비핵화만 부르짖다가 이제 와서 뒤늦게 미국도 그 꿈에서 깨어나나 봅니다. 핵 균형 정책만이 동북아 평화를 가져오는 마지막 수단이라는 걸 알 때는 이미 늦습니다. 늦었지만 이제부터라도 준비해야 할 때입니다. 어느 방법으로 핵 균형을 이룰지 한·미·일이 지혜를 모을 때입니다. 우크라이나 사태로 미·러가 대립하고 양안 사태로 미·중이 대립하면 미국의 국력이 아무리 세계 최강이라고 해도 우리한테 신경을 쓸 겨를이 있겠나요? 자강(自强)만이 살길이 아니겠나요?

✏️ **어제** 겨울철 전통시장 화재 방지를 위해 긴급 소방 점검 시행을 지시했는데 불행하게도 오늘 북구 매천시장에 화재가 발생했다고 합니다. 내일 아침 국회 예산 대책 회의차 대구 시청 간부들과 서울로 올라왔는데 매천시장 화재 긴급대책으로 행정부시장, 행정국장, 경제국장, 소방본부장을 긴급 현지 급파하여 가용자원을 총동원하여 화재 진압에 온 힘을 다하도록 조치했습니다. 아직 인명피해가 없다는 보고가 있어서 다행스럽습니다만 가용인력을 총동원하여 조속히 진압하도록 하고 계속 비상 연락망을 가동하도록 하겠습니다.

2022. 10. 29.

✏️ **이번** 서울 출장을 간 사이 매천시장 화재 때 소방본부와 경찰, 대구시 공무원들의 기민한 대처로 신속하게 화재를 진압하여 자칫하면 큰 사고가 날 뻔했는데 그 정도 피해로 막은 것은 천만다행이라고 봅니다. 그래서 오랜 염

원이던 대구 소방본부장 직급을 소방감으로 상향 조정해 달라고 정부에 요청했고 정부도 적극적으로 검토하겠다는 회신이 있었습니다.
한반도 3대 도시였던 대구 소방본부장의 직급이 소방준감이라면 격이 맞지 않지요. 참고로 소방준감은 경찰로 치면 경무관이고 소방감은 치안감이랍니다.

2022. 10. 30.

✏️ **예기치 못한** 어처구니없는 이태원 참사에 깊은 애도를 표합니다. 첫 번째 노마스크 축제로 몰려든 젊은 청춘들의 희생을 애도하면서 사후 수습에 정부는 전력을 기해 주시고 추후 비슷한 사고 방지를 빈틈없이 해 주시기 바랍니다. 그리고 제 정당들은 이 안타까운 참사를 부디 정쟁에 이용하지 마시기를 부탁드립니다. 다시 한번 고인들을 깊이 애도합니다.

2022. 11. 01.

✏️ **오늘** 대구 도심 군부대 4곳 통합 이전을 위해 국방부, 해당 부대 실무자들 실무 관계자들과 첫 회의를 했습니다. 군인다운 형태로 이전하는 첫 사례로 여태 기피 시설로 여겨지던 군부대가 영천시, 상주시, 칠곡군, 의성군, 군위군 등 5개 시군에서 유치경쟁을 치열하게 벌일 만큼 민·군이 하나가 되는 대환영 시설로 변모했습니다.
대구 미래 50년 사업을 위해 대구 도심 군부대 외곽 이전은 꼭 필요한 사업입니다. 올해 내로 국방부 장관과 MOU를 체결하고 민·군이 하나가 되는 강군이 되도록 하겠습니다. 국가 애도 기간이지만 이미 예정된 회의라서 부득이했습니다.

2022. 11. 03.

✎ 부위정경(扶危定傾), 이럴 때 쓰는 말입니다. '대북은 강경하게, 내부는 단호하게' 위기에 머뭇거리면 제2의 세월호 사태를 초래할 수도 있습니다. 잘 헤쳐 나가시리라 굳게 믿습니다. 이번 주말 애도 기간이 끝나면 서울시와 정부에 사태 수습을 맡기고 대구시는 일상으로 돌아가겠습니다.

2022. 11. 04.

✎ 이태원 참사에 대한 형사책임의 본질은 부작위에 의한 직무 유기죄가 중점이 될 것이고 그것은 질서 유지 책임이 있는 자치단체, 경찰이 그 대상이 될 것으로 보입니다. 주최자가 없는 행사 운운은 질서 유지 최종 책임이 경찰과 자치단체에 있다는 것을 망각한 어처구니없는 주장입니다. 조속히 수사해서 지위고하 가리지 말고 엄하게 다스려서 국민적 공분을 가라앉혀야 할 것입니다.

정치책임도 비켜나가기 어려울 겁니다. 수습 후 정치책임을 묻겠다는 건 국민적 공분에 불을 지르는 어리석은 판단입니다. 사법 책임은 행위책임이고 정치책임은 결과책임이기 때문입니다.

강을 건널 때 말을 바꾸지 않는다는 건 패장에게는 해당하지 않습니다. 야당과 국민의 비난 대상이 된 인사들은 조속히 정리해야 국회 대책이 가능할 겁니다. 벌써 야당은 국정조사를 들고 나왔습니다. 우리의 국정조사는 늘 정치공방으로 끝나고 진상을 밝히는데 부족하지만, 정권을 공격하는 수단으로는 야당의 최상의 무기입니다. 솔직하게 인정할 것은 인정하시고 초기에 머뭇거리지 마시고 담대하게 잘 대처하시기 바랍니다. 안팎으로 혼란한 나라가 걱정입니다.

2022. 11. 05.

✏️ **봉화 광산** 지하에서 고립되었다가 9일 만에 기적적으로 생환하신 두 분의 광부님께서 이태원 참사로 실의에 빠진 우리 국민에게 희망의 등불을 보여 주었습니다. 이런 사고는 절대 나서는 안 되지만 우리 국민은 이런 사고가 날 때마다 기적의 생환을 기대하면서 기적적으로 생환하면 모두 내 일처럼 감사하고 기뻐합니다.

대한민국에 이런 기적 같은 일만 일어난다면 얼마나 좋겠습니까? 다시는 이태원 참사 같은 후진국형 재난이 일어나지 않도록 해야 합니다. 국가의 존재 이유는 국민의 생명과 재산을 지키고 보호하는 겁니다.

✏️ **국가애도일**은 오늘까지입니다. 대구시는 오늘 밤 10시까지만 분향소를 운영하고 내일부터는 일상으로 돌아가고자 합니다. 이태원 참사 수습 및

재발 방지 대책은 서울시와 정부에서 조속히 수립해 주시고 형사책임, 정치책임은 조속히 물어 국민적 분노를 가라앉히시기를 바랍니다.

그러나 당분간 대구 시민들께서도 음주, 가무는 자제해 주시기 바랍니다. 국가 애도 기간은 끝났지만 아직도 엄청난 국민적 슬픔은 계속되고 있기 때문입니다.

2022. 11. 07.

✎세월호 사건 때 해경이 왜 해체되었나요? 침몰하는 세월호를 그저 바라만 보면서 인명구조 할 생각은 안 하고 선박 주위를 경비정 타고 빙빙 돌았기 때문입니다. 생명의 위험을 무릅쓰고 인명구조 해야 할 법적 책무가 있는 해경이 위험해서 접근하지 않았다는 어처구니없는 후일담은 국민을 분노케 했습니다. 그때 갓 임명된 주무부 장관인 행안부 장관은 왜 바로 해임되었나요? 정치책임을 져야 할 자리에 있었기 때문입니다. 이태원 참사도 마찬가지입니다. 경찰을 담당하는 업무가 행안부 장관에게 이관된 이상 행안부 장관도 정치책임을 벗어날 수 없습니다. 둘 다 아까운 인재이지만 경찰청장, 행안부 장관은 이른 시일 내 정치책임을 묻지 않을 수 없습니다.

정치책임은 사법 책임과는 달리 행위책임이 아니기 때문에 진상규명과 상관없이 신속히 이루어져야 합니다. 수습의 명목으로 문책이 늦어지면 야당의 표적이 되어 누더기가 되고 국회는 야당 독무대가 되면서 정부도 흔들리게 됩니다. 당단부단(當斷不斷) 반수기란(反受其亂)은 이때 쓰는 말입니다.

2022. 11. 08.

✏️ **김정은**에게 선물받은 풍산개 세 마리가 이젠 쓸모가 없어졌나 보네요. 김정은 보듯 애지중지하더니 사료값 등 나라가 관리비 안 준다고 이젠 못 키우겠다고 반납하려고 하는 거 보니 개 세 마리도 건사 못하면서 어떻게 대한민국을 5년이나 통치했는지요? 그러지 말고 북송시켜 김정은에게 보내세요. 전직 대통령은 키우는 개도 나라가 관리해 주나요? 참 좋은 나라네요.

✏️ **경남지사** 시절부터 큰형님처럼 모시던 통도사 방장 큰스님이시고 지금은 조계종 종정 예하 큰스님이신 성파스님께서 대구시를 방문해 주셨습니다. 사필귀정(事必歸正)이라는 친필 족자까지 선물로 주시면서 부디 건강하라고 당부하셨습니다.
저도 이제 나이가 들었나 봅니다. 종정 예하 큰스님께서 거꾸로 저에게 건강에 유의하라고 말씀하시는 걸 보니 더욱 그렇습니다.

2022. 11. 10.

✏️ **나라 거라면** 그 돈 들여 키우기 싫지만 내 그것이라면 그 돈 들여서라도 키울 수 있습니다. 매각해 주지 못할 걸 번연히 알면서도 그런 말로 이 졸렬한 사태를 피해 가려고 해선 안 되지요.
대통령까지 지낸 분이 할 말은 아니지요. 정들면 강아지도 가족입니다. 강아지 키우기 좋은 단독주택에 살면서 그러는 거 아닙니다. 퇴임 후 받는 돈만 하더라도 현직 광역단체장보다 훨씬 많은데 고작 개 세 마리 키우는 비용이 그렇게 부담이 되던가요?

✏️ **취재의 자유**가 있다면 취재 거부의 자유도 있습니다. 경남지사 시절 편향, 왜곡된 방송을 하던 경남 모 방송사를 1년 이상 도청기자실 부스를 빼 버리고 취재 거부를 한 일이 있었습니다.

2017년 당 대표 시절에는 성희롱 허위 보도를 하고도 정정보도를 안 한 모 종합편성채널에 대해 당사에 설치된 부스를 빼고 당사 출입 금지 조처하면서 취재 거부를 한 일도 있었습니다. 언론사는 취재의 자유를 제한한다고 항변하지만 취재당하는 처지에서는 악성 왜곡 보도를 일삼는 언론에 유일한 대항 수단으로 취재 거부의 자유도 있다는 것도 알아야 합니다.

✏️ **취재의 자유**만 있고 취재 거부의 자유는 없다?

그게 공산주의가 아닌가요? 민주주의는 언제나 반대의 자유가 있지요. 공산주의 북한을 잘 아는 교수라는 사람이 그런 말을 하는 거 보니 기가 막힙니다. 당이 잡탕이 되다 보니 어쩌다가 저런 사람까지 당에 들어와 당직까지 했는지 상전으로 모시던 김종인이 나갔으면 같이 따라 나가는 게 이념에 맞지 않나요? 어차피 공천도 안 될 건데 뭐 하라고 당에 붙어 있는지요.

지난 2년 동안 나를 그렇게 헐뜯고 비난해도 말 한마디 대꾸하지 않았습니다. 그럴 가치가 없다고 보았기 때문입니다. 그런데 이번에는 용납하기 어렵기 때문에 한마디했습니다.

2022. 11. 11.

✏️ **내친김**에 한마디 더 해야겠습니다.

총선을 앞두고 당명을 무슨 뜻인지도 알 수 없는 미래통합당으로 바꾸면서 당의 정체성과 맞지 않는 온갖 사람들이 당에 유입이 되었고 그들은 막천으로 총선 참패 후 당의 주역들은 내쫓고 지나가던 과객들을 들여와 과객들이 주인 행세를 하면서 듣지도 보지도 못한 기본소득까지 당의 정강·정책에 끼워 넣으면서 당의 정체성을 훼손하였습니다.

지금 당이 한마음이 되지 못하는 것은 바로 거기에 기인합니다. 정당은 이념과 정책이 같은 사람들이 모여야 하는데 온갖 잡동사니들이 준동하니 당이 혼란스러운 겁니다.

비대위에서 할 일은 정강·정책을 다시 고쳐 당의 정체성을 확립하고 잡동사니들은 조속히 정리하는 겁니다. 자유시장 경제와 자유 민주주의를 근간으로 하는 새로운 가치 정당이 되어야 당이 살아날 겁니다.

✏️ **중도 보수**라면 용인합니다. 그런데 민주당 주변에서 얼쩡거리다가 갈 데 없어 들어온 사람, 주군의 등 뒤에서 칼을 꽂은 사람, 문재인 찬양하다가 총선 때 통합 명분 내세워 다시 기어들어 온 사람, 얼치기 좌파 행세로 국민과 당원들을 현혹하는 사람, 그런 사람들이 어떻게 중도 보수인가요? 내가 탄핵 때 당의 요청으로 출마했을 때 당 지지율은 4%에 불과했습니다. 그건 저들이 적과의 내통으로 탄핵 상황을 만들었기 때문입니다. 그 대선 당시 그들은 문재인을 공격하지 않고 얼마나 혹독하게 나만 공격했지요?

우리 당을 해체하라고 매일같이 떠들지 않았나요? 그런 짓 하고도 내가 살린이 당에 아직도 빌붙어 있느냐고요? 그때 24%라도 얻어 당을 존속시켰기에 지금 이 당이 있는 겁니다.

지난 대선 경선 때 나는 국민 지지율을 48.21%나 얻었던 사람입니다. 막말이라고 했지만 그게 모두 맞는 말 아니었나요? 막말이었다면 국민 절반이 나를 지지했겠나요? 또다시 얼치기 좌파들이 중도 보수 운운하면서 이 당에 빌붙어 정치 생명을 연장하려는 것은 이젠 용납 못합니다. 나는 보수 순혈주의를 내세우는 것이 아니라 그런 파렴치한 기회주의자들을 이젠 정리하자는 겁니다. 잡동사니는 이젠 필요 없습니다.

2022. 11. 13.

✏️ **무상급식 시장**은 전국적으로 부패의 사각지대입니다. 좌파들의 극성으로 제대로 된 감사가 이루어 진 적도 없었고 급식의 주체인 교육청보다 지원기관인 자치단체가 더 비용을 부담하는 기현상도 있습니다. 그래도 말 못하는 이유는 어린애들 밥그릇 뺏는다는 좌파들의 선동이 겁나기 때문입니다. 지난 경남지사 시절 전교조 출신 교육감과 1년 이상 실랑이 끝에 무상급식 감사를 전국 최초로 실시하여 1,500건 이상 부정을 적발하고 징계도 하고 처벌도 하고 관련자들을 구속도 했습니다. 그 결과 경남 아이들 급식 부정이 많이 없어졌고 급식의 질도 크게 높아졌습니다.

그걸 좌파들은 아직도 내가 무상급식을 반대하고 애들 밥그릇 뺏었다고 거짓 선전을 하고 있지요. 이번에 지난 경남지사 시절 이후 전국에서 두 번째로 대구에서 자치단체에 의한 무상급식 감사를 교육청과 공동으로 벌였고 그 결과는 다음 주에 공개합니다.

서울과 경기도 등 전국 지자체들도 부패의 저수지인 이 무상급식 부정 카르텔을 샅샅이 감사하여 우리 애들에게 제대로 된 급식을 이루어지게 해야 할 것입니다. 무상급식 비용은 전국적으로 수조 원대에 이르고 부패 카르텔에 넘어가는 검은돈도 수백억 원에 이를 겁니다.

✏️ **여소야대** 국면에서 원내대표의 역할은 당 대표보다 더 중요합니다. 당내 전폭적인 뒷받침이 있어야 원내 협상에 힘이 실리는데 비례대표 초선까지 나서서 원내대표를 흠집 내는 것은 참으로 방자하고 못된 행동입니다. 그런 행동은 당내 분탕질만 일삼는 잡동사니 세력이나 야당을 상대로 한 투쟁 전선에서 해야지 대선배에게 공개적으로 무례하게 할 행동은 아니지요.

예산 국회를 운영하려면 야당과 척지지 않는 협상이 필요하므로 때로는 야당의 역성을 들어주어야 할 경우도 있는데 원내 전략도 감안치 않고 오로지 강성으로만 밀어붙여 소수 여당이 어떻게 예산 국회를 돌파할 수가 있습니까? 자중들 하시고 주호영 원내대표를 중심으로 예산 국회를 돌파할 대책이나 세우십시오. 그게 윤석열 정부를 돕는 최상책이 될 겁니다.

2022. 11. 15.

✏️ **신부인지 삼류 정치인인지** 원래 종교인은 속세에 깊이 관여하지 않는 게 원칙이고 정교분리 원칙은 헌법에도 명시되어 있는데 해도 해도 너무합니다. 그렇게 대통령을 저주해서 그 신부에게 관종 외 무엇이 남을까요? 그

렇게 하고도 원수도 사랑하라는 예수님 하나님 모시는 목자라고 할 수 있을까요?

2022. 11. 16.

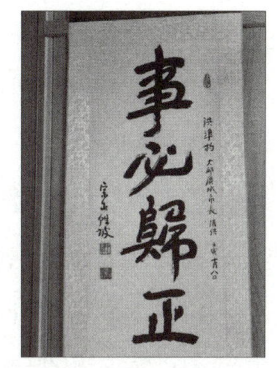

✏️ 종정 스님이 써주신 글귀입니다. 항심(恒心)으로 살다 보면 모든 게 정상으로 돌아간다고 합니다.

✏️ 공무원은 국민 전체의 봉사자이고 국민 세금으로 급여를 받는 국민에 대한 무한 봉사자입니다. 최근 대구시 구·군 일부에서 점심시간에 민원실 셔터를 내리겠다고 결정한 것은 생업에 종사하다가 점심시간에 짬을 내어 민원을 보러 오는 시민들을 곤란하게 만드는 대단히 잘못된 조치입니다. 점심시간에 교대 근무라도 해서 민원의 공백이 없어야지 일부 공무원 노조에서 시위한다고 해서 점심시간에 민원실을 폐쇄한다는 것은 공직사회 기본 도리에 관한 문제입니다.

주민을 위한 행정을 해야지 공무원을 위한 행정을 하는 건 아니지요. 다행히 대구시 본청에서는 그런 일이 없지만 구·군청도 대구 시민에 대한 무한 봉사자로서 우리가 좀 더 고생하는데 시민이 행복한 길이 된다는 것을 명심해야 할 겁니다. 수도권 어느 지자체는 24시간 민원 처리하는 곳도 있습니다.

2022. 11. 18.

✏️ **대구 월드컵 경기장**을 신천지 종교 행사에 빌려주었다고 각계각층에서 염려가 많습니다. 코로나 확산 시점이고 이태원 참사가 난 지 얼마 되지 않아 대규모 종교 집회가 적절한지 아닌지는 이론이 있을 수 있지만, 헌법상 종교의 자유를 제한할 만한 구체적인 이유를 찾지 못해 대관을 허락해 주었다는 보고를 받았습니다. 그동안 오늘까지 세 번에 걸쳐 대구시, 경찰, 소방과 합동으로 주최 측을 불러 방역, 안전, 교통, 질서 유지를 점검하였고 행사 당일도 충분한 안전장치를 마련하도록 현장 점검을 철저히 하라고 지시했습니다. 감정적으로는 받아들이기 어려울 수 있겠지만 대민 행정이 어찌 감정으로만 처리할 수 있겠습니까? 잘 대처하겠습니다.

2022. 11. 21.

✏️ **오늘** 대통령실에서 도어 스테핑 중단 결정을 한 조치는 때늦은 감은 있지만 참 잘한 결정입니다. 대통령의 국정 능력에 대한 자신감으로 시작한 거지만 마지막 판결을 하는 대통령이 매일같이 결론을 미리 발표하는 것은 적절치 못했지요. 국민과 가까워지려는 대통령의 뜻은 모르는 바가 아니지만 그래도 매일 매일 마음 졸이며 바라보는 사람들도 많다는 것을 알아야 합니다. 대통령의 말씀은 태산같이 무거워야 합니다.

✏️ **정쟁**은 하더라도 민생에는 여야가 있어선 안 되지요. 대구공항특별법과

광주공항특별법을 올해 내 같이 처리를 추진하기로 광주공항특별법 대표 발의자인 민주당 광주 출신 송갑석 의원님과 합의했습니다.

2022. 11. 22.

✏️ **어제** 강대식, 이인선, 배현진 의원과 함께 민주당 송갑석 의원 만나서 대구·광주 군 공항 동시 이전 추진을 합의하였고 오늘 국토위 소위 위원장인 민주당 최인호 의원, 소위 위원인 맹성규, 한준호 의원을 만나서 신속한 법안 처리를 부탁하고 주호영 원내대표 주재로 대통령실 이관섭 국정기획수석, 기재부 2차관, 국토부 2차관, 국방부 차관, 행안부 차관과 대책 회의를 열어 정부, 여당의 이견 조율을 마쳤습니다.

마지막으로 우리 당 소위 위원인 서일준 의원과 국토교통위원장인 민주당 김민기 위원장을 만나 모두 법안에 협조해 주기로 약속받았습니다. 25일에는 광주로 가서 달빛동맹 행사에서 강기정 시장과 협의를 마치면 대구통합 신공항법 국회 대책은 대강 끝이 납니다. 민주당 의원들도 법안 통과에 호의적이고 우리는 정부, 여당 안에 합의했기 때문에 잘 될 것으로 봅니다.

민주당 지도부는 송갑석 광주시당 위원장이 설득하기로 약속했으니 정쟁의 와중이지만 아마 잘 될 것으로 봅니다. 이번 국회 대책에 앞장서 주신 주호영 원내대표님, 끝까지 함께 해 주신 강대식 의원님, 당정회의에 참석해 주신 김상훈, 김정재, 김용판, 송언석 의원님께 감사드립니다.

2022. 11. 24.

✏️ **주 대표의 경륜**이 묻어나는 여야 합의안입니다. 대통령실 MBC 대응이 적절했니 안 했니 하는 쓸데없는 재잘거림보다는 경륜이 묻어나는 중후한 원내 전략이 더욱 필요한 시점입니다. 여야 공통공약은 이번 회기 내 처리하기로 합의했으니 지난 대선 때 여야 공통공약이었던 TK 신공항법은 이재명 대표의 천명대로 홍준표 방식으로 이번 회기 내 원안 통과시켜 줄 것을 500만 TK 시·도민과 함께 기대합니다.

✏️ **대구 대중교통** 수송 분담률은 25.1%에 불과하여 전국 최저 수준입니다. 그중 지하철 수송 분담률은 8%에 불과하여 그것도 전국 최저라고 보고받았습니다. 대구는 모든 분야에 혁신의 바람이 불고 있고 재정 상태도 악화하여 사상 최초로 신규 지방공채를 발행하지 않는 긴축재정을 하지 않을 수 없습니다.

이렇게 모든 분야가 허리띠를 졸라매고 있는데 유독 대구 지하철 민주노총만 파업한다고 합니다. 적법한 파업은 막을 순 없지만, 민주노총 파업에 대비하여 대구 교통공사에서는 비상 운행체계를 세운다고 보고받았습니다. 교통공사의 혁신 의지를 적극 지지합니다. 철저하게 무노동 무임금 원칙을 지키도록 하겠습니다. 불법은 절대 용납하지 않을 겁니다. 혁신에 동참하여 대중교통 수송 분담률을 높여 시민의 발로 대구 지하철이 거듭나지 않으면 대구 지하철 민주노총 노조는 대구 시민들로부터 철저하게 외면받을 겁니다.

2022. 11. 28.

✏️ **군위군**이 대구시에 편입되는 것을 출발로 대구통합 신공항특별법 통과에 청신호가 켜졌고, 민주당도 통합 신공항특별법을 광주 군공항이전법과 동시 통과하기로 했다는 낭보가 들립니다. 부산 출신 최인호 국토위 소위원장께서도 대구공항 특별법에 이의를 달지 마시고 원안 통과시켜 주시기 바랍니다. 부산 가덕도 공항도 남부권 중추 공항으로 추진하시고 활주로 길이도 3.8km로 추진하십시오.

각자 열심히 해서 개항시기는 앞당기면 됩니다. 대구는 16계 단계 중 특별법만 통과되면 13단계로 넘어갑니다. 부산 가덕도도 열심히 해서 대구와 같이 영남권 양대 중추 공항으로 추진합시다. 대구와 부산은 경쟁 관계가 아니라 상호 보완 관계이고 협력하여 수도권 집중을 막아야 하는 연대 관계입니다.

2022. 11. 29.

✏️ **청년 검사 시절**이 있었습니다. 그 누구도 겁나지 않던 통제할 수 없는 청년 검사 시절이 있었습니다. 그 누구도 겁나지 않던 청년 정치인 시절이 있었습니다. 그런데 문득 돌아보니 이젠 모든 것이 두려운 장년의 정치인이 되었습니다. 좀 더 성숙해지고 좀 더 여유로워져서 노마지지(老馬之智)를 닮아가는 인생이 되었으면 좋겠습니다. 그래서 오늘도 나는 김창완의 청춘을 읊조리면서 출근합니다.

2022. 11. 30.

✏️**노무현** 정부 이래 문재인 정부까지 대북 방첩 기관인 국정원을 대북 협력 기구로 전락시킨 서훈 전 안보실장이 직권남용 등으로 구속영장 청구되었네요.
사실상 궤멸 위기인 대북 정보기관이 이젠 정상적으로 돌아왔으면 합니다. KCIA로 거듭나 제대로 된 국가정보원이 되었으면 합니다.

✏️**화물연대의 본질**은 자영업자 연대입니다. 비록 특수고용직이라는 이름으로 근로자성을 부여하기는 했지만, 그 본질은 지입 차주들로 구성된 자영업자 연대입니다.
해마다 산업 유통 현장이 이 사람들에게 인질이 되어 끌려다니는 것은 대한민국의 미래를 위해 바람직스럽지 않습니다. 이번 기회에 정부에서 획기적인 대안을 마련했으면 합니다.
자영업자의 파업은 자기 생업 포기이지 순수한 노동운동으로 보기 어렵습니다. 불합리점이 있으면 개선하고 다시는 산업현장이 이들의 볼모가 되지 않도록 강력한 대책을 강구하도록 하십시오.

✏️**일부 언론**에서 지적하는 민생 예산과 민원 예산은 구분되어야 하는데 그걸 구분도 하지 않고 민생 예산을 정치 예산으로 비난하고 민원성 예산을 민생 예산으로 둔갑시키는 것은 참으로 유감입니다.
이번 대구시 예산은 정치 예산이 한 푼도 들어가지 않은 민생 예산이 전부입니다. 대구 미래 50년을 준비하고 민원성 예산은 철저히 배제하고 방만한 재정 운용을 정상화한 긴축 예산입니다. 빚 없는 시정을 펼치기 위한 예산이기도 합니다.

2022. 12. 01.

✎ **대구 지하철 파업**이 철회되었습니다. 어제저녁에 원만한 노사 합의를 보았다고 합니다. 민생을 볼모로 하는 어떠한 파업도 용납지 않아야 합니다. 모든 문제를 원칙에 입각한 소통과 대화로 풀어가고 억지가 통하지 않는 상식적인 세상을 만들어야 합니다.

✎ **전체 근로자의 5%**도 안 되는 강성 노조들이 국가 산업현장의 맥을 쥐고 흔드는 기형적인 구조는 이제 타파되어야 합니다. 수송체계도 대전환하고 모든 산업 분야의 강성 노조 파업 손실 대책을 세워야 합니다. 어느 경제지를 보니 우리나라 파업 손실이 일본의 190배라고도 합니다. 이런 강성 노조가 산업현장을 지배하는 나라에 누가 투자하겠습니까? GM도 쌍용차에 투자한 인도 재벌도 땅을 치고 후회할 겁니다. 비정상이 정상으로 행세하는 나라에 미래는 없습니다.

✎ **자기가 대통령일 때**는 충견(忠犬)처럼 마구잡이로 물어 흔들던 검찰을 퇴임 후에 그 짓 못 하게 하려고 검수완박 법까지 만들었는데 서해 공무원 피살사건에서 서훈 실장까지 구속영장이 청구되니 이젠 겁이 나나 보지요. 지은 죄만큼 거두는 게 인간사입니다. 늘 그 자리에서 권력을 누릴 줄 알았나

요? 재임 중 감옥 보낸 보수 우파 인사들 징역을 계산해 보면 수백 년이 넘을 겁니다. 그래서 권력은 시간이 지나면 텅 비는 모래시계와 같다고 했습니다.

2022. 12. 02.

✏️ **2022헌마1630 사건**으로 종부세 부과에 대해 직접 위헌소송을 제기했습니다. 어제 헌법재판소에 종부세 부과 처분에 대해 위헌 여부를 가려 달라고 위헌소송을 제기했습니다.

1인 1가구 소유주택에 종부세를 부과하는 것은 위헌입니다. 종부세는 토지, 건물 등 다수 종합 부동산에 부과되는 세금이고 단일부동산은 종부세 부과 대상이 아닌데도 단일부동산에 대해서도 공시가격이 높다는 이유만으로 종부세가 부과하는 것도 위헌입니다. 단일 물건에 재산세, 종부세 부과는 이중과세이며 행정관청이 공시가격을 정하고 이를 기준으로 일괄적으로 종부세를 부과하는 것은 조세 법률주의에 반한다 등을 이유로 위헌소송을 제기했습니다. 재산세 과표 조정으로 하면 될 것을 또 다른 세목을 만들어 국민을 괴롭히는 것은 수탈적 과세제도가 아닌가 하는 의문이 있습니다.

종부세는 부동산 투기 방지를 목적으로 도입된 세제인데 이 제도가 이젠 부유세로 바뀌어 징벌적 과세제도로 운용되는 것은 그 자체로 위헌 소지가 있는 겁니다.

✏️ **지금 대한민국에** 점심시간에 근무하는 공무원은 없습니다. 휴식권이 완벽하게 보장되어 있지요. 대구 일부 노조에서 제기하는 것은 점심시간 민

원실 폐쇄 문제입니다. 그들은 점심시간에 민원실을 폐쇄하자는 것이고 나는 교대 근무나 유연근무라도 해서 민원실 폐쇄는 안 된다는 겁니다. 생업에 바쁜 시민들이 점심시간 짬을 내어 민원실에 오는 경우가 허다한데 그런 경우 민원실이 폐쇄되어 있으면 얼마나 황당하겠습니까?

이미 수도권 자치단체들은 야간 민원실까지 만들어 24시간 민원실을 운영하는 데도 있고 심지어 지하철에도 민원실을 설치한 곳도 있다고 합니다. 이런 지자체 무한 대민봉사 시대인데 지자체 내부에서 교대 근무나 유연근무로 해결할 수 있는 문제를 시민들에게 손해를 끼쳐서 되겠습니까?

언론도 민원실 근무 문제라고 사건 본질을 보면 좋겠는데 대구시 전 공무원이 마치 점심시간에도 근무하는 것처럼 잘못 보도하는 것은 유감입니다. 극히 일부 민원실 점심시간 폐쇄 여부에 불과한 문제입니다.

2022. 12. 03.

✎ **월드컵 16강 진출**을 국민과 함께 환영합니다. 마지막 무렵 손흥민 선수의 질주와 어시스트, 황희찬 선수의 마무리 역전 결승 골은 가히 환상적이었습니다. 이태원 참사와 강성 노조의 패악에 우울했던 대한민국에 이젠 서광이 비치는 것 같네요. 우리 국민에게 꿈과 희망을 준 태극전사들 모두 모두 수고하셨습니다. 브라질도 한번 깨봅시다.

2022. 12. 04.

✏️ **강성 노조의 불법파업**에 단호하게 대처하지 못하고 어정쩡한 타협을 하면 경제가 죽고 외자 유치는 불가능해집니다. GM과 쌍용 자동차의 예를 보더라도 그건 증명이 되고 있고, 테슬라의 기가 공장이 그걸 보고도 과연 대한민국에 올 엄두를 내겠습니까? 마거릿 대처가 영국 석탄노조와 싸워 이김으로써 영국병을 치료했듯이 이참에 우리나라도 강성 노조에 대한 국가적 폐해를 국민에게 알려야 합니다.

윤 정부의 노사 법치주의를 적극 지지합니다. 아울러 불법파업을 조장하는 이른바 노란봉투법은 망국법이라는 것을 알게 해야 합니다. 늦었지만 강성 노조에 대한 적극적인 대책이 긴요한 시점입니다. 강성 노조는 한국 사회 전 분야에 뿌리내리고 있는 국민경제의 암적 존재입니다.

2022. 12. 06.

✏️ **나는** 행사장이나 돌아다니는 그런 사람이 아닙니다. 행사장은 행정, 경제 부시장을 교대로 보내고 있고 부득이한 경우만 직접 참석하고 있습니다. 단체장이 행사장이나 찾아다니며 선거 운동용 행사에만 치중하면 시정은 소홀할 수밖에 없습니다. 그걸 흠이라고 시비 걸면서 보도하는 대구 모 방송사는 역시 그 방송사답네요. 차라리 시정뉴스는 아예 보도를 안 해 줬으면 좋겠는데. 그 방송사가 아니더라도 요즘은 홍보 수단이 무궁무진합니다. DJ가 대통령 할 때는 외부 행사에 거의 나오지 않아도 매일같이 찬양하던 그 방송사였는데.

2022. 12. 07.

✏️ **오늘은** 불가피하게 연말 외부 행사를 세 곳이나 갑니다. 제가 꼭 참석해야 할 행사라서 가긴 합니다만 그 방송사에서 이번에는 무슨 시비를 걸지 모르겠네요. 방송을 하는 건지 시빗거리만 찾는 건지.
수돗물 관련 이상한 보도도 아직 아무런 이상 없다는 대구·경북대학 교수의 수질 조사 판단 보고보다는 부산에 있는 늘 4대강 사업 반대나 하던 그 대학 교수 말 인용해서 문제 있다고 보도하고 어이없네요. 그건 그 방송사 보도에 대해 진위를 확인하기 위해 재조사한 겁니다.

✏️ **내부 총질**보다 더 나쁜 게 내부 디스입니다. 맞는 말입니다. 2017~2018 문재인 정권 당시 붕괴한 당을 안고 내가 악전고투하고 있을 때 문 정권은 겁이 나 대들지 못하고 집요하게 내부 폄훼만 하던 사람들 지금 어디에 가 있습니까? 아직도 틈새 노리고 기회나 엿보는 비열한 정치나 하고 있지는 않습니까? 이젠 자신을 돌아보고 지난 잘못을 반성하는 정치를 해야 맞지 않습니까? 자신이 한 짓은 까맣게 잊어버리고 남 탓이나 하는 하이에나 정치는 인제 그만두어야 합니다. 그런데 주호영 대표가 한 말은 내부 디스가 아니고 모두 맞는 말인데 주 대표를 공격하신 분은 오히려 내부 헐뜯은 일이 없었는지 곰곰 생각해 보시기 바랍니다.

✏️ **참 딱합니다.** 아직도 당 대표 선거를 탤런트 경연대회로 착각하는가요? 당원들이 믿고 의지할 만한 중후한 인물을 뽑아야지 박근혜 탄핵 때처럼 수양버들 당 대표를 뽑는다면 윤 정권이 코너로 몰릴 때 또 그런 짓 할 거 아닌가요?

2022. 12. 08.

✏️ **당 대표**는 윤 정권과 같이 옥쇄를 각오할 사람이 해야지 이미지 정치에 젖어 아무런 내용 없이 겉멋에 취해 사는 사람, 차기 대선이나 노리고 자기 정치나 할 사람, 소신 없이 이리저리 흔들리며 눈치나 보는 사람, 배신을 밥 먹듯이 하고 사욕에 젖어 당이나 나라보다는 개인 욕심에만 열중하는 사람, 이런 사람이 되면 총선을 치르기도 전에 또다시 박근혜 정권 재판(再版)이 될 수도 있습니다. 요즘 당이 흘러가는 모습을 보니 참 걱정스럽습니다. 당과 나라가 잘되어야 대구시도 발전합니다. 자기 분수도 모르고 천방지축 날뛰는 사람들로 당 대표 선거가 혼탁해질까 걱정이 많습니다.

2022. 12. 09.

✏️ **존경하는 군위군민 여러분!** 강한 대구 시민이 되심을 축하드립니다. 앞으로 대구시는 여러분과 함께 TK 신공항을 완성해 군위군이 대한민국 대표 항공도시로 다시 태어날 수 있게 전력을 다하겠습니다. 사랑하는 군위군민 여러분! 다시 한번 대구 시민이 되심을 축하드립니다. 환영합니다.

2022. 12. 11.

✏️ **처음부터** 과실범의 공동정범 논리로 용산서장, 용산구청장 등의 과실이

경합하여 참사를 가져왔다는 법리구성을 했으면 법원에서 구속영장이 기각되는 사태가 없었을 터인데 쯧쯧 그런 어설픈 수사 능력으로 검수완박 상황에서 유일한 수사기관이라고 자부할 수 있겠나요?

본류는 기각되고 지류만 구속하는 엉터리 수사나 하고 또 한쪽은 기왕 국정조사를 하기로 했다면 국정조사를 하여 책임 소재를 밝힌 후 그 책임을 물어야 합니다. 그런데 무엇 때문에 국정조사도 하기 전에 각료 해임안을 단독 통과시켜 국조 후 정치적으로 책임을 져야 할 장관에게 더 버틸 명분이나 주고 무엇 때문에 그리 조급한가요? 이런 때일수록 냉정하고 차분하게 일 처리를 해야 하는데 참 모두 미숙합니다. 얼마 전까지만 해도 여의도에는 책사들이 있었는데 책사는 없고 단순 무지한 사람들만 모여 앉아 진영 논리로만 막무가내로 밀어붙이고 있으니.

2022. 12. 15.

✎ 그리스가 국가 파탄이 난 것은 좌파가 집권하면 퍼주기 포퓰리즘 정책으로 나라 재정을 파탄시키고, 우파가 집권하면 재정 정상화를 위해 긴축정책을 취하고 이렇게 번갈아 나라 재정을 운영하다 보니 결국 나라가 망하게 된 겁니다. 문재인 정부 들어와서 나라 부채가 기하급수적으로 400조 원이나 불어나는 좌파 대중영합주의 정책을 추진했던 바람에 이제 이 나라 국가부채는 1,000조 원을 돌파했습니다. 나라 재정을 거덜 낸 겁니다. 빚더미에 올라선 국가 경제가 되었지요.

뒤늦게라도 윤석열 정부에서 이를 정상화하기 위해 국가 전반에 대해 경제 대개혁하는 것은 늦었지만 다행스러운 조치입니다. 나라를 망국으로 이끄는 좌파 포퓰리즘 정책은 더 이상 용납되어선 안 됩니다. 대구도 예산 대비 시의 부채 비율이 전국 지자체 중 2위로 재정 상태가 최악입니다. 이를 시정하려고 우리는 각고의 노력을 하고 있는데 기득권 카르텔이 이를 방해하고 막고 있네요. 유감입니다.

✎ **대구시**는 신청사를 늦어도 2025년 착공하여 2028년에 준공하고자 신청사 건립 적립금 390억 원 중 130억 원을 신청사 설계비용으로 의회에 청구했으나 오늘 대구시의회에서 신청사 건립 예정지인 달서구 의원들을 중심으로 이를 전액 삭감함으로써 신청사 이전 첫 출발부터 좌초되었습니다. 신청사 설계용역비는 통과시켜 주고 신청사 건립 재원 마련 대책을 두고 논쟁하면 되는데 아예 처음부터 반대하는 것은 참 어이가 없네요. 신청사를 달서구에 짓지 말라는 것으로 볼 수밖에 없네요.

이 예산이 통과되어야 신청사 추진사업이 본격적으로 시작되는데 그걸 못하게 하니 오늘부로 신청사 추진과 직원 9명은 앞으로 일 년 동안 할 일이 없어져 버렸습니다. 그래서 오늘부로 신청사 추진과는 잠정 폐쇄하고 직원들은 모두 다른 부서로 전출하기로 하였고 신청사 설립 재추진 여부는 내년 예산 심사 때 다시 검토해 보기로 했습니다. 우리는 악화한 재정 상태에도 문제를 풀어 보려고 온갖 궁리를 다 하고 있는데 해당 지역 시의원들이 주축이 되어 신청사 건립 첫 출발부터 봉쇄하니 어쩔 도리가 없습니다. 시민 여러분들의 양해를 부탁드립니다.

2022. 12. 16.

✏️ **수도권** 모 자치단체가 한때 빚을 내어 시청사를 지었다가 호화청사라는 비난받으면서 시의 재정이 극도로 나빠진 적이 있었습니다. 대구 신청사도 그렇습니다. 예산 대비 채무 비율이 전국 2위인 최악의 재정 상태에서 빚을 내어 신청사를 지으라는 것은 대구 시민들이 그 누구도 찬성할 리가 없고 긴축재정으로 재정이 압박받는 상태에서 자산매각없이 신청사를 지을 수가 없습니다. 그런데도 아무런 재원 마련 대책도 없이 자산매각을 반대하면서 신청사를 지어 내라는 억지는 참 어이없는 노릇입니다.

신청사 설계 공모 예산이 전액 삭감되면서 내년 1년 동안 신청사 추진사업이 표류하게 되었고 신청사 추진사업은 내년 말 다시 설계 공모 예산을 시의회에 신청하는 것을 검토할 수밖에 없는 상황이 되었습니다. 예산심의 확정권이 의회에 있어서 대구시로서는 어찌할 방법이 없다는 점을 시민 여러분들이 이해해 주시기 바랍니다.

2022. 12. 18.

✏️ **작년 대선 후보 경선 때** 부동산 가격이 최정점에 올랐을 때였는데 나는 내년에는 부동산 폭락사태가 오면서 퍼펙트스톰이 올 수도 있다고 주장한 일이 있었습니다. 오늘 뉴스를 보니 외환위기 이후 우리나라 부동산이 최대로 폭락했다고 합니다.

코로나19로 세계적으로 양적 완화가 급속히 진행되어 내년에는 인플레이션

이 올 수밖에 없으므로 이자율을 올릴 수밖에 없을 것이고 그러면 부동산 경기가 급랭하여 부동산에 몰린 돈들이 다시 은행으로 갈 수밖에 없다고 보았던 겁니다. 그래서 부동산 경기 연착륙 대책을 미리 마련해야 한다고 한 것인데 실제로 대구도 이자율 상승과 공급 물량 과잉으로 아파트 가격이 폭락했습니다.

지방정부로서는 이러한 부동산 폭락사태를 막을 정책적인 수단이 제한적일 수밖에 없으므로 지방정부가 할 수 있는 부동산 안정 대책을 마련하려고 합니다. 그러나 우리나라 부동산 대책은 지방정부의 힘만으로는 부동산 안정을 이룰 방법이 없어서 고심하고 있습니다. 부동산 가격이 내리면 집 없는 서민들은 내 집 갖기가 수월해진다고 반길 수 있을지 모르나 부동산 폭락은 그만큼 경기 변동에도 영향이 크기 때문에 민생이 더 팍팍해질 수도 있습니다. 아울러 집 가진 사람들의 상실감도 더 커질 수 있어서 부동산 시장이 빨리 안정되도록 대책 마련을 정부에 촉구합니다.

2022. 12. 19.

✏️ **오늘** 대형할인점 휴일 의무휴업제를 당사자들 간 협의를 거쳐 평일로 전환하는 협약식을 체결했습니다. 자유시장 논리와 휴일 의무휴업제가 전통시장이나 중소업체 매출 증가로 연결되지 않고 오히려 온라인 상점 시장 매출 증대에 기여하고 시민들의 쇼핑 문화 불편만 초래하기 때문에 불가피하게 평일로 전환했습니다. 전통시장이나 중소 상인들에 대한 상생 대책은 별도로 추진하기로 했는데 뜬금없이 민노총 소속 대형할인점 일부 직원들이 시청사

에 난입하여 시 강당을 점거하고 공공기물을 파손하고 이를 저지하는 시 공무원들에게 폭언하고 협박을 하는 일이 발생했습니다. 자기들 본사에 항의할 일을 뜬금없이 시청사에 난입하여 공공기물을 파손하고 공무원을 협박하고 시청사를 강제 점거하는 것은 아주 중대한 범죄입니다. 일벌백계하지 않으면 앞으로도 이런 일이 또 일어날 수밖에 없으므로 경찰에 엄중히 대처해 달라고 요청했습니다.

2022. 12. 20.

✎ 집회 시위의 자유는 얼마든지 보장되지만 불법집회, 공용물 손상, 다중의 위력으로 공무집행방해, 시청 불법 점거 등 이런 패악은 더 이상 용납되어서는 안 됩니다. 특정 세력에 의한 공공질서 파괴행위는 더 이상 방치되어서도 안 되고 공권력을 무력화시키고 불법이 만연하는 사회를 만들어서도 안 됩니다.

이번 대구시 산격 청사 불법 점거 사태는 법의 이름으로 엄격히 처단되어야 합니다. 경찰 등 수사기관의 법질서 수호 의지를 한번 지켜보겠습니다.

2022. 12. 22.

✎ 옛날 우리가 검사하던 그 시절에는 아무리 큰 대형 사건이라도 두 달 정도만 주면 실체적 진실을 밝혔는데 사건 구조가 별로 복잡하지도 않은 대장

동 비리 수사를 하는데 무려 2년이 지나도 아직 미궁 속에서 정치적 공방만 하고 있으니 도대체 검찰이 무능한 건가요? 아직도 눈치만 보는 건가요? 그러니 검수완박 이라는 말이 나오고 경찰 지능팀보다도 수사 능력이 더 떨어진다는 말도 나오는 겁니다.

검찰은 정의를 향한 일념으로 거악(巨惡) 척결 수사에만 정진하면 되는데 요즘 검찰은 참 생각이 많은가 봅니다.

✎ 김의겸 의원의 헛발질과 거짓 폭로는 정평이 나 있습니다. 경남지사 시절 경남 FC 지원금 모금 운동을 두고 이재명 대표의 성남 FC 제삼자 뇌물 사건을 동일선상에 두고 지금 떠들고 있습니다. 내가 한 경남 FC 지원금 모금 운동은 이미 문재인 정권 시절 샅샅이 조사해서 내사 종결된 사건이고 이재명 사건은 박근혜의 K스포츠재단과 유사한 제삼자 뇌물 사건이라서 소환 통보를 받은 겁니다.

같이 축구단 모금 운동을 해도 이재명 전 성남시장은 178억 원의 대가성이 있는 뇌물을 받았고 내가 모금한 그 성금은 전혀 대가성이 없는 순수한 지원금이었기 때문에 문재인조차도 나를 입건하지 못했던 겁니다. 그 금액도 이재명 전 시장보다 턱없이 적습니다.

이재명 전 성남시장과는 같은 법조인 출신이지만, 나는 대가성 있는 성금을 받으면 제삼자 뇌물수수가 된다고 알았으므로 그런 짓을 하지 않았고 이재명 전 성남시장은 그것도 모르고 대가성 있는 뇌물을 받았던 겁니다. 같은 법조인 출신이지만 그런 차이가 있습니다. 김의겸 의원은 법조도 출입한 한겨레 출신 기자로서 그 정도는 충분히 알 건데 터무니없이 나를 물고 늘어지는 건 유감입니다.

문재인 정권 출범 이후 나를 잡기 위해 1년 이상 경남지사 시절 수행했던 모든 사업을 깡그리 재조사를 다 해도 돈 1원 한 장 나온 게 없어서 모두 내사 종결된 일이 있었습니다. 양산에 가서 한번 물어보시지요. 다시 알아보고 말씀하십시오. 함부로 자꾸 떠들면 형사처벌받을 수도 있습니다. 공천 한번 받아보려고 허위 폭로를 계속하면 총선 전에 감옥 갈 수도 있습니다. 자중하십시오.

✏️ **나는** 지난 대선 이후 지금까지 이재명 대표를 언급한 일이 한 번도 없습니다. 그는 야당 대표가 되었고 나는 하방을 했기 때문입니다. 그런데 또다시 자기가 살려고 터무니없이 나를 끌고 들어가면 이번에는 그냥 넘어가지 않습니다. 자신을 방어하는 데만 치중하십시오. 애들 시켜 엉뚱한 짓 하지 마시고.

2022. 12. 23.

✏️ **김경수** 전 경남지사 띄우기에 모든 언론이 동원된 것은 참 유감스럽습니다. 그는 문재인 대선 때 드루킹과 공모하며 무려 8천만 건의 여론 조작으로 그 대선 민심을 왜곡시킨 장본인입니다. MB는 정치 보복의 희생양이지만 그는 자기 정권에서 특검으로 감옥 간 사람입니다.

급도 맞지 않고 논의거리도 되지 않는 사람을 끼워 넣기로 사면 여론을 조성하려는 것도 우습고 반민주주의 중범죄자가 양심수 행세하는 것도 가증스럽습니다. 이 시점에서 김경수 사면 논의 자체가 올바른 논쟁이 아닙니다. 오히려 김경수 특검을 온몸으로 관철하고 보복 수사로 희생양이 된 김성태 전 원내대표를 사면하는 것이 정치적 정의가 아닌가요? 올해 들어 가장 춥다는 날

더욱더 마음을 춥게 하는 겨울날 아침입니다.

2022. 12. 25.

✏️ **주현영** 기자와 대담할 때는 그쪽에서 대본을 주지도 않고 나도 대본을 달라고 하지도 않습니다. 모두 즉석 발언으로 처리하지요. 또 중단 없이 스트레이트로 녹화합니다. 그래서 녹화 시간도 방영 시간과 똑같습니다. 그래야 자기들 입맛대로 편집을 못 하지요. 또 그렇게 해야 현실감을 살리고 토크쇼가 재미있습니다.
우영우에 나오는 동그라미가 나는 주현영 기자인 줄 알았는데 아니라고 딱 잡아떼니 진짜 아닌 줄 알았습니다. 그 정도 연기면 연기자를 해도 대성할 겁니다. 주 기자가 간다 팀 여러분!
 즐거운 크리스마스 보내시고 새해 복 많이 받으십시오.

2022. 12. 26.

✏️ **북한 무인기** 하나에 인천 공항, 김포공항의 항공기 이륙이 48분간 정지되었다고 합니다. 만약 전시라면 30분 만에 북의 장사정포로 인천 공항, 김포공항은 무력화되어 대한민국의 하늘길은 봉쇄됩니다.
이래도 후방에 새로운 중남부권 중추 공항을 만들지 말자고 할 겁니까? 그래서 제가 유사시 인천 공항을 대치할 제2의 중추 공항을 대구·경북 지역에 이

참에 만들자고 한 겁니다. 그렇게 되면 TK 신공항은 국가안보의 기둥이 되고 대한민국 여객과 항공 물류를 분산해 국토 균형 발전을 이룰 수 있다고 역설하는 겁니다. 국회는 더 이상 미루지 말고 TK 신공항특별법을 조속히 통과시켜 주시기 바랍니다.

2022. 12. 27.

📝 **아직도** 군사정권 시대에서나 하던 행안부의 지방자치단체 통제와 갑질에 참 어이없는 하루를 시작합니다. 오늘 행안부에 3급 교육 파견, 4급 교육 파견 각 3명씩 6명이던 T.O를 각 2명씩 줄여 3급 1명, 4급 1명으로 한다는 갑작스러운 공문을 받았습니다. 지난번 대구시의 한시 조직 설치에 대한 보복 조치로 보고 올해에는 대구시에서 교육 파견을 한 명도 안 보내겠다는 공문을 행안부에 보냈습니다.

행안부의 지방자치단체에 대한 이러한 갑질은 도를 넘었습니다. 이렇게 되면 교육 파견 인원은 정원외 인원이 되어 그만큼 승진 TO가 늘어나는데 그걸 방해하는 이런 무례한 조치는 자치조직권을 침해하는 지방자치의 본질적 침해가 됩니다. 지방시대위원회까지 만들어 지방자치단체에 많은 권한을 넘겨주겠다고 대국민 약속까지 해 놓고 자치조직권의 본질까지 침해하는 행안부의 갑질 행태는 참으로 유감입니다. 기준인건비 제도로 이미 조직 통제권을 가지고 있으면서도 또다시 자치조직권까지 침해하는 행안부의 이러한 갑질은 무엇을 믿고 이러는지 더 이상 받아들이기 어렵습니다.

행안부가 광역 지자체에 파견하는 부단체장, 기조실장 34명 전원을 광역 지자체가 합심하여 이를 거부하고 자체 승진 임용을 추진할 수도 있다는 것을 알아야 합니다. 경남지사 시절에 이미 기조실장은 자체 승진 임용을 해 본 전례도 있습니다. 자치조직권의 확보, 그게 바로 지방시대의 개막이 될 수도 있습니다. 행안부의 갑질 행태에 거듭 유감을 표합니다.

✏️ 검사 명단공개를 두고 왈가왈부하는 것은 오히려 적절치 않습니다. 검사가 무슨 죄를 지은 것도 아니고 명단이 공개된들 어떻습니까? 과거에는 주임 검사 명단이 언론에 모두 공개되었고 그게 오히려 소신 있게 수사할 수 있었던 시절이 있었습니다. 검사는 공인입니다. 오히려 공인인 검사의 명단을 공개하면서 겁을 주려는 사람들이 참 우습네요. 명단 공개에 겁을 먹는다면 그는 이미 검사의 자질과 자격이 없지요.
대한민국 검사가 그런 졸장부는 없을 겁니다.

2022. 12. 28.

✏️ 이참에 행안부에서 파견한 국가공무원인 기조실장, 행정부시장도 중앙으로 다시 발령 내어 데려가십시오. 어제 기조실장은 전출동의서에 서명했습니다. 행정부시장도 빨리 데려가십시오. 행안부 파견 국가공무원이 없어도 자체 승진시켜 대구시를 운영할 수가 있습니다.
지방자치 시대가 된 지 30여 년이 되어도 아직도 자치조직권을 부정하고 중앙통제 시대인 양 착각하는 사람들이 나라 운영하려고 덤비는 것은 큰 착각입니다. 지금은 중앙과 지방이 협력하는 지방자치 시대입니다. 일방적으로 강요하고 압박하는 권위주의 시대가 아닙니다.

✏️ **요즘은** 범죄로 감옥에 갔다 오면 파렴치범도 민주화 운동을 한 인사로 행세합니다. 성도 다르고 양자로 간 일도 없는데 적자라고 하고 또 한술 더 떠 남의 가문의 후손 행세하기도 합니다. 곧 감옥에 가야 할 사람이 사면받은 사람을 비판하기도 합니다. 저러다가 자기가 들어가면 무슨 말 하려고 저렇게 하나요? 세상이 이상해졌습니다. 수오지심(羞惡之心)이 사라진 뻔뻔함이 판치는 사회가 되었습니다.